本书系浙江省哲学社会科学重点研究基地——浙江工商大学东亚研究院日本研究中心后期资助项目（202308HX04）的成果

"一带一路"
第三方市场合作研究

庞加欣 著

中国社会科学出版社

图书在版编目（CIP）数据

"一带一路"第三方市场合作研究/庞加欣著．—北京：中国社会科学出版社，2023.8

ISBN 978 - 7 - 5227 - 2157 - 6

Ⅰ.①一…　Ⅱ.①庞…　Ⅲ.①"一带一路"—国际合作—研究　Ⅳ.①F125

中国国家版本馆 CIP 数据核字（2023）第 118997 号

出 版 人	赵剑英
责任编辑	赵　丽　朱亚琪
责任校对	王　晗
责任印制	王　超

出　　版	中国社会科学出版社
社　　址	北京鼓楼西大街甲 158 号
邮　　编	100720
网　　址	http://www.csspw.cn
发 行 部	010 - 84083685
门 市 部	010 - 84029450
经　　销	新华书店及其他书店

印　　刷	北京明恒达印务有限公司
装　　订	廊坊市广阳区广增装订厂
版　　次	2023 年 8 月第 1 版
印　　次	2023 年 8 月第 1 次印刷

开　　本	710×1000　1/16
印　　张	17.75
字　　数	285 千字
定　　价	95.00 元

目　　录

绪　　论

一　研究问题

当今世界正面临着百年未有之大变局，国际政治格局和世界经济秩序正发生着巨大变化。随着发达国家经济发展趋缓，中国等新兴市场国家不断崛起，世界力量越来越朝着多极化方向发展，这在一定程度上为全球经济合作带来了更多机会和机遇。自 2020 年以来，世界未有之大变局和新冠疫情全球大流行交织影响，世界各国都希望复苏经济，推动更强劲、绿色、健康的全球发展。发展是时代的主题，随着人类命运共同体理念不断深入人心，各国逐渐意识到没有一个国家可以在经济全球化大潮中独立发展，只有加强合作、共谋发展才是打开全球经济发展的金钥匙。

反观有史以来的国家间对外投资，长期的恶性竞争并没有给参与海外投资的国家带来越来越丰厚的利润，反而不断压缩国家投资发展的红利，发达国家之间在海外投资的竞争往往无法取得一方的胜利，带来的更多是两败俱伤。而今，合作成为可持续发展的主题。通过何种方式加强国家间合作、促进国家共同发展，成为发达国家和新兴市场国家共同推动经济发展的重要课题。

近年来，经济全球化过程中出现了两个趋势：一是发达国家和新兴市场国家都希望加强在第三国的合作投资，以期在全球生产链中保持优势地位；二是广大发展中国家希望通过吸纳外国资本和技术，发展本国经济，实现工业化，提升国际地位。这在一定程度上转变了发达国家和以中国为首的新兴市场国家以往竞争大于合作的状态，转而趋向于寻求互补优势，加强在第三国市场的投资合作，并通过合作协议等形式确定合作关系，实现互利共赢合作。2015 年 6 月，中国与法国政府在共同发布的《中法关于第三方市场合作的联合声明》中，首次提出了"第三方市场合作"这一概念，以阐述两个或两个以上国家在第三方市场的合作投资行为。在"一带一路"合作倡议框架下，中国与发达国家的第三方市场合作越来越多。中法投资的英国布拉德维尔 B 核电项目是第三方市场合作提出后的首个成功案例。2018 年，中国和日本签署了 50 余项有关加强第三方市场合作的协议，实现了两国政府在第三方市场中的合作对接，标志着第三方市场合作步入了新阶段。这样的时代背景为"一带一路"建设下的第三方市场合作创造了重要条件，也为"一带一路"建设的多边化提供了发展机遇。2019 年，拓展第三方市场合作[1]首次在《政府工作报告》中明确提出。

截至 2021 年 12 月 9 日，中国已经与 149 个国家和 32 个国际组织签署了 200 余份共建"一带一路"合作文件。[2]"一带一路"共建国家和国际组织的数量与规模已经实现量的飞跃，这为"一带一路"第三方市场合作奠定了坚实合作基础。第三方市场合作在一定程度上能降低以往单纯的双边合作可能引起部分西方国家和地区大国质疑的风险，减少"掠夺性经济""债务陷阱"、腐败问题、环境保护问题等对双边合作的疑虑的持续发酵。同时，促进中国与发达国家合作共建"一带一路"或可破解中国在"一带一路"建设中所投资的部分项目由于政治、经济、人文等各种原因而没有达到预期效果的难题，促使中国和发达国家资源整合，打造共建"一带一路"的新型合作模式，实现共建"一带一路"质的突破，并形成合力，推动"一带一路"建设的多边合作。

拓展第三方市场合作是"一带一路"建设可持续发展的重要方向，也是推动"一带一路"建设多边化的重要手段。然而，当前第三方市场合作的相关研究主要局限在部分国别的案例分析，尚少有将其作为一个

---

[1] 《如何落实〈政府工作报告〉目标 大力拓展第三方市场合作》，2019 年 4 月，中华人民共和国中央人民政府网站（http：//www. gov. cn/zhengce/2019 – 04/03/content_5379223. htm）。

[2] 《已同中国签订共建"一带一路"合作文件的国家一览》，2022 年 8 月 15 日，中国一带一路网，（https：//www. yidaiyilu. gov. cn/xwzx/roll/77298. htm）。

整体考察对象纳入"一带一路"建设中作有关研究，也未有将"一带一路"建设下第三方市场合作的机制化建设作为考察视角的相关研究。

因此，本书关注的现实问题是如何推进"一带一路"建设中的第三方市场合作，实现第三方市场合作的机制化建设和可持续发展。中国与发达国家之间形成第三方市场合作的机理和逻辑是什么，它的形成是必然还是偶然，如何更好更稳健地推动"一带一路"建设下的第三方市场合作将是本书的重点。

二　研究意义

（一）理论意义

第一，认识和理解"一带一路"建设下的第三方市场合作对丰富国家间合作理论具有重要意义。目前，国家间合作理论多从国际制度、功能主义、相互依存的角度研究，较少涉及国家间合作与市场之间的关系研究，关于"一带一路"建设下的第三方市场合作领域研究甚少。对第三方市场合作的理论性探索在一定程度上能填补空白，并进一步发展合作理论。在无政府状态下，国家的首要目标是安全，权力作为实现安全的核心手段，既可以通过竞争手段获取，也可以通过合作方式实现。基于私利基础上形成的合作一般具有三个条件：多次反复的交往，交换合作有关信息以深化国家间的对话、信任和透明度，合作得以实现的基本制度。① 在国际体系中，国际合作的形成和权力关系相关。无论是经济区域一体化还是经济联盟的发展，都和国家间的权力关系息息相关。合作能够实现，通常是由于合作国家之间有共同利益，但追求的是不同的目标。新兴国家的崛起和西方发达国家经济发展的趋缓给不同类型的国家开拓第三方市场合作提供了有利土壤。对竞争者之间的第三方市场合作的深入探讨有利于理解第三方合作形成的机理，进而发展国家间的合作理论。

第二，研究"一带一路"建设下的第三方市场合作有利于拓展国际

---

① Geoffrey Garnett, *International Cooperation and Institutional Choice*: *The European Community's Internal Market*, International Organization, 1992, pp. 533－557.

政治经济学的理论。市场本身是客观的，没有任何立场，所有的立场都是国家间关系、政治力量赋予的。在市场经济的条件下，经济实力是国家政治力量和国家间关系的重要支撑。参与到全球价值链的更新换代中，经济实力才能得到更大的提升。经济全球化的趋势下，合作一定程度上产生于国家之间不对称的相互依赖关系。相互依赖的国家之间如果停止交流可能会使两国付出一定的代价，甚至损害国家利益，那么双方将可能通过合作来规避风险和增加收益。但合作不代表没有冲突，基欧汉在《霸权之后》讲道："合作不等于和谐。和谐是自然而然的非政治行为，合作是高政治性的行为。合作不意味着没有冲突。合作不应被视为没有冲突的状态，而是对冲突或潜在冲突的反应。"① 合作是一种对潜在冲突的反应，假如竞争者之间希望形成良性合作关系，就需要找到利益共同点，实现利益捆绑，避免吃独食现象。第三方市场合作能否实现良性发展，一定程度上受到合作过程中相对收益的影响。第三方市场合作是国际战略学在国际经济合作领域的重要运用，以往国际战略学的研究较少涉及第三方市场合作关系、三国之间所形成的相互依赖关系，以及这样的关系如何维持的问题。因而，研究第三方市场合作一定程度上可以进一步丰富国际战略学。

第三，系统化理论化理解和解释"一带一路"建设下的第三方市场合作，有助于探索国际多边合作的可能。第三方市场合作可以分为正式合作和非正式合作，正式合作指国家间以正式合作协议为基础，共同开展在第三国市场的投资合作，非正式合作指单纯以跨国企业为主导的第三方市场投资合作。一般而言，研究第三方市场合作可以从合作战略选择、合作策略分析及合作意愿强弱等方面入手探究两国合作的利益契合点。充分信任是竞争者之间实现合作的一般前提。所以，相较于西方国家和新兴国家之间的合作，盟友国家之间似乎更容易实现第三方市场合作。研究西方国家和新兴国家之间的第三方市场合作是如何实现的，中国与美国盟友国之间的合作该如何协调，竞争者之间的合作如何长久维

---

① ［美］罗伯特·基欧汉：《霸权之后：世界政治经济中的合作与纷争》，苏长和等译，上海人民出版社2012年版，第53—54页。

系，将有助于理解第三方市场合作关系如何实现可持续发展。

（二）现实意义

第一，通过第三方市场合作推动"一带一路"建设多边化是"一带一路"建设可持续发展的重要保障。"一带一路"建设为"一带一路"共建国家带来了重要的发展机遇，已经成为中国在国际社会上的闪亮名片。习近平主席在第二届"一带一路"国际合作高峰论坛主旨演讲中提出，"我们欢迎多边和各国金融机构参与共建"一带一路"投融资，鼓励开展第三方市场合作，通过多方参与实现共同受益的目标。"第三方市场合作已成为西方国家参与"一带一路"建设，与中国共同促进地区发展的重要方式。"一带一路"建设离不开西方发达国家的参与，离不开沿线国家的共同努力。对如何实现并加强第三方市场合作开展深入研究，有利于更好地使第三方市场合作成为"一带一路"建设的发展土壤，促进"一带一路"共建国家更好地实现合作共享。

第二，研究推进"一带一路"建设中的第三方市场合作有利于推动"一带一路"多边机制化建设。当前，"一带一路"建设主要是中国和其他"一带一路"沿线发展中国家之间的双边合作为主，多边合作有限。如何将中国、发达国家和其他沿线发展中国家联系起来，形成"一带一路"多边化建设模式仍处于初探阶段。2019年8月，国家发展和改革委员会出台了《第三方市场合作指南和案例》，将现有的第三方市场合作分为五种合作类型。未来第三方市场合作的实践还将越来越多，但如何形成盘活资源的有效机制，促进优势互补，推进第三方市场合作可持续发展，仍是共建"一带一路"的重要命题。在第三方市场上，中国和发达国家如何化商业竞争关系为伙伴关系，如何实现利益捆绑，在第三方市场合作中形成积极互动也将是共建"一带一路"的重要课题。打造"一带一路"建设合作新模式，推动中国与各个地区大国的第三方市场合作将是推动"一带一路"建设从双边迈向多边的重要途径。同时，研究"一带一路"建设下第三方市场合作形成的条件，了解不同国家之间达成合作的基础，也有助于探索国家之间在开展多边合作过程中如何避免冲突的发生。

第三，研究"一带一路"建设下如何有效开展第三方市场合作对未来多边化实践的良性发展具有现实意义。随着经济全球化的不断深入，尤其在中国提出"一带一路"倡议后，中国和西方国家都在积极探索第三方市场合作的新模式，促进"一带一路"共建国家的共同繁荣。有效寻找合适的合作伙伴对于推动"一带一路"建设，实现中国与西方国家的第三方市场合作具有重要意义。探索与不同国家之间有哪些利益契合点，能在哪些领域实现第三方合作，将有助于认识中国在与不同国家之间如何更好地达成合作，促进合作关系的深入发展。研究第三方市场合作形成的动机也有利于国家在合作过程中找到深化合作的契机，促进第三方市场合作过程健康发展。通过研究在适用范围内，某一投资国与哪些国家具有利益契合点，将有助于投资国寻找合适的合作对象，也有助于探索"一带一路"共建的多边合作模式。

三 文献回顾

第三方市场合作研究既不是一个单纯的国际政治问题，也不是一个单纯的世界经济问题，它属于国际政治经济学的研究范畴，是"国家"和"国际市场"的相互作用下产生的。本节将对现有国际政治经济合作中论及第三方市场合作相关研究进行梳理。

（一）国际政治经济合作理论回顾

国际政治与市场经济相结合的关联研究历史悠久，最早可追溯到欧洲重商主义时代。在17世纪到19世纪很长的一段时间里，重商主义都占据了主导地位。但国际政治和市场经济的研究真正结合，并形成国际政治经济学这门学科，则是20世纪70年代初，在布雷顿森林体系的瓦解、两次石油危机、资本主义世界的经济竞争等一系列世界经济格局变化的促使下产生的，此后便在国际政治领域扎根。国际政治经济学的形成和发展是经济全球化不断发展的产物。

1. 国家与市场结合研究的逻辑基础

国家与市场结合的合作理论的逻辑基础是"相互依存"和"不平衡发展"。

"相互依存"指国家之间易受彼此的影响和制约，这是经济全球化最基本的表现之一。理查德·库珀从国际经济的视角看相互依存，他在其

代表作《相互依存的经济学》中提出，全球经济一体化的发展导致相对
成本的差异正在缩小，国家之间的相对优势不像以前那么明确了。在相
互依存的世界上，国家间国际政策的协调是获取国家经济目标的必然途
径。① 罗伯特·基欧汉和约瑟夫·奈则从国际政治的视角看相互依存，他
们在代表作《权力与相互依赖：转变中的世界政治》中提出了"复合相
互依赖"，把相互依赖看作一个分析概念，一国的相对依赖程度越小，其
权力越大，衡量方法是敏感性和脆弱性。这里的权力指对资源的控制或
对结果的潜在影响。敏感性和脆弱性既可以作为国家间讨价还价的工具，
也可以创造和提供新的合作机会。国家间相互依存的脆弱性可能使之在
很多经济事务上寻求妥协。② 第三方市场合作的产生也可以被视为在一国
与其他国家的相互依赖关系中，依赖程度越来越大，权力逐渐变小的一
种应变反应。

　　"不平衡发展"是全球化和世界经济发展的又一表现。大多数经济发
展理论都绕不开不平衡发展的问题。政治现实主义认为，国际无政府状
态是导致各国在经济资源和政治优势问题上产生冲突的根本原因，不平
衡发展过程激化了富国和穷国之间的冲突。③ 罗伯特·吉尔平在其代表作
《国际关系政治经济学》中指出，不平衡发展过程为国际政治经济提出了
三个问题：一是政治领导和国际合作的问题；二是经济改革和政治改革
的问题；三是国内经济政策对国际经济发展的影响问题。④ 一些经济学家
提出了不平衡发展进程中的经济调整问题，其中具有代表性的是金德尔
伯格的"转化能力"，即作出符合比较利益的经济全球性转移。但随着经

---

　　① George T. Crane & Abla M. Amawi, *The Theoretic Evolution of International Political Economy*, New York: Oxford University Press, 1991, p. 107.

　　② ［美］罗伯特·基欧汉、约瑟夫·奈：《权力与相互依赖（第 3 版）》，门洪华译，北京大学出版社 2002 年版，第 161 页。

　　③ ［美］罗伯特·吉尔平：《国际关系政治经济学》，杨宇光等译，经济科学出版社 1989 年版，第 67 页。

　　④ ［美］罗伯特·吉尔平：《国际关系政治经济学》，杨宇光等译，经济科学出版社 1989 年版，第 135 页。

济参与者数量逐渐增多，如何以较小的代价实现调整是一个难题。① 部分经济学家将目光投向了国际援助，在 20 世纪六七十年代，国际援助的额度处于增长趋势，但随着以美国为主的部分发达国家借对外援助达到外交目的的希望破灭后，美国等一些发达国家的援助额在不断下降，1988年后，日本的援助额超过美国，成为最大援助国。② 金融危机和对援助资金利用能力的不足使大量发展中国家陷入债务危机的泥潭中。这一时期，"新马克思主义"的有关理论不断发展。其中，卡多佐的"依附理论"和沃勒斯坦的"世界体系理论"剖析了"不平衡发展"中"不平衡"的根源。总之，经济不平衡发展是世界经济发展的一个重要表现。就国际政治经济学的角度而言，在"一带一路"框架下所探讨的第三方市场合作，实际上也是探讨在当前的经济形势下，如何通过第三方市场合作缩小经济发展不平衡的差距，促进世界经济稳健发展。

2. 国家和市场相结合研究的三个学派

国际政治经济学的创始人之一罗伯特·吉尔平在《国际关系政治经济学》中，把国际政治经济学（IPE）分为三大学派，分别为经济民族主义（现实主义）流派、自由主义流派和新马克思主义流派。往后的 IPE 学者大都沿袭了这种划分。实际上，每个学派之间和学派内部都在争论中不断发展。

（1）经济民族主义流派

经济民族主义又称重商主义、国家主义或保护主义。经济民族主义者认为，权力和财富是相关的，国家间的贸易关系是零和关系，社会财富来源于贸易顺差，国家要攫取权力和财富就会损害他国利益。同时，重商主义将政治经济力量看作国家生存的保障，将贸易竞争看作国内市场的威胁，认为国家应该保护国内工业和生产，限制外国进口形成的竞争行为，在国际上表现为保护主义。现实主义者汲取了其养分，提出经济利益应服务于国家权力利益，关注国家权力的最大化。也就是说，国

---

① Kindlcberger and Charles P. , *Foreign Trade and the National Economy*, New Haven：Yale University Press, 1962, p. 102.

② Joan E. Spero and Jeffrey A. Hart, *The Politics of International Econimic Relations*, *Fifth edition*, New York：St. Martin's Press, 1997, p. 182.

家权力利益体现在相对利益中所占据的绝对优势和控制权。现实主义曾在很长时间处于国际关系研究的主导地位，在这期间，国家行为体对合作多持消极态度。

经济民族主义的发展催生了贸易保护主义。美国经济学家亚历山大·汉密尔顿在 1791 年提出了贸易保护主义的概念，认为经济的发展离不开制造业对农业的相对优势，经济的发展、国家的独立与安全都建立在制造业基础之上。这个政策又称为"进口替代战略"。汉密尔顿的思想放在现在就是一国若想取得财富的增加、经济的发展，就必须在附加值相对高的产业上获取比较优势。汉密尔顿的思想激发了德国经济学家弗里德里希·李斯特的思考，并创立了"德国历史学派"。李斯特认为，所谓的比较优势和建立起的国际劳动分工并不是天赋的、自然形成的，而是在之前的政治经济力量发展的基础上形成的，是历史发展的产物。所以，德国若想发展经济，应从运用国家力量保护其幼稚产业开始。李斯特的思想在 20 世纪中后期的发展中国家寻求工业化建设阶段起到了重要的指导作用。但是，保护主义本质上是世界经济发展不平衡的产物，而这又会反作用于不平衡发展，导致国际经济发展出现种种问题。

（2）自由主义流派

国际政治经济中的自由主义注重市场本身，认为国家的作用是协调和维护市场的正常运行，国家间的经济关系并不是零和博弈，而是可以互利共存，取得"共赢"的。换句话说，若将蛋糕定义为世界经济的总体发展，而不是世界经济中不同国家的经济占比，那么瓜分现有的蛋糕并不是唯一的选择，我们可以通过推动世界经济增长去做出更大的蛋糕。自由主义在一定程度上促进了国家间的合作。但也过分强调自由市场，低估了国家在促进经济发展中的作用以及世界经济结构、文化环境等因素。然而，随后多次出现的经济危机使人们更加理性地思考国际政治经济问题。

随着社会生产力的提高，自由主义逐渐受到关注。国际政治经济中的自由主义可以追溯到亚当·斯密的《国富论》。他提出，财富和权力取决于国家的总体经济生产能力，经济增长与知识增长相似，是自然增长的过程，而非此消彼长的。市场是只"看不见的手"，会推动个人利益的追求和市场的自由运转，并最终达到效率最大化。斯密提出的"绝对优势理论"认为，国家间的贸易是基于绝对优势，即生产优势是贸易的前提。如果一个国家在一种产品上具有绝对的生产率优势，但在另一种商品的生产上效率偏低，那么两个国家之间就可以通过专业化生产本国具有绝对优势的商品，并以之交换另一种商品就可以双双获利。① 这样，资源将能实现最有效的利用。然而现实生活中，贸易获利和国家是否具有绝对优势并没有绝对关联。

为此，1817年，大卫·李嘉图在其代表作《政治经济学及赋税原理》一书中提出了"比较优势理论"。② 这是经济学发展史上最重要的原理之一，尽管随着时间的推移，世界经济在不断发展，贸易理论在不断演进，但比较优势原理的有关思想对当前世界经济仍有很强的指导价值。比较优势理论认为，当两个国家生产两种产品时，机会成本的差异性也可以促进国际分工和贸易的进行，实现双方获益。也就是说，即使一个国家在生产两种商品上都处于劣势，两国国家之间仍可能进行互利贸易，这可以通过生产并出口其绝对劣势相对较小的商品（具有比较优势的商品），并进口其绝对劣势相对较大的商品（处于比较劣势的商品）来实现。③ 李嘉图的比较优势原理建立在简化的假设基础之上，仅假设为两个国家，在自由贸易的前提下且生产成本固定，并没有考虑到运输成本、劳动力价值和技术升级的情况。1936年，哈伯勒用机会成本理论很好地解释了比较优势原理。机会成本是指在一定的时间内，生产1个单位的某一商品的成本是放弃生产另一商品的生产量。一国在生产两种产品时的机会成本与另一国生产该两种产品的机会成本的比值决定了是否存在比较优势。也就是说，如果一国在生产某种商品时的机会成本较低的话，那么在生产这一商品上就具有比较优势。1951年，麦克杜格尔使用1937

① ［美］詹姆斯·格伯：《国际经济学（第4版）》，汪小雯、黄春媛、聂巧平译，机械工业出版社2009年版，第32页。

② ［英］大卫·李嘉图：《政治经济学及赋税原理》，丰俊功译，光明日报出版社2009年版，第10页。

③ ［美］多米尼克·萨尔瓦多：《国际经济学（第8版）》，朱宝宪、吴洪、俞露译，清华大学出版社2004年版，第34页。

年美国和英国 25 个产业的生产率和出口数据对李嘉图模型作了第一次检验，因为美国工资是英国的 2 倍，所以设定美国的这些产业生产率若能达到英国的 2 倍以上，那么美国在这些产业上的机会成本将偏低，也就具有比较优势。同时，英国在某些产业的生产率若能超过美国的 1/2，那么机会成本也相对低，在销售价格上将低于美国，具有比较优势。由于两国之间的贸易关税差别大且贸易量少，基本可以将两国间的贸易排除在外，只对两国在第三方市场上的贸易进行对比，结果发现李嘉图模型对美、英两国的贸易具有很强的解释力。[①] 在 1995 年戈卢布对美国、日本、英国、德国、加拿大和澳大利亚的 33 种产品在 1990 年国际贸易情况的考察和戈卢布、谢（Hsieh）在 2000 年对上述国家加上墨西哥和朝鲜两国在 1972—1991 年 39 个产品情况中的考察均可论证李嘉图模型的合理性。

　　李嘉图的"比较优势理论"告诉我们不同国家的比较优势是国家间互利贸易的基础，但并没有深入解释产生这种比较优势的原因和劳动力、资本等生产要素在国际贸易中的作用。为此，1919 年依莱·赫克歇尔在其著作《对外贸易对收入分配的影响》中作出了进一步解释，国家之间互利贸易的基础是生产成本的差异，而不同国家生产成本的差异与国家所拥有的生产要素（土地、劳动力、资本、技术等）相关。生产要素的差异决定了生产成本的差异，进而决定了比较优势。1924 年，赫克歇尔的学生伯特尔·俄林提出，国家之间不均衡地拥有着不同的生产要素，这是他们生产自身占有最大生产优势产品的原因。这意味着，资本充裕的国家在生产资本密集型产品时具有优势，劳动力充裕国家在生产劳动力密集型产品时具有优势。两位学者的研究形成了影响深远的赫克歇尔-俄林定理。为了更好地解释生产要素对比较优势的影响，两位学者提出了要素密集度和要素充裕度两个概念，并以这两个概念来衡量不同国家在相对资源禀赋上的比较优势。作为一个预测模型，赫-俄理论认为一国应该出口本国充裕的要素密集型产品，进口本国稀缺的要素密集

---

　　① 　G. D. A. MacDougall, "British and American Exports: A Study Suggested by the Theory of Comparative Costs", *Economic Journal*, 1951, p. 34.

型产品。① 后来，保罗·萨缪尔森将该理论进一步延伸，提出国际贸易不仅会导致商品价格的均等化，也会导致生产要素价格的均等化，即国际贸易会使不同国家的同质性生产要素（劳动力工资、土地、资本等）取得均等收益，这就是赫－俄－萨定理，又叫要素价格均等理论。1941 年，斯托尔帕和萨缪尔森发表了《保护主义与实际工资》，进一步发展了赫－俄定理，斯托尔帕－萨缪尔森定理认为当某一商品相对价格上升（比如关税造成的价格相对上升），该商品生产的密集型要素的回报率或收益也会增加。比如一国是资本丰裕国，对鞋子（劳动密集型产品）增收关税时，那么对国内生产鞋子的商家和消费者而言，鞋子的收益率增加了，该国的稀缺要素（劳动力）的实际工资也相对增长了。斯－萨定理实际上论证了实行保护主义可以提高一个国家稀缺要素的实际报酬。

从上述对比较优势原理的发展过程梳理中可以看到，其基本上是随着国际市场的变化而发展的。在这个过程中，比较优势原理与国家的对外政策及国家在国际市场上的行为之间的关联性越来越大。这在一定程度上可以归因于国际市场的结构性变化、投资要素在国际市场中自由流动性的提高以及全球产业链和价值链的变化。其结果是，国家行为体在国际市场中所能发挥的作用越来越大，国家行为体之间的互动对国际市场的稳健发展所产生的影响越来越大。

（3）新马克思主义学派

列宁的帝国主义论将马克思《资本论》中的政治经济关系引向了国际政治经济关系，通过对集中生产、垄断资本、金融资本等的理论性探讨，揭示帝国主义主要国家及其之间的政治经济关系。20 世纪六七十年代以后，广大的亚非拉国家先后取得政治独立，卡多佐的"依附理论"和沃勒斯坦的"世界体系论"得到较大发展。依附理论认为世界经济存在中心—外围层次，西方国家处于中心地位，欠发达国家被视为置于全球生产链中的末端（外围区域）。该理论将国际投资看作西方国家新的剥削手段，认为发展中国家只是发达国家积累更多资本的场所，由于贸易

---

① ［美］多米尼克·萨尔瓦多：《国际经济学（第 8 版）》，朱宝宪、吴洪、俞露译，清华大学出版社 2004 年版，第 74 页。

投资的不对称性，两者的关系并不是互利合作的，而是剥削和被剥削的关系，因而欠发达国家和发达国家的贫富差距只会越拉越大。新马克思主义从历史演进过程和全球性视角出发，来看第三世界国家的现实问题。伊曼纽尔·沃勒斯坦的世界体系论认为，国际体系的无政府状态导致全球性政治权威的缺失，结果国际社会出现了新的国际分工格局：强大的资本主义国家处于中心地区，弱小国家处于边缘地区，新兴工业化国家处于半边缘地区，其经济活动是中心国家和边缘国家的混合物。这样的现象早在 1600 年的世界体系中就已出现，西北欧处于中心地区，东欧和拉丁美洲处于边缘地区，南欧地区处于半边缘地区。[①] 然而，由于金融危机、经济发展不平衡等因素，处于中心地区的西方国家经济增长趋缓，而处于半边缘地区的国家的新兴市场经济发展较快，边缘地区国家也开始注重经济建设。在这样的背景下，合作重新成为国家间关系的重点。

3. 国际政治经济的合作理论相关回顾

合作是以合作成员的共同意志为基础的一组关系。国际合作多数是在分散化、缺乏有效制度和规范的情况下进行的。因此，要进行合作就必须充分了解不同成员的动机和意图，克服信息不充分所带来的问题。[②] 合作理论主要探讨国家间双边或多边的合作关系，合作的动力通常来自合作的收益大于单独行动的收益。

一体化理论指出，在一个权力分散的环境下，国家会面临很多单一国家无法解决的问题。在这部分功能领域，国家靠自身力量或无法取得满意效果或成本过大，因而需要进行合作。[③] 和现实主义更关心的高级政治领域不同，一体化理论更加关注低级政治领域——贸易政策、投资政策、环境政策等非国家传统安全冲突的领域。这些领域的合作收益要远大于单独行动收益，其合作形成的重要纽带是交往和沟通。随着功能领

---

① Immanuel Wallerstein, *The Modern World System 1：Capitalist Agriculture and the Origins of the European World Economy in the Sixteenth Century*, New York：Academic Press, 1974, pp. 126 - 127.

② ［美］詹姆斯·多尔蒂、小罗伯特·普法尔茨格拉夫：《争论中的国际关系理论（第五版）》，阎学通、陈寒溪等译，世界知识出版社 2013 年版，第 536 页。

③ A. J. R. Groom and Dominic Powell, *Contemporary International Relations：A Guide to Theory*, London：Pinter Publishers, 1994, pp. 81 - 87.

域合作的不断深化，合作可能会从某些合作领域向更多的合作领域扩大，实现多领域合作，即"外溢效应"①。

功能主义认为，根据实际需要和功能需求，国家之间容易通过合作手段找到解决问题的方法，并在合作的过程中培养出信任。一个功能领域的成功合作会增加国家行为体在其他领域合作的动力，然后形成合作网络或形成国际合作机制。新功能主义在功能主义思想的基础上细化了一体化理论。约瑟夫·奈提出从"过程机制"入手，探索"一体化潜力"。奈提出了合作的四个形成条件：其一，经济的平等或对称性，其二，精英价值观的互补性，其三，多元主义的存在，其四，成员国的适应能力和反应能力。奈还提出了合作的三个感性认知条件：（1）对利益分配公平性的感性认识，（2）对外部相关问题的认识，如国际关系的变化、大国的威胁等，（3）看得见的（或可转嫁的）低代价。②

新自由制度主义者认为，国际合作是多次博弈的过程机制，如果一个国家在博弈中出现了背叛行为，那么其他国家将会不倾向于继续与该国合作。国际制度的形成是规范国际合作行为的重要手段。在一定的制度或机制下，国家为了能继续参与国际合作，不会轻易做出背叛行为，从而使国际合作机制能够实现。

复合相互依赖理论发展了新自由主义，奈和基欧汉把相互依赖当作一个分析概念，一国相对于其他国家的依赖程度越小，权力越大，衡量方法是敏感性和脆弱性。这里的权力指对资源的控制或对结果的潜在影响。第三方市场合作的产生也可以被视为一国与其他国家的相互依赖关系中，权力逐渐变小的一种应变反应。

温特的建构主义理论将国家行为体看作是单位，国际体系则是在无政府状态下多个单位与结构之间互构所形成的国际社会文化性结构。作为一个结构理论，其结构是指文化性结构而非物质性结构。根据不同的"共有知识"，国际体系可以形成三种文化性结构：霍布斯文化（敌对）、

---

① Ernst B. Hass, *Beyond the Nation – State*, Stanford CA: Stanford University Press, 1964, p. 48.

② ［美］詹姆斯·多尔蒂、小罗伯特·普法尔茨格拉夫：《争论中的国际关系理论（第五版）》，阎学通、陈寒溪等译，世界知识出版社 2013 年版，第 548 页。

洛克文化（竞争）和康德文化（朋友）。形成不同文化结构的逻辑有三，一是行为体的实践和互动造就了一定的国际结构，也形成了一定的"共有知识"（文化），包括无政府状态也是这样造就的。二是社会性结构建构了行为体的身份和利益，从而影响了行为体的行为。三是文化性结构处于动态变化的过程中，转变文化结构的关键在于行为体的实践和互动。在这个构建过程中，有三个主要影响因素，其中"共有知识"是根本性因素，物质性因素是重要因素，而行为体之间的实践活动和互动是形成"共有知识"，实现社会建构的关键。行为体之间的实践活动和互动对结构的影响类似于在化学试剂（结构）中，放入不同的物质及用量的多少（实践活动和互动）都会使其发生相应的化学反应。

目前，随着国际形势的不断变化，关于国际市场与国际合作相关的理论也在变化发展过程之中。

4. 理论性启示

关于国家和市场关系的理论以及国际关系中的合作理论有很多，其大体建立在一定的时代背景和经济发展水平基础之上，也或多或少从某个侧面反映了第三方市场合作的逻辑。笔者主要从比较优势理论的思想和建构主义理论的思想来阐释第三方市场合作的理论逻辑。

李嘉图的比较优势思想是在几百年前提出的，对于当时的经济发展条件而言，劳动和资本基本处于不流动的状态，国家之间的比较优势是静态的、不变的，国家之间所交换的是制成品而非某种生产要素。随着科学技术和信息技术的发展，国际政治经济也在动态变化的过程中。因而，随着世界经济的动态发展，不同时代的经济学家都从当时所处的社会经济环境出发，延伸了比较优势的概念和范畴。这是比较优势理论经住了时间的考验，随着时代的发展仍历久弥新的生命力之所在。所以，本书也将从当前的国际政治经济环境入手，以比较优势的思想探讨第三方市场合作的形成。

21 世纪的国际贸易较之前发生了结构性变化。首先，国家之间的相互依存正在不断深化。相互依存的深化既是国际贸易的重要表现，也是促使国际政治经济发生变化的关键所在。20 世纪 80 年代，国际贸易总量的 70% 是制成品贸易，30% 是中间品贸易。到 2010 年，中间品贸易的占比已上升到60%以上。国家之间的深度相互依存又促使发达国家在资本、劳动力等生产要素的迅速积累,加之技术的国际转移、工资水平的趋近更进一步减小了国家之间生产要素的区别。这种趋同现象在发达国家之间表现得尤为突出。这不禁使人们怀疑,生产要素的趋同是否会导致比较优势的丧失?实际上,生产要素的趋同现象确实改变了比较优势的一些特性,国家之间的优势不再由某一生产要素密集型的产业所形成,而是逐渐被在全球范围内(包括跨国公司、不同行业内贸易)所形成的自由流动的投资要素比较优势所替代。比如不同国家的多个跨国公司在某一海外项目中,按照自身在这一产业的比较优势形成合作。发达国家之间生产要素的趋同现象导致要素成本或规模经济的微小变化也可能产生蝴蝶效应,导致比较优势上的巨大变化,甚至是国家间政治战略和经济政策的反应。中国与发达国家之间的合作正好反映了这一点。即发达国家之间的趋同现象正好为中国与这些国家之间的第三方市场合作提供了必要条件。中国在产能上的投资要素比较优势和发达国家在技术上的投资要素比较优势正是两者之间形成合作的重要驱动力。

其次,生产要素差异的缩小导致发达国家在生产要素优势上难以拉开差距,单纯的贸易竞争或发达国家之间的合作难以取得像从前那样的竞争优势。这导致两种相反的拉动力,一是激发保护主义,通过增加关税壁垒来保护国内产业,但在经济相互依存不断强化的情况下,这并不是长久之计;二是在自由主义的发展趋势下,加强国家驱动和市场需求的深度结合。第三方市场合作模式的发展就是其重要表现。在技术相对稳定又容易被复制的情况下,无论是在技术密集型产业还是在劳动力密集型产业抑或是资本密集型产业中,劳动力要素的重要性都日益凸显。可以说,世界经济的发展是朝着有利于发展中国家的方向前进的。墨西哥、巴西就是例证。但是发展中国家的基础设施缺口较大,单凭发展中国家现有的资源和技术尚无法带动国家工业化建设的发展,这是发展中国家需要引进投资、服务贸易等的重要原因。发展中国家的发展需求、发达国家在生产要素比较优势上的趋同以及中国和发达国家在投资要素比较优势上的不同正是发达国家和这部分新兴市场国家愿意参与第三方市场合作,共同促进经济发展的基础。

建构主义理论在本书中最大的贡献是以一个不断进化的、发展的视角去看国家行为体的互动和国际体系结构的变化发展。在原有的社会性结构和"共有知识"框架秩序下，国家行为体构建了自身的身份和利益，并据其在国际市场中进行一定的实践活动。而国家行为体在国际市场上的逐利性实践过程又使国际市场和贸易发生了一定的物质性变化，比如前面所提到的中间品贸易占比的不断上升、国家间经济相互依存的深化等。这些物质性变化是在国家行为体之间的互动和实践之中形成的，又反过来导致了国际体系结构在国际市场方面的不断变化。变化中的国际体系结构不断重塑着国家行为体之间的身份、关系和利益。第三方市场合作就是在这个不断演化发展的过程中产生的。在变化中的"共有知识"影响下，国家行为体之间重塑了身份和利益，并进行了一定的实践和互动，推动形成了第三方市场合作。合作关系的形成又促使了"共有知识"的进化和发展，使文化性结构发生变化，进而推进结构的动态发展。

（二）第三方市场合作研究回顾

关于第三方市场合作的主要相关研究在近几年才逐渐出现。2018年，中日两国签署第三方市场合作协议并达成52个合作项目是第三方市场合作相关研究突增的直接原因。可以说，是国家之间的合作实践推动了相关研究的出现和发展。

1. 第三方市场中的冲突与合作研究

关于在第三方市场中贸易冲突与合作关系的研究可以追溯到20世纪八九十年代的欧洲和美国。当时的学者对第三方市场的研究主要侧重于如何在第三方市场贸易互动中减少冲突，从而增加合作的机会等方面。大部分外国学者的研究普遍提出国际贸易能减少国家间冲突[1]。其中，H. Dorussen建立了多国贸易冲突模型，得出贸易能减少冲突的动机，系统内贸易的增加将对多国互动和关系产生影响。Heejoon Kang 和 Rafael Reuveny 以美国—苏联—（西）德国三角关系为例，表明贸易和冲突具有关联性，贸易互动具有积极的互惠作用和惯性，并能减少冲突。随后，

---

[1]　B. Russett and J. Oneal, "Triangulating Peace: Democracy, Interdependence, and International Organizations", *Political Science*, December 2000.

在总结前人研究的基础上，Yuan – Ching Chang 发表了《经济相互依存与国际互动——第三方贸易对政治合作与冲突的影响》，文章沿用了贸易冲突模型，通过对经济相互依赖与国际第三方互动关系的实证分析，得出各国之间互动的目标是寻求更多的贸易收益，而三方贸易可以减少利益攸关国之间的冲突。该文还提出，三元关系的不平衡可以通过国际贸易等方式来解决，增加目标行为体之间的利益交换（或称合作），将减少国家之间的冲突。换言之，在国际第三方贸易合作中，"朋友的朋友是朋友"。[①] Yuan – Ching Chang 的另一篇文章《经济相互依存与第三方国际互动：30 个国家的第三方集团案例研究》从 30 个国家的样本分析中得出，第三方的选择对双方能否形成合作或导致冲突发挥着重要作用。这些研究的研究视角多为不同国家行为体在第三方市场进行的贸易投资中如何减少冲突，但对于如何增加合作机会、如何推进国家间在第三方市场上的合作则涉及较少。

2. 国内学者对"一带一路"建设下第三方市场合作的有关研究

对在第三方市场增进合作的相关研究多是近几年才出现的。"一带一路"建设为第三方市场合作关系的形成及合作项目的实践提供了充足的发展空间。特别是在 2018 年中日积极推进第三方市场合作之后，不少学者逐渐重视第三方市场合作的有关研究。尽管如此，由于研究时间不长，第三方市场合作的相关研究仍较为有限，其研究方向多以国别研究、第三方市场合作本身的价值及其对"一带一路"建设的实践意义为主。

（1）对第三方市场合作本身的研究

一些中国学者对第三方市场合作本身进行了相关研究。仲文娟指出，第三方市场合作既符合世界经济发展的需求，也适应中国当前的经济发展阶段和状况，加强合作可以达到"1 + 1 + 1 > 3"的效果。[②] 曹文炼认为，共同投资第三方市场是金融危机之后各个国家打破经济发展困局、

---

① Yang – Ching Chang, "Economic Interdependence and International Interactions——Impact of Third – Party Trade on Political Cooperation and Conflict", *Cooperation and Conflict: Journal of the Nordic International Studies Association*, June 2005.

② 仲文娟：《加乘助推模式，第三方市场合作凸显"1 + 1 + 1 > 3"》，《华夏时报》2018 年 1 月 8 日第 4 版。

实现全球经济结构调整和完善的重要措施。① 郑东超认为，尽管中企在开展第三方市场合作过程中存在挑战，但第三方市场合作具有较大前景，对于完善全球治理体系、开辟国际合作空间具有重要意义。② 吴浩指出，第三方市场合作深刻诠释了"共商、共建、共享"的治理理念，有助于突破双边或多边机制层面的限制，将助力"一带一路"建设。③ 周贝贝和赵爱玲都认为，第三方市场合作能够扩大"一带一路"建设的朋友圈，为更好地推动"一带一路"建设带来新动力。④ 胡晓炼认为开展第三方市场合作需遵循绿色可持续、公开透明、公平竞争和市场化的原则。⑤ 陈希则着重从第三方市场合作中潜在的法律风险角度，提出要建立前期风险预判和信息共享机制，充分利用参与方国家的相关法律和国际相关规则，最大限度地避免法律风险的发生。⑥ 这些学者主要探讨了第三方市场合作的意义和发展前景，更多学者对第三方市场合作进行了国别研究。这些国别研究主要集中在中日、中国和欧洲国家的第三方市场合作领域。

（2）中日第三方市场合作研究回顾

中国学者对中日第三方市场合作进行研究的居多。一些学者探究了日本转变态度，促进中日合作的动因。王竞超从日本视角，探索其愿意与中国推进第三方市场合作的政治、经济考量和其国内外存在的合作阻力与压力，并提出中国应积累与日本的功能性合作成果，使日本完全认同"一带一路"倡议。⑦ 吴怀中认为日本正在谋求"战略自主"，期望主

① 曹文炼：《携手投资第三方市场，推进"一带一路"建设》，《华夏时报》2018 年 1 月 8 日第 4 版。

② 郑东超：《中国开展第三方市场合作的意义、实践及前景》，《当代世界》2019 年第 11 期。

③ 吴浩：《第三方市场合作："一带一路"的新动能》，《人民论坛·学术前沿》2019 年第 2 期。

④ 周贝贝：《第三方市场合作为"一带一路"注入新动能》，《新产经》2019 年第 5 期；赵爱玲：《第三方市场合作让"一带一路"朋友圈不断扩大》，《中国对外贸易》2019 年第 5 期。

⑤ 胡晓炼：《加强第三方市场合作实现优势互补与互利共赢》，《海外投资与出口信贷》2019 年第 4 期。

⑥ 陈希：《"一带一路"建设中第三方市场合作的法律风险及其应对》，《中州学刊》2019 年第 5 期。

⑦ 王竞超：《中日第三方市场合作：日本的考量与阻力》，《国际问题研究》2019 年第 3 期。

导国际自贸规则，实现"日中协调"，这是中国与日本加强合作的机遇。①
张季风阐述了日本对"一带一路"建设的态度和认知的变化，并分析了
转变的原因，认为日本寻求有限合作，推动第三方市场合作是权衡利弊
的结果，两国的合作将是多赢的。② 卢昊也认为日本与中国的合作及对
"一带一路"建设的态度转变既是改善中日关系的需要，也是对美国政策
变化的应激反应，合作是保障日本利益最大化的措施。③ 张利华和胡芳欣
认为日本当前经济利益需求的上升和稳定外交成果的需要是中日加强
"一带一路"建设合作的重要机遇。④ 孙忆分析了中日这两个竞争者推进
第三方市场合作的原因，认为不合作所产生的风险和代价远高于合作，
且合作所需的成本低。但同时，他认为竞争关系仍是本质，因而需保持
清醒，提升竞争力。⑤ 杨旭从经济视角对中日在"一带一路"建设下的第
三方市场合作进行了较为详细的阐述，提出两国在第三方市场上的竞争
性和互补性共同构成了合作的经济基础，其对中日经贸往来、中日对外
投资等情况进行了数据分析，得出中日合作前景虽然广阔，但也存在挑
战，并据此从企业、金融机构、政府等角度对推进中日合作提出了一些
的政策建议。⑥

　　部分学者对中日第三方市场合作的意义、可行性、前景及潜在挑战
进行了深入探究。姜跃春认为中日积极推进第三方市场合作有利于更好
地应对世界经济新变局，能促进中日关系的健康发展和中日经济的平稳
运行，在一定程度上可以推动亚太地区的经济合作，并促进世界经济的

　　① 吴怀中：《日本谋求"战略自主"：举措、动因与制约》，《国际问题研究》2018 年第 6
期。

　　② 张季风：《日本对参与"一带一路"建设的认知变化、原因及走向》，《东北亚学刊》
2018 年第 5 期。

　　③ 卢昊：《日本对"一带一路"倡议的政策：变化、特征与动因分析》，《日本学刊》2018
年第 3 期。

　　④ 张利华、胡芳欣：《日本对"一带一路"倡议态度转变及其机遇》，《学术前沿》2019
年第 2 期。

　　⑤ 孙忆：《竞争者的合作：中日加强经济外交合作的原因与可能》，《日本学刊》2019 年第
4 期。

　　⑥ 杨旭：《"一带一路"框架下中日第三方市场合作研究》，硕士学位论文，外交学院，
2019 年。

稳定和繁荣。① 徐梅认为中日在物流、能源、金融、产业升级、基础设施、农业等多个领域具有合作潜力，但也存在第三方市场不确定性、中日制度性差异和关系不牢固、美国因素介入等挑战，两国应加强合作力度，克服困难，共建人类命运共同体。② 张琳认为中日的第三方市场合作是深化两国经贸的新动力，是"一带一路"建设的新模式，是互利合作的新典范，基础设施是合作的支点。③ 孙丽和张慧芳采用合作博弈模型对合作效果进行分析，得出中日在金融、贸易和基建三方面有巨大的合作空间。④ 卢国学认为中日在第三方市场的合作将能够推动双边关系发展，并优化周边国家经济结构。⑤ 崔健、刘伟岩借助 ESI 指数、TCI 指数、IIT指数对中日与"带路国家"间贸易的竞争性、互补性和产业内贸易水平进行了比较分析，发现日本与"带路国家"间具有很强的贸易互补性，提出日本与中国的第三方市场合作在一定程度上具有必然性。⑥ 王嘉珮从外部环境和两国关系两个角度分析了中日开展第三方市场合作的机遇，认为中日未来合作前景巨大，但美日同盟可能会是未来中日合作的一大挑战。⑦ 陈志恒和孙彤彤认为中日合作可能存在地缘政治风险，在合作过程中可能在标准和规则上存在分歧，应加强互信，形成合作良性循环，做好风险防控工作。⑧ 徐国玲认为日本的疑虑仍可能带来一定挑战，加强政策对接、推动企业建立长效合作机制十分重要。⑨ 宫笠俐认为日本各界仍对合作存疑，合作可能会受到政治因素和域外因素影响，有必要权衡

---

① 姜跃春：《世界经济新变局与中日合作新空间》，《日本问题研究》2019 年第 1 期。

② 徐梅：《从"一带一路"看中日第三方市场合作的机遇与前景》，《东北亚论坛》2019年第 3 期。

③ 张琳：《中日开展第三方市场合作的五大亮点》，《世界知识》2018 年第 21 期。

④ 孙丽、张慧芳：《"一带一路"框架下中日第三方市场合作的可行性与模式选择》，《日本问题研究》2019 年第 2 期。

⑤ 卢国学：《稳步推进中日第三方市场合作不断深入》，《中国发展观察》2019 年第 12 期。

⑥ 崔健、刘伟岩：《"一带一路"框架下中日与第三方市场贸易关系的比较分析》，《现代日本经济》2018 年第 5 期。

⑦ 王嘉珮：《中日第三方市场合作的机遇与前景》，《经济》2018 年第 12 期。

⑧ 陈志恒、孙彤彤：《中日第三方市场合作的挑战与对策》，《理论探讨》2020 年第 1 期。

⑨ 徐国玲：《基于"一带一路"建设的中日第三方市场合作的机遇、挑战及策略》，《对外经贸实务》2020 年第 1 期。

各种因素的利弊，建立风险管控机制。① 吴崇伯、胡依林认为中日第三方市场合作对两国经贸关系深化具有重要意义，作为合作新模式，其既有机遇，也存在挑战，应警惕政治因素、货币不稳定因素和知识产权纷争等挑战。②

　　还有一些学者关注中日第三方市场合作的推进方向。地区推进方面，尹刚认为加强中日在东盟国家的第三方市场合作符合三者的发展需求，具有极大的合作潜力。③ 王厚双和张霄翔认为加强中日在东盟的合作有利于地区经济的持续发展。④ 赵天鹏探究了中日两国转变原本在湄公河地区的竞争关系、推进在该地区第三方市场合作的原因，认为国际环境的变化、该地区为两国重合的战略"节点"、泰国等地区国家的主动协调都是中日推进合作的重要原因。⑤ 任晓菲认为中日合作还可以在东北亚地区进行深耕，从而带动中国东北地区和东北亚国家的经济发展。⑥ 合作领域推进方面，李红梅分析了中日两国在物流领域的合作契合点，认为两国在物流领域可以推进多元化合作。⑦ 程永明认为中日可以探索多种合作方式，拓宽合作领域，尤其是产业领域合作。⑧

（3）中欧第三方市场合作研究回顾

　　越来越多的学者开始关注欧洲发达国家与中国的第三方市场合作。其中，一些学者以欧洲作为一个整体，探讨中欧合作的潜力。郑春荣认为中欧具有互补优势，并积累了一定的合作经验，应打破零和思维，共

---

① 宫笠俐：《中日第三方市场合作：机遇、挑战与应对方略》，《现代日本经济》2019 年第 5 期。

② 吴崇伯、胡依林：《"一带一路"倡议下中日推进第三方市场合作的思考》，《广西财经学院学报》2019 年第 4 期。

③ 尹刚：《中日在东盟第三方市场合作的前景分析》，《国际经济合作》2018 年第 12 期。

④ 王厚双、张霄翔：《"一带一路"框架下中日加强在东盟第三方市场合作的对策思考》，《日本问题研究》2019 年第 2 期。

⑤ 赵天鹏：《从"普遍竞争"到"第三方市场合作"：中日湄公河次区域合作新动向》，《国际论坛》2020 年第 1 期。

⑥ 任晓菲：《推动中日第三方市场合作向东北亚腹地延伸》，《东北亚经济研究》2019 年第 4 期。

⑦ 李红梅：《"一带一路"框架下的中日两国物流合作探究》，《日本经济蓝皮书》2019 年版。

⑧ 程永明：《"一带一路"框架下中日合作领域及方式》，《东北亚学刊》2018 年第 5 期。

同应对合作过程中存在的挑战。① 李锋提出"一带一路"合作倡议与"容克计划"存在较多利益汇合点，实现有效对接将有利于共同开拓第三方市场。② 刘馨蔚指出欧洲国家有意愿和中国共同搭建合作桥梁，拓展更多地区的市场，中企可以发挥自身优势，加大与欧洲企业的合作力度。③

随着中法第三方市场合作的深化，一些学者对其进行了相关研究。毛雨指出，中法第三方市场合作是推进中国与其他发达国家合作的重要标杆。④ 韩冰、应强在巴黎就中法第三方市场合作进行调研，提出实现中法企业规模化合作应该注重宏观层面的建设。⑤ 李慰认为中法应充分探究双方所具备的优势，在具有互补优势的领域加强合作。⑥ 张菲、李洪涛认为中法第三方市场合作下一步应建立企业沟通、资金融通、矛盾解决、法规等各种合作所需的机制。⑦ 许华江以中法企业在喀麦隆克里比项目上的合作为例，提出中法企业在非洲可以以港口建设为支点，辐射周边城市，带动多产业合作发展。⑧ 张梅认为可以加大中法的合作投资力度，扩宽在农产品、旅游、能源等多领域的投资。⑨

此外，一些学者也逐渐关注中国和其他欧洲国家之间的第三方市场合作。中国和西班牙合作方面，邹运、于新宇分析了西班牙的对外投资贸易现状，提出中国和西班牙可以加强在拉美市场的合作。⑩ 程弋洋、何明星认为，可以加强中国和西班牙在拉丁美洲第三方市场图书出版方面

① 郑春荣：《中欧第三方市场合作面临的机遇与挑战》，《中国与世界》2020 年第 3 期。

② 李锋：《"一带一路"与"容克计划"对接研究》，《全球化》2018 年第 2 期。

③ 刘馨蔚：《中欧正在开启第三方市场合作模式》，《中国对外贸易》2020 年第 2 期。

④ 毛雨：《中法打造第三方市场合作标杆》，《中国社会科学报》2015 年 7 月 16 日第 3 版。

⑤ 韩冰、应强：《中法第三方市场合作须突破"微观"瓶颈》，《经济参考报》2015 年 11 月 6 日第 2 版。

⑥ 李慰：《发挥互补优势 推进中法第三方市场合作》，《中国经贸导刊》2016 年第 4 期。

⑦ 张菲、李洪涛：《第三方市场合作："一带一路"倡议下的国际合作新模式——基于中法两国第三方市场合作的分析》，《国际经济合作》2020 年第 3 期。

⑧ 许华江：《中法企业第三方市场合作分析——以喀麦隆克里比深水港项目为例》，《国际工程与劳务》2019 年第 10 期。

⑨ 张梅：《推进中法在第三方市场投资与合作》，《中国投资》2015 年第 10 期。

⑩ 邹运、于新宇：《从西班牙对外贸易投资看中西第三方市场合作》，《国际工程与劳务》2018 年第 11 期。

的合作，通过出版西语图书，将相关合作理念传播到相应国家。① 中国和意大利合作方面，周馥隆认为，可以以中联重科为突破口，打造中意第三方市场合作典范，推动合作持续发展。② 中国和英国合作方面，齐力认为中英经贸合作的不断深化为两国推动第三方市场合作创造了重要机遇，尤其英国方面越来越重视与中国的合作，这为继续扩大中英合作提供了良好条件。③ 中国和德国合作方面，郑春荣认为德国对"一带一路"建设的积极态度表明其认识到中德合作的巨大潜力和空间，未来应努力转变德国方面的认知偏差，为中德开展第三方市场合作扫清障碍。④

（4）中国与其他国家开展第三方市场合作的相关研究

中国和其他国家之间的第三方市场合作研究相对较少，多处于初步研究阶段。中韩合作方面，金旭、董向荣从对外政策对接的角度，提出中韩推进第三方市场合作具有较大前景，并有利于推动地区贸易和投资体制自由化。⑤ 季晓勇、华楠总结企业相关国际投资合作经验，以中韩企业在东南亚市场的合作为例，提出中企应该积极拓展合作伙伴，共同推进合作。⑥ 中印合作方面，林斐婷在五通指数测算基础上探讨中印合作的前景，认为挖掘经济合作潜力、推动政策沟通、建立纷争解决机制是开展合作的切入点。⑦ 刘晓伟对孟中印缅经济走廊的区域合作进行探究，认为机制化建设的成本过高和合作意愿不足将是阻碍合作推进的重要挑战。⑧

---

① 程弋洋、何明星：《第三方市场合作：中国图书在西班牙语世界的翻译出版模式研究》，《出版发行研究》2020 年第 2 期。

② 周馥隆：《中意加强第三方市场合作 中联重科携手 CIFA 打造务实合作典范》，《今日工程机械》2019 年第 4 期。

③ 齐力：《"一带一路"框架下携手开发第三方市场中英合作或进一步扩大》，《中国对外贸易》2018 年第 2 期。

④ 郑春荣：《"一带一路"倡议视域下的中德关系：潜力与挑战》，《同济大学学报（社会科学版）》2016 年第 1 期。

⑤ 金旭、董向荣：《推进中韩第三方市场合作》，《世界知识》2018 年第 8 期。

⑥ 季晓勇、华楠：《中韩企业第三方市场合作探析》，《国际工程与劳务》2019 年第 8 期。

⑦ 林斐婷：《基于五通指数测算下中印"一带一路"合作前景分析》，《邢台学院学报》2019 年第 6 期。

⑧ 刘晓伟：《"一带一路"倡议下次区域合作机制化限度研究——以"孟中印缅经济走廊"为例》，《南亚研究》2019 年第 1 期。

3. 国外学者对"一带一路"建设下第三方市场合作的有关研究

一些国外学者对第三方市场进行了基础性研究。其中，具有代表性的是 Candice Branchoux、林芳、立野佑介对第三方市场基础设施融资需求方面的研究，表明小岛屿国家、内陆国和亚太地区欠发达国家的基础设施缺口极大，同时基础设施投资对这些国家的经济增长起到基础性作用，所以推进其经济发展的关键是发展基础设施建设。[①] 同时，全球贸易体系全球议程理事会的相关研究指出，全球价值链发生了地域性变化，这使得发展中国家成为了全球价值链中的重要一环，这将可能成为世界各国贸易和投资的重要方向。[②]

对第三方市场合作展开的研究不多，相关研究多出自日本和法国。日本学者的研究主要集中在中日开展第三方市场合作的背景、合作案例和未来合作可行性等方面。杉田定大从中日开展第三方市场合作的政治、经济可能性和可行性出发，指出中日两国对外投资和产业投资的互补性强，民间已有不少成功的合作案例，在推动泰国东部经济走廊方面也取得了较好成效，这为中日第三方市场合作打下了坚实的基础。由于中日两国合作拉动力较强，因此未来在基础设施建设及运营、机器供给、制造业、物流、环境、IT 等方面有较大的合作空间。[③] 伊藤季代子和藏田大辅在其研究中回顾了"一带一路"倡议及日本对待"一带一路"倡议的变化，提出第三方市场合作是中日两国推进互利合作、实现共同发展的新的增长点。其认为中日企业具有较强的互补优势，日本的优势在于技术能力和质量、方案的提案能力、项目管理能力、资金融资的信用力、海外投资经验、海外产业集聚力等方面，劣势是成本相对较高、决策能力不足、风险管理能力不足。中国企业的优势在于制造与建设成本竞争力强、决策能力强、资金充足、政府的风险管理保障力强，劣势在于风

---

①　Candice Branchoux and Lin Fang and Yusuke Tateno, "Estimating Infrastructure Financing Needs in the Asia – Pacific Least Developed Countries, Landlocked Developing Countries, and Small Island Developing States", *Economies*, Vol. 6, No. 3, August 2018.

②　World Economic Forum, "The Shifting Geography of Global Value Chains: Implications for Developing Countries and Trade Policy", *Global Agenda Council on the Global Trade System*, July 2012.

③　杉田定大.「日中第三国市場協力」, *JC Economic Journal*, 2018 年 8 月号。

险预测能力不足、项目管理能力相对弱、海外商业经营经验不足、国际信用力相对弱。① 小山雅久着力分析了中日企业在第三方市场开展商业合作的潜力，从中国对外产业投资的历程及其和日本的海外关系，引出中日海外产业投资中千丝万缕的产业联系，以此提出中日在第三方市场具有巨大的商业合作潜力。② 邵永裕则从投融资的角度梳理"一带一路"建设下中外企业在不同领域项目合作的融资情况，指出未来可以提高投融资的透明度和信誉度，把握第四次产业革命的机遇，扩大在第三方市场的产业投融资合作。③ 日本贸易经济合作局相关研究认为，可以加强中日企业经济团体间的合作，重视中小企业间的产业链合作。④ 徐一睿探究了中日物流链合作的可能性，认为可以以物流合作作为切入点，带动产业合作和贸易的发展。⑤ 崛口宗尚认为中日可以加强在数字技术领域和能源领域的合作，建立专门领域的企业合作联盟。⑥ 东乡和彦认为"一带一路"建设和日本对外政治经济政策有较大的契合点，可以有限度的开展合作。⑦ 末广昭认为，泰国东部经济走廊是中日合作的重要实践，为中日开拓更多的市场提供了国际合作经验。⑧ 日本国际合作银行研究室在对日本制造类企业海外业务的调查报告中指出，中国与日本的制造类企业海

① 伊藤季代子、藏田大輔.「中国一帯一路構想と日本第三国市場協力」, *JC Economic Journal*, 2018 年 7 月号。

② 小山雅久.「日中企業の第三国での恊業ビジネスモデルの分析」, *JC Economic Journal*, 2018 年 7 月号。

③ 邵永裕.「一帯一路による中国対外直接投資の新展開と中外企業提携拡大の展望」, *JC Economic Journal*, 2018 年 7 月号。

④ 貿易経済協力局総務課通商課.「日中第三国市場協力フォーラム開催に合わせて日中の政府関係機関企業経済団体の間で協力覚書が締結されました」, 経済産業公報, 2018 年 11 月 2 日第 19036 号。

⑤ 徐一睿.「ユーラシア地域輸送インフラと日中協力」, *JC Economic Journal*, 2018 年 7 月号。

⑥ 崛口宗尚.「エネルギープラントの建設およびデジタル技術適用における日中協力」, *JC Economic Journal*, 2018 年 1 月号。

⑦ 東郷和彦.『「一帯一路」構想と日本外交』, 京都産業大学世界問題研究所紀要, 2018, (30): 53 - 67.

⑧ 末廣昭.「東部経済回廊 EEC と中国との戦略的連携」, タイ国情報, 第 52 巻第 3 号。

外业务存在互补性，加强合作可以更好地拓展相关业务，实现产业链发展。①

　　法国学者对第三方市场合作的研究主要从第三方市场合作的合作模式、收益模式入手，探讨与中国开展第三方市场合作的可行性及如何更好地进行合作。为了更好地与中国开展第三方市场合作，法国向欧盟提出了相关合作方案，并得到了欧盟的认可。欧盟支持中法在第三方市场上的合作投资，并为其融资提供了便利和帮助。② Cabestan Jean – Pierre 探讨了中法两国在非洲加强第三方市场合作的前景和局限，认为中法合作是一项具有创造性的倡议，其对于促进世界经济平衡与可持续发展具有极强的现实意义，但推动合作的过程需要增加信任，做好宏观部署并务实推进企业合作。③ 张瑛从经济外交的角度分析了中法非开展合作的政治、经济等因素，认为三方合作意愿较强，同时中法非之间具有非常强的互补优势，加强互补合作将能带动参与国经济的稳健发展。④

四　研究框架与研究方法

（一）研究设计和章节安排

　　本书要回答的问题是，如何推进"一带一路"建设下第三方市场合作。推进第三方市场合作是"一带一路"建设可持续发展的重要方向，也是推动"一带一路"建设多边化的重要载体。如何促进中国与发达国家之间的第三方市场合作，完善"一带一路"建设下第三方市场合作的多边机制化建设，将是本书的研究要点。

---

　　① 日本国際協力銀行業務企画室調査課．「2018 年度わが国製造業企業の海外事業展開に関する調査報告」，2018：20，24.

　　② "Décision D' exécution de la Commission："Relative au Programme d' Action Annuel 2019 Pour la Coopération Avec les Pays Tiers au Titre de l' Instrument de Partenariat, à Financer sur le Budget Général de l' Union Européenne", Commission Européenne, Octombrie 2018.

　　③ Jean – Pierre Cabestan, "France — China Cooperation in Africa：The Emergence and the Limits of a New Initiative", *Conference Sur Les Relations Afrique – Chine：Equilibre, Croissance et un Avenir Durable Organisee Par Yale Afrique – China Conference de l'Universite Yale*, Lagos, Nigeria, 2016, pp. 1 – 16.

　　④ 张瑛：《经济外交视角下的中法非三方合作——基于〈中法关于第三方市场合作的联合声明〉》，硕士学位论文，外交学院，2019 年 5 月。

绪论部分主要阐述本书的背景、国内外文献综述、研究问题、研究意义等。

第一章首先对"一带一路"框架下第三方市场合作的定义、身份构建和时代意义作探讨。从当前世界经济的转变以及不平衡发展过程中所面临的问题和机遇入手，分析发达国家和新兴国家的协调合作对世界经济和国家经济发展的意义。随后对"一带一路"框架下的第三方市场合作为什么可行进行理论性探讨。从供求关系、比较优势的逻辑、体系演化和全球产业链的根本性变化等方面入手，分析阐述第三方市场合作。分析中国与发达国家建立第三方市场合作关系的条件，以及中国如何与作为竞争者的发达国家建立第三方市场合作关系。这部分主要探索竞争者之间的合作如何实现、可持续性条件是什么，阐述竞争者之间如何通过良性竞争，以激发创新和市场活力，带来更多的合作机遇，把蛋糕越做越大，最终实现共建共赢。

第二章阐述了"一带一路"建设下第三方市场合作的机制化建设现状，并对第三方市场合作的合作机制平台建设、参与原则、特点、合作模式等方面作具体探讨。随后分析"一带一路"建设下第三方市场合作形成的国内及国际动因，从而了解第三方市场合作实现机制化的可行性，认识第三方市场合作是中国摸索"一带一路"多边合作的重要途径。

第三章主要从"五通"的角度阐述如何推动"一带一路"建设下的第三方市场合作。"一带一路"建设迈向多边合作离不开发达国家的积极参与。第三方市场合作是转变冷战思维，从划分势力范围向开放包容、共建共享转变的重要方式，也是未来发达国家参与"一带一路"建设的合作新模式。其中，"五通"（政策沟通、设施联通、贸易畅通、资金融通、民心相通）仍然是中国与西方发达国家开展第三方合作的切入点。从增加透明度、探索绿色发展、加强地方合作、发挥智库交流优势、倡导廉洁丝绸之路、开拓数字丝绸之路、强化创新合作等方面入手，分析中国与西方发达国家建立第三方市场合作关系的条件、内容合作方式和领域等，从而分析第三方市场合作在"一带一路"建设过程中取得成功的可行性和可持续性，避免风险的出现。

第四章主要分地域探索第三方市场合作的推动模式。展望第三方市场合作在"一带一路"建设上的未来发展方向，探讨中国如何与不同地区发达国家或地区大国开展第三方市场合作，并从政治、经济、对外政策、目标（寻求共同目标、挖掘共同利益）、思维模式、合作方式等方面入手，分析中国可以如何与不同发达国家实现第三方市场合作。同时，着重对中法、中日的第三方市场合作进行案例分析，从政府间合作、金融融资合作、第三方市场具体项目合作三个方面为中国和其他发达国家开展合作提出一些建议。

第五章主要探讨第三方市场合作的挑战及应对，并对合作发展前景进行展望。第三方市场合作顺应时代发展潮流，符合国际政治经济的发展规律，因而具有强大的生命力，是推动"一带一路"多边化建设的重要载体。第三方市场合作的不断实践是"一带一路"建设多边化的重要支撑。第三方市场合作是共建"一带一路"的新模式，也是"一带一路"从双边合作向多边合作迈进的重要一环。充分释放第三方市场合作的潜力和活力，对共建"一带一路"具有重要意义，可以通过现有的相关实践探索这样的合作模式未来能在哪些领域的合作上取得成功。

（二）研究方法

第三方市场合作在国际政治研究中是一个较新的领域，属于国际政治经济学的研究范畴。国际政治经济学研究不能忽略了"组织多样性和路径依赖的历史进程对行为体行为所产生的重要影响。"① 由于本书的研究重点是第三方市场合作的形成机理和如何推进，因而采用的具体研究方法如下。

第一，理论分析法。采用国际战略学作为理论分析工具，从历史和理论层面探索第三方市场合作形成的背景和动力，研究其内在规律。

第二，案例分析法。剖析有关案例，呈现盟友和竞争者两种不同的行为体之间第三方合作的实现路径，以更好地阐述第三方市场合作的形成机理。

第三，文献分析法。搜集并分析国内外现存的文献资料，包括国内

---

① ［美］本杰明·J. 科恩：《国际政治经济学：学科思想史》，杨毅、钟飞腾译，上海人民出版社 2010 年版，第 43 页。

外学者的学术专著、期刊、会议报告、新闻报道、政府文件等等，并从中汲取有用信息，力图准确把握第三方合作的全貌。

　　第四，比较分析法。通过对比分析双边与多边合作的数据，更好地得出结论。

　　第五，演绎法和归纳法。对第三方市场合作进行论述和推理，考察第三方市场合作的形成过程。

第 一 章

缘起、定义、身份构建及理论性探讨

第一节 第三方市场合作的缘起及定义

一 第三方市场合作的缘起

第三方市场合作的理念实际上源于 20 世纪 80 年代的法国，由法国总统弗朗索瓦·密特朗所提出。当时国际形势正发生巨大变化，法国国内经济困难重重，失业人数与通货膨胀率居高不下。在这样的背景下，弗朗索瓦·密特朗上台，成为法国第一位社会党总统。作为左翼领袖，他对内加强了国家对经济的干预，通过一系列经济政策，扩大就业，以提高法国的国际经济地位，对外拉拢德国，积极推动西欧联合，并希望通过与欧洲其他国家在第三世界的市场合作，发展和强化法国在第三世界的势力范围。当时密特朗的合作理念主要是"公私合作伙伴关系"（简称 PPP），指由政府之间、跨国公司和私人共同融资，在全球范围内选择合适的基础设施建设项目或公共服务建设项目，签署合伙合同（一份全球合同），委托不同的责任主体（公司）在有关项目的不同阶段执行多项任务，共同完成合作项目。任务一般包括两种，强制性核心任务和补充性任务。强制性核心任务主要是指融资和具体公共产品，如建筑、设施改造或翻新等。补充任务主要是各个部分的设计、开发、维护和管理等。全球合同是把实现任务的所有资源和任务设计结合起来，促进合同的有效实施。为此，1985 年 7 月 12 日，法国出台了第 85－704 号法案，该法案主要涉及政府之间如何通过与跨国公司合作，制定合同，并制定项目管理的关系（称为"MOP 法"）。法国对具体实施方案和第三国合作的市场准入门槛有严格规定，以确保能够获得利益。法国的第三国市场合作理念的实质是，通过西欧国家政府间的合作和企业融资，扩大其在第三世界国家市场的占有率。但由于密特朗的经济和社会改革步伐过大，其融资能力有限，超出了法国经济实力，最终第三国市场合作伙伴建设停滞不前。

直到20世纪末21世纪初，法国与日本才在商业上慢慢形成在第三国的合作伙伴关系。1998年12月，法日经济集团（巴黎俱乐部）举办了关于法日在第三国市场合作的会议。该会议探讨了世界经济和法日两国经济发展的有关问题，达成了一定共识：顺应全球化是国家经济发展的重要条件，因而在商业规划的战略和管理中，必须有合作全球化的意识。全球化的不断深化主要源于三个方面：一是WTO的有关协议降低了国际贸易和投资的关税壁垒；二是信息技术革命，特别是强大的信息通信平台的出现，为全球化提供了必要条件，也促使了全球化的深入发展；三是国际市场中，金融和资本市场的不断扩大，促进了跨国公司在全球范围内的扩大。在这样的背景下，规模经济对生产技术和管理结构的要求不断提高，经济参与者必须找到对于自身而言最佳的定位。第三国市场合作可以在对外投资和全球化生产过程中，形成国际标准、促进品牌发展、规避投资风险，以及发挥包括发展中国家廉价劳动力在内的互补优势。

尽管法国也和德国、意大利等国有少数第三国市场合作的项目，但法国和日本的第三国市场合作更具代表性。法日两国在工业生产、能源开发、核开发、电力生产、水资源处理、制造业等方面都有不同程度的第三国市场合作。例如，在能源领域，TOTAL公司和INPEX公司在哈萨克斯坦、印度尼西亚、利比亚等地都有能源合作开采和联合勘探的项目。在核电站领域，法国玛通公司曾是日本OEM厂商在外国开发核电站的最大竞争对手，但在2006年10月，法日两国在核电领域化竞争对手为合作伙伴，共同签署了合作备忘录，提出联合开发新反应堆并在供应、服务和燃料循环上达成合作。在电力生产上，法日两国在越南投资建设了燃气联合循环发电厂，并持续运营和维护发电厂。三菱公司和法国电力公司还在墨西哥投资建设了发电厂和天然气管道项目，并把其在墨西哥的部分电力资产出售给西班牙一家公司做运营。

但法国和日本以及其他发达国家之间开展的第三国合作主要是发达国家之间的双边合作，在第三国合作所得的收益全部归发达国家所有。第三国市场在发达国家之间的合作中，只充当载体的角色。在国际市场关系中，第三国是需求方，发达国家是供给方。在合作领域上，发达国家之间的合作主要局限在能源开发、工业生产领域，在基础设施领域的投资合作较少。这类投资合作的技术含量较高，投资成本相对低，主要是利用第三国的原材料和少数廉价劳动力，为发达国家攫取更大的利润。尽管如此，法国在20世纪80年代推行的第三国市场合作以及后来的有关合作仍为中国和发达国家之间的第三方市场合作积累了重要经验。

二　第三方市场合作的定义

（一）市场、国际市场和市场合作的一般定义

市场作为经济贸易的重要载体，受到经济学家们的广泛关注。曼昆将市场定义为"由某种物品或服务的买者与卖者组成的一个群体。买者作为一个群体决定了一种产品的需求，而卖者作为一个群体决定了一种产品的供给。"[①] 罗伯特·平狄克指出，买方和卖方的相互作用形成了市场。经济学家常关注市场的界定问题，市场界定指一个具体的市场中，应包括哪些买方和卖方。确定市场的范围是界定买方和卖方的前提。市场的范围既包括地理的范围，也包括产品的范围。[②] 对市场的描述最具代表性的是保罗·萨缪尔森和威廉·诺德豪斯在《经济学》[③] 中的阐述：市场是买者和卖者相互作用并共同决定商品和劳务的价格以及交易数量的机制。国际市场是由市场发展而来的，从不同的角度观察，会有不同的解释。国际市场可以定义为国际产品交易的场所，可以定义为国际商品

---

① ［美］曼昆：《经济学原理·微观经济学分册（第6版）》，梁小民、梁砾译，北京大学出版社2012年版，第3页。

② ［美］罗伯特·S. 平狄克、丹尼尔·L. 鲁宾费尔德：《微观经济学（第7版）》，高远等译，中国人民大学出版社2009年版，第8页。

③ ［美］保罗·萨缪尔森、威廉·诺德豪斯：《经济学（第18版）》，萧琛译，人民邮电出版社2008年版，第17页。

交换所反映的经济关系和经济活动的总和，也可以定义为国际市场的主体、客体、载体等多种要素有机统一的整体。

市场本身具有内在的逻辑体系和一定的经济秩序，市场中的供给者和需求者之间并不是混乱的。对于市场而言，最重要的一组关系就是供给与需求的关系：生产什么取决于需求，有需求的生产才会产生价值和收益。如何生产则和供给者之间的竞争与合作有着密切联系。国际市场是在供求关系的基础上，把国家因素的引导和互动关系考察进去。国家能对世界经济的发展和存在的问题进行判断，并通过经济政策等形式从宏观层面给企业释放信息。对于供给者而言，利益是生产和竞合的动力。当有足够能力参与竞争，并且竞争能取得最大利润的时候，供给者会通过竞争获取利益。但在特定的条件下，某些生产领域并不能通过竞争获取足够利润，反而合作能获得更大利益并减少风险时，合作就成了供给者之间的关系。为谁生产则取决于多组生产要素上的供给与需求关系。资本、技术、管理、劳动力等都是生产要素的重要组成部分。

科学技术和信息技术的不断发展为国际市场带来了深刻变化。国际市场已不再是简单的国际商品贸易，而是生产要素的国际化。尤其在交通运输技术的飞速发展之下，规模经济已逐渐地不再局限于一国之内，而是由多个国家合作完成。在这个过程中，制成品贸易不断下降，而中间品贸易不断上升。2018 年，零部件等中间品贸易已经达到 70% 以上。生产力的体系性变化促使了服务贸易和供应链的产生和发展，也推动了国际市场的变化，影响了国际贸易和国际投资的发展。在当前发展趋势下，一个国家如果希望经济获得持续发展的动力，不仅仅要靠企业高新技术水平的提高，也需要保持在产业链、供应链和价值链中的优势地位。

发达国家或新兴国家在第三方市场上的竞争在一定程度上是追求"三链"优势地位的重要表现之一。但是由于发展中国家市场各项机制不完善，以往发达国家或新兴国家在发展中国家为主的第三方市场的激烈竞争并没有产生对谁更有利或使谁处于更不利的状态，更多的是"没有增长的胜利"或"两败俱伤"，其投入和产出不成正比，更别说达到最优化。

同样的，在第三方市场开展合作也是为了充分利用各方优势，形成互补，使投入和产出达到更优，并实现各自在产业链、供应链和价值链上的优势地位。在经济结构调整的过程中，发达国家的优势主要集中在技术领域，而中国的优势则在产能等方面，两者在第三方市场投资中存在较强的互补性。这意味着，中国和发达国家开展在第三方市场的投资合作是互利多赢的。中国和发达国家的第三方市场合作也正是在这样的背景下产生的。

（二）第三方市场合作的界定

在界定第三方市场合作之前，我们可以先考察一下"第三方"和"第三国"之间的区别。"方"，本义为并行的船，有等同、相当之意。《尔雅》中写道，"大夫方舟"，意为并行的两船称为方舟。《周礼·考工记》中又称，"梓人为侯，广与崇方"，郑玄注之为"方，犹等也"。再有《战国策》中写道："今者，齐、韩相方，而国围攻焉，岂有敢曰我其以三万救是者乎哉？"，意味着齐国和韩国虽有不同，但实力是相当的，地位是同等的。而"国"则没有地位同等之意。"国"本义为疆域、地域。从现代国家发展的视角来看，国家是阶级统治的工具。"国"可大可小，可强可弱。发达国家之间的第三国市场合作或多或少有一种弱肉强食，地位不均的意味。"第三方市场合作"特意强调的"方"则有三方地位相当，是同等重要的、不可或缺的意思。换言之，在第三方市场合作中，发达国家、新兴国家和发展中国家之间是同等重要的，没有高低之分。所谓合作，是建立在平等关系基础之上的。

"第三方市场合作"一词首次正式出现在 2015 年 6 月，中国政府同法国政府正式发表的《中法关于第三方市场合作的联合声明》中。该合作模式是一种符合当前国际社会发展阶段的国家间合作新模式，该合作模式由中国提出，旨在将中国的优势中端产能与发达国家的先进技术相结合，与发展中国家的经济发展需求相对接，从而实现"1 + 1 + 1 > 3"的效果。[①] 这是由国家间政府共同主导，发挥不同国家的互补优势，实现互利共赢的多边合作模式。按照"一带一路"建设所秉承的共商、共建、

---

① 《第三方市场合作 1 + 1 + 1 > 3》，2018 年 1 月 4 日，国务院新闻办公室网站（http：//www. scio. gov. cn/31773/35507/35510/35524/Document/1615175/1615175. htm）。

共享原则，第三方市场合作是中国与发达国家、发展中国家共同建设第三方市场的多边合作。目的是构建稳健开放的世界经济，促进世界经济平衡发展，推动新兴国家的产业升级、发展中国家的工业化建设和经济发展以及发达国家的经济可持续增长。

根据中国国务院新闻办公室网站对第三方市场合作所作明确定义的有关表述："第三方市场合作就是将中国的中端制造能力同发达国家的高端技术、先进理念结合起来，与发展中国家的经济发展需求相对接，为第三国提供高水平、高性价比、更具竞争力的产品和服务，实现'三方共赢'。"本书采用上述定义，认为第三方市场合作是在全球价值链发生根本性变化的背景下，掌握更多不同类别生产要素的两个或两个以上国家与发展中国家对接，充分发挥各方的比较优势，在第三方市场进行投资、服务贸易和商品贸易，实现多方获益，共同促进世界经济平衡发展和各国经济可持续发展的多方合作模式。

"一带一路"建设下的第三方市场合作与之前发达国家之间的第三国合作有较大不同。就合作领域方面，发达国家间的第三国合作优先考虑发达国家利益，集中在能源开发、石油化工、制造业等领域，合作项目规模不大，合作领域较为单一，难以从根本上改变发展中国家的发展困境。第三方市场合作则覆盖基础设施、能源、金融、制造等多个领域，呈现出合作项目规模大、类型多样化、模式多元化的特点。就参与方而言，发达国家之前的第三国合作主要是发达国家之间的合作，新兴国家和第三方国家较少参与到项目建设的合作过程当中。第三方市场合作是中国、发达国家和发展中国家三方共同参与、共同建设的多方合作。就利益分配方面，发达国家之前的第三国合作是发达国家主导的，在第三国所得利益基本上由发达国家进行分配，发展中国家无法从中获得收益。而第三方市场合作中的项目倡导共同磋商、第三方国家参与、第三方国家受益，共同提供建设所需的生产要素，根据生产要素共享所得利益。

由此可见，第三方市场合作与此前发达国家之间在第三国开展合作的最大区别是，第三方市场合作把发展中国家看作市场合作中不可或缺的一方。也就是说，第三方市场合作不只是中国与发达国家之间的合作，而是中国、发达国家或其他新兴国家和发展中国家共同形成的多边合作。

其核心是把不同国家行为体所具有的相对优势进行整合，实现多方共赢的合作。这意味着任何国家在国际市场中都有其相对优势，同时有其相对劣势，通过合作可以使其优势实现最大化。其合作前提为，一是在经济全球化的带动下，第三方市场具有充分的市场需求和发展需求；二是具有资源优势的国家有供给意愿和供给能力；三是在合作过程中，各方都能实现其利益诉求。

在研究第三方市场合作之前，首先需要明确谁是"第三方"，什么是"第三方市场"。从国际投资贸易的角度来看，投资国与接受国是最直接的"双方"。那么，对于某一投资国而言，所介入的"第三方"应该是另一个在接受国进行投资或贸易的国家。在特定的接受国市场上，由于市场的有限性，在同一市场上进行投资活动的两国在该市场上更多的是竞争关系。比如19世纪时，欧洲发达国家在非洲地区划分势力范围。但和以往不同的是，接受国的数量在增大，且其自主选择性在增强。那么，投资国的贸易投资实力将显得相对有限。在这样的情况下，两个投资国之间的合作将能够提升两国资源的利用效率，实现更大的收益。因而，从政府间开展政策沟通合作的角度来看，由于通过协议形式加强国际投资贸易合作的双方是两个投资国，那么，对于合作的两国而言，"第三方市场"就是接受国。由于本书主要探讨两个或多个投资国突破原先的冲突与竞争关系，从而促成两个投资国和接受国之间的合作，为了明确三者之间的关系，本书将从政府合作和国际投资合作的角度下定义。把接受国看作是两个投资国的"第三方"，将接受国市场界定为"第三方市场"。

第三方市场是相较于第一方和第二方而言的。第一方国家行为体和第二方国家行为体通常指具有较强的经济实力，在国际市场上有一定的投资优势，同时都有投资发展中国家市场意愿的国家。具体而言，第一方和第二方国家行为体一般由发达国家和新兴国家组成。发达国家通常经济开发程度高，大多数处于后工业化时期，经济运行机制相对成熟，市场机制和市场体系较为健全，在高新技术产业和服务业方面优势较大。新兴国家是在20世纪70年代末期的《经济合作发展组织报告书》中所提出的，又称新兴工业化国家，其经济发展程度介于发达国家和其他发展中国家之间，在生产制造、产能方面具有较大优势。随着新兴国家对世界经济的增长贡献率不断上升，新兴国家已经成为世界经济的重要引擎之一。两者均具有一定的经济实力，在自由状态的国际市场中，都有市场投资意愿和利益诉求。随着世界经济和金融形势日益严峻，西方发达经济体纷纷进入经济增长缓慢期，一些新兴国家经济增速也开始放缓，同时国家间经济越来越紧密，各国经济发展越来越成为命运共同体。

第三方国家行为体指具有基础设施建设需求的国家，既可以是发展中国家，也可以是发达国家。目前，第三方国家大部分是发展中国家。由于历史、政治、社会矛盾等多种因素的束缚，不少"第三方"发展中国家行为体的市场运行相对不灵，甚至受到不同程度的扭曲，政府行政效率偏低，腐败问题严重，难以有效盘活资源并独立完善基础设施等经济社会发展配置，导致经济长期难以取得突破性增长。同时，一些"第三方"发展中国家行为体还存在其他问题：人口出生率高，但生产力水平相对低下，农业劳动力比重高，就业率低，失业率高，人民生活水平低下。但是，"第三方"发展中国家同样具有其独特的优势，其拥有大量劳动力，人口数量多，市场潜力巨大。同时，在全球产业链中，"第三方"发展中国家行为体发挥着不可或缺的作用。

"第三方市场合作"并不单单是第一方和第二方在第三方市场上的合作投资，而是第一方、第二方与第三方形成合力，共同建设第三方市场，激活第三方市场的活力，促进第三方市场的健康发展。第三方市场合作属于国际合作的范畴，主要涉及海外投资、服务贸易和商品贸易等，是将第一方和第二方的技术、资金、产能、管理等资源和第三方的劳动力等资源相结合，建设完善第三方市场，优化全球产业链。所以，第三方市场合作是由第一方和第二方国家行为体达成固定的合作伙伴关系，按照一定的规则和标准，共同选择第三方国家中合适的项目进行投资，三方达成市场合作协议关系，通过整合所有资源，共同建设第三方市场。第三方市场合作项目的领域涉及市场的方方面面，以基础设施建设为主，还包括产业合作、供应链合作、培训教育等。

第三方市场合作是国家之间在国际市场上的创新性合作模式。在这个合作中，需求方是以广大发展中国家为主的第三方，供给方则是由以中国为代表的新兴国家、发达国家和提供劳动力生产要素的发展中国家共同组成。从国际市场的角度来看，第三方市场合作最具创造性的地方就是供给方生产要素来源的多元化。

第二节 第三方市场合作的身份构建

身份构建是为了将参与第三方市场合作的行为体纳入第三方市场合作的理论框架之中，以便更好地理解每一个行为体的行为。国际市场是一个有自我调节能力的系统，其自我调节的根本动力是利益，基本逻辑是需求与供给之间的关系。国际市场受到国家间政治的影响，处于无政府状态。

一 身份界定

身份是界定利益的基础。利益是以身份为先决条件的，因为行为体在知道自己是谁之前是不可能知道自己需要什么的。[①] 行为体的行为动机由身份决定。身份并不是单一的，一个国家可以有多个身份。比如法国既是欧盟国家之一，也是联合国安理会常任理事国之一，同时也是有竞争力的经济行为体。不同的身份之下，法国有着不同的利益，有些利益是重合的，有些利益则没有。如果不先确定身份，则无法界定利益，更无法解释其行为动机。从法国的多重身份中可以看到，不同的身份背后都存在一定的共有观念。共有观念指产生这种身份的文化。共有观念可以是冲突的，也可以是合作的，所以"敌人""朋友"或是"竞争者"都表示了角色身份。[②] 但是，在确定身份方面，真正起作用的并不是制度化，而是自我和他者之间的相互依存程度或"密切"程度。[③]

---

① ［美］亚历山大·温特：《国际政治的社会理论》，秦亚青译，上海人民出版社 2008 年版，第 226 页。

② ［美］亚历山大·温特：《国际政治的社会理论》，秦亚青译，上海人民出版社 2008 年版，第 224 页。

③ ［美］亚历山大·温特：《国际政治的社会理论》，秦亚青译，上海人民出版社 2008 年版，第 224 页。

　　经济全球化是界定身份的一大因素。经济全球化是当前经济社会的一种发展趋势。尽管存在逆全球化现象，但经济全球化发展趋势不可阻挡，因而是第三方市场合作的一个必要条件。经济全球化不仅使各国经济相互渗透，也使国际分工越来越明确。随着全球经济相互依存性日趋明显，拥有相似比较优势的国家之间的身份越来越模糊。作为竞争者，其竞争的目的通常都是使自己获利更多，让对方获利减少。然而，由于经济相互渗透的加深和经济互补性的增强，竞争的结果有些时候并不是利己的，甚至还可能会削弱本国的利益。由于资本是有限的，无论是技术开发抑或是产能都需要耗费大量资金，因此具有互补优势国家之间的市场竞争并没有导致谁可以处于更优的地位、谁可以处以较劣的地位。但是，过度竞争不仅成本高，而且将使得竞争者越来越难以取得预期的收益。相反，合作则能达到"1＋1＞2"的效果。也就是说，开展有效合作的重要前提是合作伙伴之间在资金、技术、产能等生产要素上存在较强的互补优势和依存性。因此，在全球化进程中，随着国际经贸的相互渗透和相互依赖程度不断增强，具有互补优势和依存性的国家在身份上开始呈现出从竞争者演变成合作伙伴的发展趋势。本书认为，这个过程符合经济全球化和国际投资合作的客观规律，是全球价值链不断深化发展的结果。以法国和日本的第三国合作为例，在国际市场上，我们很容易看到法国和日本公司之间的竞争者身份。2007 年，日本对法国出口量占日本出口的 1.2%（欧洲排名第 4 位），从法国进口量占 1.6%（欧洲排名第 2 位）。法国对日本的进出口分别为 1.5% 和 2.4%。但合作磨合期间，两国之间的贸易也取得了较快增长：2002 年至 2007 年，日本对法国的出口从 767.9 亿日元增加到 938.9 亿日元，每年增加约 5%。同样，法国对日本的进口额同期从 8168 亿日元增加到 1.18 万亿日元，年增长率为 7.4%。同期，两国之间的直接投资甚至比贸易联系更紧密：截至 2007 年年底，在外国直接投资存量方面，日本是法国第七大投资者。① 相比之下，239 家法国公司以 14.5 亿日元在日本投资，法国成为仅次于美国和

---

① 《法国国家统计与经济报告（2008）》，2008 年 10 月，法国数据统计与经济研究所（ht-tps：//www.insee.fr/fr/accueil）。

荷兰的日本第三大外国投资者。从这个意义上来看，法日两国的第三国市场合作不仅为两国带来了丰厚的利润，也成为两国经贸的新的增长点。当这种互补性和相互渗透性不断深化，两国很容易能看到合作所能带来的互益，合作意愿也将日益强烈，甚至在国际市场上形成了紧密的合作伙伴关系。因此，法国和日本的身份由竞争者演变成了合作伙伴。同理，发达国家和中国的第三方市场合作也是一种演变的过程。在全球化进程中，随着国际经贸的不断深化，在互补性和渗透性的作用下逐渐演变成了合作伙伴。这个过程符合国家间政治经济关系、商业关系和国际投资的连续性，是全球价值链不断深化发展的结果。

国际市场的无政府状态是界定身份的又一因素。亚历山大·温特认为，无政府状态在宏观层次上至少有着三种结构，属于哪种结构取决于什么样的角色——敌人，竞争对手，还是朋友——在体系中占主导地位。[①] 国际社会的无政府状态并不代表国际市场毫无秩序，因为施动者特别是主要施动者的身份及其扮演的角色在频繁的互动中会自然形成相对稳定的结构，从而构成国际市场的秩序。对于第三方市场合作而言，最基本的两个身份是供给者和需求者。这两者中包含三组关系，分别是供给者之间的关系、需求者之间的关系以及供给者与需求者之间的关系。其中，供给者（这里指中国和发达国家）之间的关系是第三方市场合作中最关键的关系。作为主要施动者，供给者之间的关系是形成不同结构的决定性因素，而需求者之间的关系则处于相对被动的地位。供给者和需求者之间既非敌手也非竞争对手，是各取所需的互利关系。当前，世界经济增长动能减弱，整体发展趋势逐渐放缓：一是发达国家和部分新兴国家的经济发展速度放缓表现得十分明显；二是世界贸易的不确定因素加大，国际贸易深受影响，进而导致全球经济逐渐放缓。2019年4月WTO所发布的《全球贸易数据与展望》指出，2019年世界贸易增长大幅下滑，预计将回落至2.6%，未来全球贸易增长将面临巨大压力。同时，经济预期的不乐观和海外投资的高风险系数导致全球海外投资的持续下

---

① ［美］亚历山大·温特：《国际政治的社会理论》，秦亚青译，上海人民出版社2008年版，第245页。

降。根据联合国贸发会议（UNCTAD）提供的数据，2018 年全球外国直接投资（FDI）流量为 1.2 万亿美元，下降 19%，是连续第三年下滑，外国直接投资规模跌至国际金融危机后的最低水平。另一方面，全球价值链出现根本性变化，因为中间品贸易的上升和制成品贸易的下降，加速了技术、资金在全球范围内的流动，导致一件产品的生产越来越多地由几个、十几个甚至几十个国家来共同完成。尽管南北贸易在世界贸易中的总量有所增长，但发达国家之间以及发达国家和新兴市场国家之间的贸易仍占世界贸易总量的绝大部分。这意味着，作为供给者的发达国家和作为新兴市场国家的中国之间经济关系更加紧密和盘根错节。此外，经济发展不平衡在一定程度上导致了恐怖主义、难民问题、生态环境问题等一系列全球性问题的进一步深化，迫使供给者不得不选择第三方市场合作这种形式来最大限度地减少因上述问题而带来的不确定性。从这一意义上我们也可以说，在供给者之间开展第三方市场合作是其在国际市场无政府状态下对国际经济新情况的一种应激反应。

对于第三方市场合作而言，最基本的两个身份是供给者和需求者。这两者之间又可以分为三种主体关系，分别是供给者和需求者之间的关系、供给者之间的关系以及需求者之间的关系。供给者和需求者之间既非敌人也非竞争对手，双方各取所需，但两者也不能简单地用朋友来定义，而是讨价还价的互利关系。需求者之间的关系对买方市场和卖方市场的形成有一定的影响。由于第三方国家的劳动力供给是相对稳定的，那么供给者之间的关系则是第三方市场合作中最关键的关系，供给者是形成不同形态结构的主要施动者，是形成不同结构的决定性因素，而结构的形成也会反作用于供给者。

接下来，我们分三种情况讨论在世界经济依存性不断增强、全球产业链发生根本变化的条件下供给者之间的关系。

第一，敌对关系。在霍布斯文化中，如果供给者之间是你死我活的敌对关系，那么供给者之间将不惜一切把对方扳倒，争取至高利益点。但是，在供给者数量较多且彼此依存度较高的情况下，供给者不惜一切扳倒对方的行为则是伤敌一千自损八百的，且无法取得更多的利益。在这个过程中甚至可能会削弱自己的利益，甚至成为其他供给者的垫脚石。

同时，在供给者数量较多的情况下，敌对关系不会增加供给者的筹码，而是会增加需求方讨价还价的筹码。所以，敌对关系并不是供给者之间的最优选择。

第二，竞争关系。在洛克文化中，供给者的相互身份是竞争对手，在一定的生存和允许他国生存的前提下，追求本国的利益。在国际经济结构中，这些行为体是在部分自助且需遵守某些准则的体系中追求利己的个体。竞争逻辑是为了我方获利更多，良性竞争有利于双方获利，但恶性竞争却可能适得其反。例如2015年中国和日本在东南亚的高铁竞争，双方在高铁项目上的恶性竞争导致双方没有获得应有的收益，甚至可能亏本。当恶性竞争导致失利之后，市场供给者之间就有可能在往后的博弈中不断调整两者之间的关系。尤其当供给者之间的利益依存性不断增长，对方的失利在某种程度上也可能导致己方利益受损。在利益依存性增加和利益共生的合作潜力促使下，供给者之间便有改变原来的竞争模式，转而寻求合作的可能，第三方市场合作的形成在一定程度上便是如此。

第三，朋友关系。在康德文化中，国家之间的关系类似于共同体性质，遵循"人人为我，我为人人"的原则。朋友关系有两条基本规则：一是不使用暴力或暴力威胁的方式解决问题；二是当任何一方遇到困难或威胁时，各方会互相帮助。[①] 朋友关系可以分为三个等级，第一等级是施动者之间当遇到涉及核心利益的问题时，可以不计成本地进行合作，比如环境严重恶化，地球不适宜人类居住等，是低层次的朋友关系。第二等级比第一等级高一些，是国家出于自身利益而遵守相应的文化规范的互助关系，目的是规避共同潜在的风险，取得共同利益。这个等级的朋友不一定是真正的友谊，但在长期的互动中逐渐形成了信任机制。这类朋友关系的基础是利益，如果合作能够持续使双方获利，则这样的互助关系将具有较强的稳定性和延续性。反之，当成本超过利益，那么朋友关系将慢慢消失。通过利益来维系的朋友或许是最实在的。经济相互

---

① ［美］亚历山大·温特：《国际政治的社会理论》，秦亚青译，上海人民出版社2008年版，第289页。

依存的深化使供给者之间的利益相关性增强，在不涉及国家核心利益基础上的部分互助实际上也是实现自身利益。第三等级则是最高层次的朋友关系，是把对方的利益真正看作我者的利益，在必要时，甚至可以为对方作出一定的牺牲。但是这个等级在无政府状态下极难达到，可以说是一种理想状态。

考察第三方市场合作中供给者之间的身份角色可以从两个维度入手。

第一，国际层次。国际层次分为两个方面。世界经济方面，一是当前世界经济贸易增长动能减小，整体发展趋势逐渐放缓，但同时需要更多的多边合作。2020 年 6 月，联合国贸易和发展会议发布的《2020 年世界投资报告》指出发展中经济体的外国直接投资降幅最大，达 40%。① 世界贸易组织发表的《2021 年世界投资报告》显示，全球外国直接投资总额下降了三分之一以上，降至 1 万亿美元（2019 年为 1.5 万亿美元），威胁到可持续发展的进展。② 2021 年的《世界贸易报告》中也指出，当前全球贸易体系脆弱性和弹性兼具，增强经济韧性将需要更多的区域合作及多边合作。③ 有限的投资资本和脆弱的经济贸易体系使得合作成为发达国家和中国的较优选择。二是经济预期的不乐观和海外投资的高风险系数导致全球海外投资的持续下降，需要更多的投资合作来降低投资风险。三是全球价值链的根本变化使国家间的经济联系越来越紧密。随着技术、资金在全球范围内的流动加剧，中间品的国际贸易不断上升，制成品贸易不断下降，产品的生产越来越多地由几个、十几个甚至几十个国家来共同完成。全球治理方面，恐怖主义、难民问题、生态环境问题等一系列全球性问题的产生和深化大多由经济发展不平衡所导致。这些全球性问题的解决并不是单一国家所能实现的，而是需要各个国家的共同努力。这意味着，作为供给者的发达国家和中国之间经济利益相互交

---

① 《2020 年世界投资报告》，2020 年 6 月，联合国（https：//unctad. org/webflyer/world－investment－report－2020#tab－2）。

② 《2021 年世界投资报告》，2021 年 6 月，联合国（http：//www. 199it. com/archives/1266175. html）。

③ "World Trade Report 2021 Economic Resilience and Trade", November 2021, *World Trade Organization*（https：//www. wto. org/english/res_e/publications_e/wtr21_e. htm）.

织，无法成为你死我活式的敌对角色。

第二，国家间层次。按身份建构的逻辑，当行为体承认对方的存在，并遵守一定的规则时，就已经步入了竞争对手或朋友关系的行列。在世界市场上的竞争关系主要有两种可能的发展趋势，一是有限战争，之所以称之为有限，是因为两者之间既存在一定的对抗又往往是受到牵制的。比如2019年的中美贸易摩擦，尽管两个行为体之间存在竞争甚至被称为无形的战争，但贸易摩擦的发展会受到种种因素的牵制，这样的竞争并不是企图毁灭对方，而是为了争夺有利的战略优势或地位。第二个发展趋势是行为体之间的经济均势，这里的均势并不是说各个行为体所拥有生产要素的均等化，而是达到一个维持经济秩序相对稳定的动态平衡。

界定发达国家和中国之间的身份，还可以从世界未有之大变局的角度来考察。

第一，发达国家和中国之间的经济互补性逐渐增强，双方的比较优势日渐明显，这有利于双方开展第三方市场合作。发达国家在技术和管理能力等方面具有明显的比较优势，而新兴国家在逐渐积累和发展的过程中，形成了在产能、建设力等方面的比较优势。例如，按照国际贸易标准分类的0-9类产品中，作为发达国家的法国在世界市场中居前十位的出口产品主要集中在第1、3、5类上，而中国前十位的出口产品则以6、7、8类居多。由此可见，尽管存在部分重合，但两者之间优势互补这一特点十分明显，在此背景下，两者之间的合作所带来的机遇和利益将远大于彼此竞争所带来的利益。换句话说，第三方市场合作的达成一定程度上是基于中国和发达国家不同的比较优势、不同的国际市场占有率，以及通过合作而带来的共同利益。从这个角度来看，在国际经济发展领域上，中国与有关发达国家、发展中国家是第二层次以利益为基础的朋友关系，而非竞争关系。

第二，发达国家对发展中国家直接投资风险增高，迫使其不得不通过第三方市场合作模式来分散风险。对外投资时，尤其是对发展中国家投资时，投资方面临的风险系数在逐渐提高，同时还面临着产能、资金、劳动力等投资压力，进而导致发达国家海外投资量逐年递减。例如，发达国家的对外直接投资总量从 2004 年到 2018 年下降了 40%，跌至 4510 亿美元的水平，创历史新低。第三方市场合作正是在这个特定的国际经济发展背景下出现的，其主要目的之一就是由合作方来共同规避和承担投资风险，最大限度地减少自身的经济损失，努力保持自身对外投资的动力和热情。尽管第三方市场合作是以共同利益为基础的合作关系，但这并不是单纯的"互利共赢"的合作关系，同时也是一种"互利共亏"的合作关系，因为合作方都希望能在合作中获得更多的利益，同时也都希望共同承担风险和损失。在这种情况下，供给方的比较优势（核心竞争力）就是获得更大收益的基础，而提高自身的比较优势就可以通过第三方市场合作来获取更多的利益。因此，优化产业链和相互竞争过程就是推动这一合作结构不断演变的重要动力。

上述讨论中，我们分别从敌对、竞争和朋友三种角色身份入手，考察供给者之间的身份角色。就"第三方"发展中国家和第一方、第二方的关系而言，由于发展中国家和投资方（第一方、第二方国家）之间不存在敌对关系，在促进第三方市场发展上也不构成竞争关系，只要第三方市场合作是互利的，那就是存在共同利益的朋友关系。在对发达国家和新兴国家的身份研究中，我们不得不把两者之间经济相互依存的不断增强和全球价值链的根本性变化作为主要因素考虑进来，并从国际层次和国家间层次两个维度考察作为供给者的发达国家和新兴国家之间的角色。在特定的国际经济发展背景和发展趋势下，这两者都需要通过改变原本在发展中国家市场上的竞争关系以共同应对国家经济持续发展和世界经济稳健发展的问题及其他全球性问题。同时，发达国家和以中国为代表的新兴国家之间的共同利益又不仅限于这些。由于两者之间的经济渗透越来越明显，利益关系盘根错节（必要条件），同时两者在第三方市场中各具不同的比较优势（充分条件），因而利益的捆绑和互补性使两者在转变竞争模式上达成共识，并通过合作来实现各自的利益和共同利益。所以，在"一带一路"建设下的第三方市场合作过程中，发达国家和中国之间是第二等级的朋友关系。

当然，这两者的关系并不一定是纯粹的某一种关系，也可能是双重关系。第一方和第二方行为体之间存在共同利益，都希望通过合作以降低投资成本和风险，两者之间的朋友关系是第三方市场合作中的主流关系。但这不代表两者之间就没有竞争，只是这一竞争是在合作关系的基础之上进行的。在共同开展海外投资、服务贸易或商品贸易的过程中，双方都希望能在合作中争取更多的利益，这就形成了合作中的竞争。合作中的竞争目的是使自己成为不可或缺的合作伙伴，是把自身的比较优势发挥到尽可能大，从而在合作中获得可观的收益，并优化产业链结构和降低成本，故一般来说，这是一种良性的竞争关系。

二　利益界定

利益是国家行为的依据和内在驱动力，也是国家之间合作抑或竞争的根本原因。汉斯·摩根索在《政治学的困境》中提道，国家利益具有双重概念，一是逻辑意义上的国家利益，是相对稳定的存在；另一个是环境所决定的国家利益，会根据环境变化而发生改变。① 基欧汉和乔治在此基础之上又具体提出了三种国家利益：生存、独立和经济财富，随后温特又提出了第四种国家利益：集体自尊。② 所谓国家利益到底是什么，其外延是在不断丰富的，而每一种对利益界定的看法都建立在一定的观念基础之上。现实政治中对利益的界定确实更为复杂，国家行为体对政策的态度不单单受到自身物质利益的影响，也是在社会互动中和一定的规范或理念背景之下产生的。③ 在现实的政治经济研究中，我们常常忽略了观念因素在国际市场中的作用，而仅仅将利润收益最大化看作最重要的标准。实际上，观念在世界经济发展中的作用不容忽视，如经济发展理念对海外投资、IMF 借贷行为的影响④。同时，国际市场中的价格和有关机制皆无法摆脱国际政治力量博弈的塑造作用。所以，对利益的界定

---

① ［美］亚历山大·温特：《国际政治的社会理论》，秦亚青译，上海人民出版社 2008 年版，第 228—229 页。

② ［美］亚历山大·温特：《国际政治的社会理论》，秦亚青译，上海人民出版社 2008 年版，第 228—229 页。

③ David A. Lake, "Open Economy Politics: A Critical Review", *The Review of International Organizations*, Vol. 4, No. 3, September 2009, p. 231.

④ Jeffrey M. Chwieroth, "Testing and Measuring the Role of Ideas: The Case of Neoliberalism in the International Monetary Fund", *International Studies Quarterly*, Vol. 51, No. 1, 2007, pp. 5–30.

需从物质性因素和观念性因素两个方面入手。

从物质性因素角度来看，国家利益主要分为两类：生存利益和发展利益。

生存利益是国家利益的根本，追求生存利益通常意味着捍卫国家安全，安全又可以分为传统安全和非传统安全。第三方市场合作与非传统安全存在一定联系。首先，第三方市场合作有助于缓解全球经济治理问题。世界经济发展不平衡是当前世界经济的一大特征。中国和发达国家的第三方市场合作有利于促进全球经济更平衡更稳健的发展，对提升全球大规模减贫、消贫实效，推进地区经济发展能发挥较大作用。其次，第三方市场合作有助于缓解全球气候变暖和环境问题。全球变暖和生态环境问题逐渐成为威胁到人类生存的问题，发展中国家如果继续走发达国家工业化的老路，将进一步促使全球变暖和环境恶化。出于对环境保护的关切，西欧国家曾多次就环境保护治理方面向发展中国家提供大量的经济援助，但取得的效果有限。在发展中国家推进工业化建设的过程中，若不帮助其营造有利于经济发展的基础条件，提供一定的技术支撑，环境污染问题将很难得到改善。西方国家曾经对"一带一路"建设产生过是否会制造环境污染问题存在质疑，但实际上就算没有"一带一路"建设的助力，发展中国家还是会通过自己的途径去寻求工业化建设的，这个过程中可能会产生更大的环境污染问题。相反，在"一带一路"建设框架下进行沿线国家建设，可以使环境污染控制在一定的范围之内，而发达国家的加入和第三方市场合作的形成则可以实现一定的监管机制，有效降低全球环境污染，减缓全球变暖的速度，共同维护全球环境安全。再次，第三方市场合作在推动发展中国家建设发展的过程中，也侧面缓解了难民问题和恐怖主义的继续恶化。无论是难民问题、恐怖主义还是其他国际社会问题的显现，一定程度上是由国际经济发展不平衡、贫富差距悬殊造成的。在合作的过程中，参与方可以建立起信任机制，把经济领域的合作外溢到更多非传统安全合作领域。最后，第三方市场合作涉及国际金融和资本的全球流动，如果不加以监管，可能会产生洗钱、贪腐等金融犯罪问题。

发展利益的核心是经济利益，经济利益具有可变性，会随着环境的变化而不断调整。经济利益可以包括国际层面的利益和国内层面的利益。经济利益指满足民族国家人民物质需要的利益，可以分为进出口贸易、吸引国际资金、海外投资、技术进口等等。[①] 作为一个合作框架，第三方市场合作具有灵活性和可塑性。只要在第三方市场的有关项目中，三方能协商达成各方都满意的结果，满足各方的共同利益和自身利益，合作就能达成。至于合作的内容和形式并没有统一的范式。第三方市场合作的形成和发展将会带来国际和国内两个层次的利益。

第三方市场合作的利益界定除了要明确国家行为体的身份角色之外，也需要将国家嵌入国际经济的利益结构中去考量。第三方市场合作的规模化有利于各参与方在国际政治经济和其他公共产品上保持或得到更多的话语权。随着美国霸权的相对衰落，美国对提供全球公共产品不像以往那么积极，反而凸显孤立主义倾向。一方面，美国逐年削减提供给联合国、世界贸易组织和世界银行等国际组织的年费，造成公共产品供给的减少。从 G7 到 G20 的转变也体现了全球治理领域的巨大变革，以中国为代表的新兴国家在国际舞台上渐渐掌握更多的话语权，而这也意味着发达国家在公共产品和经济治理上话语权的相对减少。另一方面，美国通过关税"武器化"的手段打压其竞争者的经济贸易，以保护美国经济的持续发展。在经济联动性不断增强的情况下，美国无论打压哪个国家都会造成连锁反应，影响着其他发达国家或新兴国家经济的增长。当霸权国为其他国家提供公共产品的意愿不足时，合作或将更有利于促进各个国家的经济可持续发展。"一带一路"建设下的第三方市场合作正是推进国际经济更平稳、平衡发展的重要实践。第三方市场合作若能实现规模化、机制化，甚至可能重塑全球经济治理规则和全球投资规则的制定。

从国家行为体层面而言，参与第三方市场合作有利于行为体在全球价值链、产业链和供应链中保有更高的经济利益。近些年，商品生产的形式发生了巨大变化，某一商品的生产不再靠单一国家完成，更多的是由多个国家多个企业共同完成。在精细化生产发展的过程中，商品生产已经形成了上中下游组成的产业链集群。集群中的企业之间相互供应所

---

① 阎学通：《中国国家利益分析》，天津人民出版社 1997 年版，第 10 页、第 23 页。

需的各类原材料、半成品、零部件或金融服务等，形成了网络状供应链。产业链集群不是一成不变的，而是在不断发展的过程中形成了处于动态变化中的价值链。任何国家行为体都可以从中获取利润，但利润的多少取决于行为体在价值链中所处的位置。商品贸易的集群化发展也逐渐蔓延到了海外基础设施投资当中。由两个或两个以上国家合作提供各类基础设施建设和服务贸易逐渐成为海外基础设施投资和服务贸易发展的一大趋势。合作投资或合作完成服务贸易能有效提高行为体资本、技术等要素的利用率，降低投资或服务过程中的潜在风险。在这个过程中，国家可以用有限的资源参与到更多的投资贸易中，以获得更多的利益。中国第三方市场合作正好为中国和发达国家及其他新兴市场国家打造一个合作投资的重要平台，并为海外投资和服务贸易的集群化发展开辟了新道路。在第三方市场合作中，发展中国家是经济增长的最大受益方，而中国和发达国家则可以乘着发展中国家经济增长的东风，既实现自身经济的持续发展，也共同带动着全球经济的稳健发展。在第三方市场合作的新模式下，任何国家都可以通过不断提升自身在具有比较优势的投资要素中的实力和水平，在海外投资、服务贸易中获取更多的经济利益。换句话说，在第三方市场合作模式下，国家经济利益的获取以及利润的多少取决于其所拥有的具有比较优势的投资要素。当行为体具有更大的比较优势时，在合作投资和合作服务贸易的过程中就具有更大的谈判资本，就可以取得更大的经济利益。

身份构建的过程也是国家间建立信任机制的过程。不少发达国家之间虽然互信度较高，但由于在国际投资方面难以形成"优势互补"，更多的是"优势竞争"，故在国际投资中的合作潜力有限。而中国和发达国家之间因存在互补优势，因此更有利于形成合作，并实现更多利益。中国和发达国家之间的信任关系是可以在相互交往和利益合作的过程中逐渐建立的，信任关系的建立和巩固或能一定程度上扩大主要投资国之间的第三方市场合作，并形成利益共同体。

第三节　第三方市场合作的理论性探讨

前面两节讨论了相关概念、合作各方的身份建构及利益联系。接下来主要从理论性角度探讨第三方市场合作。理论通常是为了描述、解释或预测某一行为或现象。理论的目的通常不只是解释现象，而是通过解释来预测事物。对"一带一路"建设下的第三方市场合作进行理论性探讨也是为了解释在当前的世界经济形势下，"一带一路"建设下第三方市场合作的形成和发展是否具有必然性、可能性和可行性，从而更宏观地把握"一带一路"建设下的第三方市场合作。

第三方市场合作的形成逻辑和发展态势可以从三个不同层面的变量互动过程进行剖析。这三个变量相互影响、环环相扣，共同推动了第三方市场合作的形成与发展。

一　变量一：国际关系结构的系统演化

讨论第三方市场合作的形成时，我们可以从建构主义入手，以一个不断进化的、发展的视角来剖析国家间互动和国际体系结构的变化对第三方市场合作形成所产生的影响。国家行为体在国际市场上的逐利性实践使国际市场和贸易发生了一定的物质性变化，比如中间品国际贸易占比的不断上升、国家间经济相互依存的深化等。这些物质性变化带来了国际体系结构的变化，并不断重塑着国家行为体之间的身份、关系和利益。第三方市场合作就是在这个不断演化发展的过程中逐步形成的。

具体而言，第三方市场合作形成需要具有四个基本条件：第一，国际市场的无政府状态。无政府状态是国际市场趋利性合作形成的基础，但也是第三方市场合作存在外界政治压力的重要原因。第二，国家的投资意愿是促成合作的充分条件。国家的投资意愿受很多因素影响，其中最根本的因素是利益，这包括政治利益、经济利益和社会效益等。发达国家或新兴市场国家投资发展中国家虽存在潜在的政治风险、经济风险、社会风险、法律风险等，但对其国内各类行业和产业的发展具有重要的拉动作用，对于大国而言，还具有重要的国际战略布局意义。也就是说，投资国投资发展中国家具有巨大的政治效用和经济效益，而且通常都是效益大于潜在风险。该合作能以较小的成本撬动更多的收益，甚至形成规模效应。例如，中国和发达国家推进第三方市场合作正是利益驱使和潜在风险规避的博弈过程中所形成的合力使然，其前景非常被看好。第三，国家间存在的禀赋差异为第三方市场合作提供了必要条件。不同国家在技术、劳动力比率、政府政策、资金、自然资源等诸多因素上都存在差异，这些差异会导致国家在投入和产出上的成本差异。在此背景下，当一个项目需要投入的资金很大而且需要的要素禀赋较多且风险也相对较高时，整合不同国家的相对优势禀赋就是一种非常理性的选择。这就是第三方市场合作能够形成的基本逻辑。第四，发展中国家的投资环境和愿意接受投资的诚意也是促成合作的重要条件之一，因为较好的投资环境是对合作投资的一个重要支持。

1. 全球价值链的结构性变化

全球价值链的结构性变化是第三方市场合作得以形成的根本原因。根据联合国工业发展组织的有关定义，全球价值链是指覆盖原料采购、半成品和成品的生产、运输、销售、回收处理等全过程的全球性跨企业价值网络，目的是实现商品或服务的价值，这包括所有参与者及其生产销售等行为的价值和利润分配。随着运输成本和通信成本的下降以及国际贸易壁垒的减少，全球价值链在国际经济增长中的作用越来越突出，具体表现为一个产业的技术含量越高，其全球价值链运作的复杂性就越显著。

2019年的《全球价值链发展报告》非常敏锐地发现了正在改变全球经济发展变化的互联模式和经济力量，这主要体现在两种趋势上。

一是发展中国家经济的不断增长和中产阶级的扩大。这样的变化所带来的影响是发展中国家在全球购买力中的份额不断增大。这一影响在全球价值链上的表现就是发展中国家的国内市场不断扩大，其在世界市场中的份额增大，进口或用于本国消费的产品越来越多。发展中国家的经济增长带来的另一个变化是，发展中国家与发达国家之间的贸易结构趋近，正逐渐从基于劳动力成本差异套利的比较优势转变成为基于技术差异的贸易比较优势。虽然这个变化尚参差不齐，因为这个过程的完成仍需要较长时间，但它在一定程度上反映出了未来全球需求的变化趋势。

　　二是全球价值链、贸易和基础设施之间的关系越来越紧密。这传递出了一个非常重要的信号：基础设施建设对于经济的发展和全球价值链的优化具有重要的促进作用，而且这一作用还在不断增强，尤其表现在以移动互联网为平台的开放式经济模式的进一步发展，使得建立在数字化物联基础之上的经济贸易在全球价值链中的份额逐步增大。本书认为，通过充分利用这个平台，各国的中小企业都将会获得较大的发展空间。

　　在此背景下，参与第三方市场合作符合发达国家和中国的利益诉求。对于发达国家而言，参与第三方市场合作可以利用其技术优势投入更多发展中国家的基础设施建设和数字经济建设中，不仅能够让其在发展中国家的基础设施建设和数字经济平台搭建中分一杯羹，而且还能分享发展中国家经济增长的红利。此外，参与第三方市场合作可以有效增加发达国家大量中等技术劳动力的就业，明显降低发达国家的失业率，进而促进其社会稳定，并为其在全球价值链中掌握更多的主动权创造机会。对于正处于重要转型期的中国而言，要想在全球价值链中争取中上游机遇，就需要融入其中，并在全球价值链中发挥中流砥柱的作用。众所周知，在互联网经济平台的推动下，全球价值链呈现出比较明显的包容性，这为中国抓住全球价值链中的经济发展机遇提供了机会，这对于"一带一路"建设和中国经济的可持续发展都十分重要。显然，在中国和发达国家之间开展第三方市场合作，不仅符合双方的客观诉求，而且其形成背后也具有很强的全球价值链驱动力。

　　2. 国际投资贸易的系统性演化

　　国际贸易包括商品贸易、服务贸易和对外投资等跨国界流动的所有资源的流动交易。商品贸易通常指商品的跨境交易，商品可以是制成品，也可以是中间产品，只要是有形物品之间的跨境交易都可以称为商品贸易。服务贸易则复杂得多，包括服务本身、生产要素、服务提供者或服务消费者中任何一项的跨境流动，[①] 例如基础设施、运输、电信、卫生、

---

　　① ［美］阿迪特亚·马图、罗伯特·M. 斯特恩、贾尼斯·赞尼尼：《国际服务贸易手册》，陈宪译，上海人民出版社 2007 年版，第 6 页。

电子商务、劳动力等贸易。对外投资则是跨国企业以跨境投资的方式实现所具备的货币、产业资本等要素在全球范围内的流动，从而达到价值增值的经济行为。① 但是，一个国家的海外投资无法与该国的政治、经济力量相分离。② 也就是说，对外投资某种意义上是一种国家行为，因此，拥有较多资源的国家通常都高度重视通过国际投资和贸易以实现自身的利益诉求。

世界经济和国际政治在演化过程中具有较强的互动性。在相互依存的国际贸易投资体系当中，国家之间的社会性互动构成了一个不断演进中的国际贸易投资系统进程。国家作为该系统中的基本单元，通过相互间的作用而对物质环境产生一定的塑造作用，反过来，物质环境也会影响国家之间的进一步互动。正因为如此，单元（国家行为体）之间的互动及其对物质环境（国际政治经济发展所形成的国际社会环境）的影响构成了国际贸易投资体系进程中的关键因素。从历史演化的角度来看，掌握海外投资资源要素的国家数量是一个从少到多的发展过程。例如，最开始只有少数几个欧洲发达国家具有对外投资的资源和能力并开展对外投资。随后，在当时的单元和物质环境的系统性互动进程（即国家间的投资和经济发展过程）中，部分国家逐渐突破了原有的物质条件，生长成为发达国家，随即也参与到了国际贸易和海外投资当中。投资国的增多自然会打破原本的垄断市场，并在互动过程中形成了竞争关系。当然，这些变化并不是偶然出现的，而是系统演化的结果，是在单元和物质环境的互动和碰撞中不断产生和出现的现象，因而具有规律性和必然性。

同样地，在随后的演化过程中，国际社会又逐渐产生了一批新的较为发达的国家和新兴市场国家。这些后起的国家也参与到了国际贸易和对外投资的互动当中，导致参与对外投资的单元数量进一步增加以及国际贸易和对外投资范围的进一步扩大。参与对外投资的单元数量既是一

---

① Robert Gilpin, *U. S. Power and the Multinational Corporation*：*The Political Economy of Foreign Direct Investment*，New York：Basic Books，1975，p. 204.

② Robert Gilpin, *U. S. Power and the Multinational Corporation*：*The Political Economy of Foreign Direct Investment*，New York：Basic Books，1975，p. 204.

个渐进增多的过程，也是一个从量变引起质变的过程。这个量变引起质变的过程可以划分为两次变化：第一次变化是随着参与对外投资的国家单元的增加而出现的正常的竞争关系；第二次变化是在参与对外投资的国家单元继续增加后，引发了过度竞争，从而迫使国家单元重新审视并调整"共有知识"，在变化了的"共有知识"的影响下，国家单元之间不仅重塑了身份，而且还重构了利益，最终完成了从竞争转向合作的变化过程。从这个角度来看，第三方市场合作是当前对外投资系统演化过程中的产物，其出现和发展符合对外投资的发展规律。

具体而言，随着投资国数量的增加，在以竞争关系为主的互动实践过程中，投资国之间难免会出现过度竞争，而过度竞争的结果是对外投资的收益无法达到预期效果，甚至还会出现收益难以得到保障的结局。[①]同时，经济发展不平衡、发展中国家的债务危机以及一系列的全球性问题相继出现，这些问题又进一步影响或限制了投资国的对外投资收益和可持续发展。由于国际系统中的单元和结构是互构的关系，因此，在投资国与当前投资结构的互动过程中，各投资国逐渐意识到，不同投资国之间虽然是一种竞争关系，但在投资要素上具有相对比较优势，竞争者之间也可以通过合作而非竞争去获取相应的利益。而且，合作可以在投资过程中形成合力，既能降低投资风险和成本，也能更好地去应对单一国家难以解决的全球性问题。在此背景下，拥有不同比较优势的国家之间开始寻求合作，以在全球投资贸易中找到更有利的位置并取得相应的利益。当然，合作并不意味着抛弃了竞争。目前，国际贸易投资体系尚没有完全演化成合作体系。在未来的一段时间里，国际贸易投资仍是一个合作与竞争并存的状态，但是合作的力量在不断上升，而竞争的形式和内容正在发生变化，即正在逐渐转变成一种对占有更多更优的比较优势投资要素的竞争。拥有更多更优的比较优势投资要素的国家将会获得更大收益。实际上，在这个过程中接受国的收益最大，因为这将能极大地带动其国内经济的发展，当然，投资国也能共享接受国经济发展所带

---

① Dorussen Han, "Balance of Power Revisited: A Multi - Country Model of Trade and Conflict", *Journal of Peace Research*, Vol. 36, No. 4, July 1999.

来的红利。总之，国际贸易投资体系是一个不断演进的结构，国际贸易投资体系在一系列因素的催化作用下大体上经历了一个"垄断—竞争—合作"的演化进程。

从这个角度来看，"一带一路"框架下的第三方市场合作模式的形成不是偶然发生的，其顺应了国际投资贸易系统的发展进程。国际投资贸易系统在单元和物质环境的互动下，正从竞争向合作的过程演进，当国家行为体参与合作所能取得的利益足够大时，即吸引力大于阻力时，那么参与国自然会倾向于参与合作。该合作模式捕捉到了不同类型国家之间的互补优势，并在国家间的互补优势基础之上形成合作。在商品贸易的演进过程中，国家之间的成品贸易已逐渐下降，慢慢被中间品贸易所取代。这导致国家之间从追求制成品的比较优势转变成了追求中间产品在价值链、供应链中的比较优势。同理，在全球投资的演进过程中，随着合作的增加，由单一国家的企业承包整个投资项目的情况将可能逐渐被承担项目的某个部分所取代，投资国获得更多收益的方式则是追求投资要素的比较优势。因此，中国提出"一带一路"建设下的第三方市场合作之所以能得到发达国家的响应，正是因为该合作模式适应了当前世界经济发展的趋势，符合全球价值链的发展规律，符合各方利益，具有足够的吸引力。

二　变量二：国际援助无法满足第三方国家的发展需求

国际市场上的供求关系反映出第三方市场的前景非常广阔，这对第三方市场合作的形成和发展将发挥决定性作用，因为有需求就会推动用来满足需求的生产的发展和扩大，这是一条经济规律。鉴于国家经济发展对基础设施建设具有较高的依赖程度，满足这一巨大需求必然会推动相应生产和供应能力的巨大发展。世界银行有分析提出，在全球国内生产总值中，用于基础设施建设的资金每增长 1% 就能带动世界 GDP 增加 2%，同时还可以带动发展中国家 GDP 增加 7%。[①] 越是庞大的经济体，

---

① Warwick McKibbin and Lu Yingying and Andrew Stoeckel, "Global Fiscal Adjustment and Trade Rebalancing", *The World Economy*, Vol. 37, Issue 7, July 2014.

其对基础设施建设的需求量就越大。2016—2040 年，仅中国、美国、印度和日本加起来的基础设施需求量就占全球基础设施需求量的一半以上。[①] 这些国家不仅拥有比较充裕的资金和先进的技术，而且还能较好地完善其基础设施配套建设。这类国家即使本国在部分生产要素上不具备相对优势，也能有效利用其他国家的优势资源为本国的基础设施建设服务。比如，英国欣克利角 C 核电站和塞斯维尔 C 核电项目、布拉德维尔 B 核电项目因原来的设施老化而需要更新时，就利用中国和法国在核电技术上的优势为英国基础设施建设服务，其结果就是，由中法英三国共同投资建设、共同获利。这也是当今国际市场上开展第三方市场合作的首个成功案例。[②]

相较而言，未来基础设施建设的缺口主要集中在发展中国家。现阶段，随着发展中国家经济增长速度不断加快，GDP 增长加速，其对基础设施的需求越来越大。然而，这些国家能投入基础设施建设的资金、技术、管理等资源都较为有限，这使得其基础设施建设的缺口随着其经济发展需求的不断增长而越来越大。但是，国际援助远远无法满足发展中国家的发展需求。

1. 未来发展中国家的基础设施建设缺口不断增大

2016—2040 年，全球基础设施需求巨大，但大部分资金主要在发达国家之间流动，实际投入发展中国家基础设施建设的资金严重短缺。这导致许多处于工业化建设的初期或加速期的发展中国家，虽对各类基础设施建设的需求巨大，但不得不面临其基础设施严重不足、基建资金和技术严重缺乏等发展困境。同时，国际援助的资金部分因取得成效欠佳而逐年递减，因而难以填补发展中国家巨大的基础设施建设需求的缺口。

基础设施是促进经济发展和民众生活水平提高的重中之重。无论是货物运输、能源供给和通信网络等经济基础设施，还是清洁水源、电力、

---

① "Global Infrastructure Outlook," *Oxford Economic*，（https：//outlook. gihub. org）.

② 郑东超：《第三方市场合作：1 + 1 + 1 ＞ 3（望海楼）》，《人民日报（海外版）》2019 年 4 月 6 日第 1 版。

医疗卫生等人类活动基础设施,基础设施建设对每一个国家的生存和发展都至关重要。对于发达国家而言,更新升级老旧的基础设施,使之与经济发展和民众生活需求保持一致,是促进经济持续增长的重要因素。对于发展中国家而言,填补基础设施建设缺口对于促进经济发展更是至关重要。随着全球产业链的根本性变化以及世界经济结构的转型,发展中国家迎来经济发展的重要时期,大部分发展中国家的经济都处于重要增长期。发展中国家的基础设施建设将对国家经济发展、国民生活的前景产生变革性的影响。

牛津经济研究院根据占全球经济总量85%的50个国家的7个行业有关因子所建立的预测分析模型认为,2016—2040年的全球基础设施投资需求将高达94万亿美元,平均每年的投资需求多达3.8万亿美元,比目前的投资规模高出19%。基于50个国家GDP增长变量、人口变量和人均GDP的基本数据,图1-1显示了2016—2040年不同地区基础设施建设需求的比重。

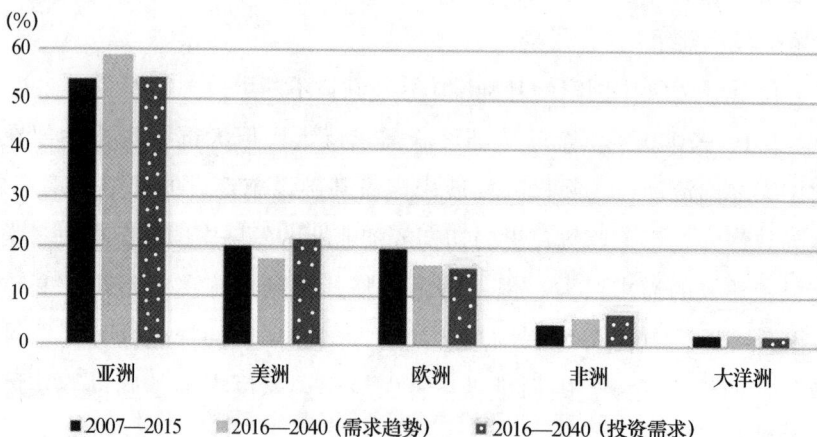

图1-1 2016—2040年全球各地区基础设施建设需求

资料来源:Oxford Economic, *Global Infrastructure Outlook*, https://outlook.gihub.org。

从对该《研究报告》的分析可知,尽管亚洲基础设施建设需求量巨大,达到54%,但其基础设施建设缺口却相对小。目前,基础设施投资缺口主要集中在发展中国家。按保守估计，到 2040 年，上述占全球经济总量 85% 的 50 个国家的基础设施缺口至少达到 4.6 万亿美元。由于该《研究报告》以 GDP 和人口变化作为基础数据，并根据目前的投资情况估测，如果发展中国家工业化建设程度和经济发展水平进一步提高，或基础设施投资缩小，那么其基础设施建设缺口将会进一步扩大。

如图 1 - 2 显示，在 2016—2040 年的全球各地区基础设施建设缺口比重中，美洲基础设施建设缺口最大，其次是非洲和欧洲；由于大洋洲未来基础设施建设需求相对小，所以其缺口也小；亚洲则是因为经济发展速度较快，其国家行为体通常都较为重视本国的基础设施建设，千方百计通过各种经济措施吸引海外投资，所以其基础设施缺口的比重也相对小一些。

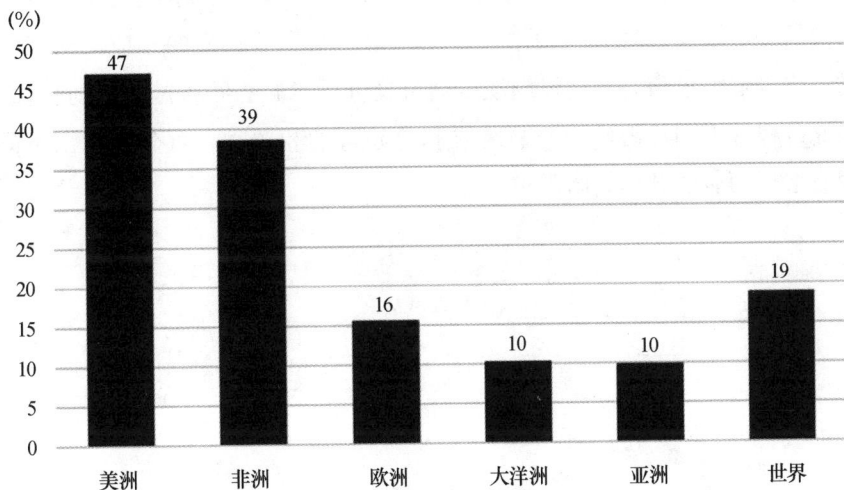

图 1 - 2　2016—2040 年全球各地区基础设施缺口比重

注：当前趋势下的预期投资小于预估投资需求。

资料来源：Oxford Economic，*Global Infrastructure Outlook*，https：//outlook. gihub. org。

该研究虽然已经覆盖占全球经济总量约 85% 的 50 个国家，但实际上，该《研究报告》所提出的未来基础设施建设缺口数据未能反映其余发展中国家的基础设施建设缺口。由于剩下的约占全球经济总量 15% 的国家均为发展中国家，这些国家经济发展水平虽然不高，但其基础设施建设需求及缺口也不容忽视。所以，其余发展中国家相应投资缺口也值得分析。

对此，本书在该《研究报告》的基础上，综合其相关测算原则和方法，基于联合国、国际货币基金组织和世界银行等数据库关于国家经济增长趋势、GDP 和人口数量的相关数据，对其他发展中国家做了线性回归分析，以体现研究方法的一致性。① 图 1 - 3 和图 1 - 4 分别是发展中国家 2016—2040 年基础设施投资趋势和需求趋势回归分析图。本书经分析后得出：各国的未来基础设施投资趋势和需求与国家 GDP 的相关性非常高，分别达到了 0.85 和 0.89，表明笔者对发展中国家 2016—2040 年基础设施投资趋势、需求及缺口的预测符合相关测算规则。这里，投资趋势指的是按当前经济发展趋势估算未来投资趋势，以了解 2016—2040 年各国可能会用于基础设施建设的支出；未来基础设施需求则是基于各国目前的经济增长表现和人口增长变化因素，匹配后得出的相应的未来基础设施投资需求值；基础设施缺口则是投资需求减去投资趋势的对应值。因此，根据不同经济领域与总需求和总趋势的相关性，可分别求出不同国家多个领域的基础设施需求。

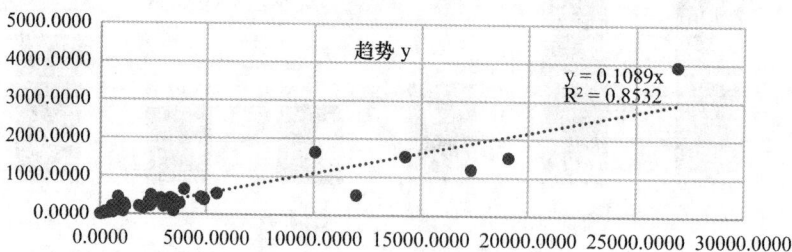

图 1 - 3　不同地区发展中国家 2016—2040 年基础设施投资趋势回归分析

资料来源：笔者根据 UN、IMF、WB 数据库相关数据测算而成。

---

① 由于各国和各产业在基础设施投资方面没有统一的数据来源，尽管笔者非常谨慎地对待每一项数据，但在数据值偏小的国家和部门难免会出现估值误差。

需求 y

$$y = 0.1354x$$
$$R^2 = 0.8908$$

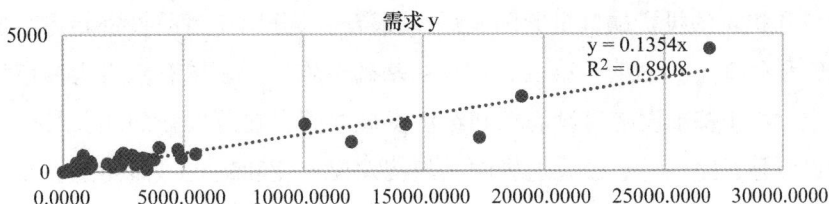

图 1-4　不同地区发展中国家 2016—2040 年基础设施需求回归分析

资料来源：笔者根据 UN、IMF、WB 数据库相关数据测算而成。

　　根据上述对不同地区发展中国家 2016—2040 年在 7 大基础设施领域的投资趋势、需求及缺口的分析，本书认为，发展中国家未来 30 年基础设施总缺口将高达 55844 亿美元。按地域划分，中亚国家的基础设施建设缺口为 1199.5 亿美元；南亚国家基础设施建设缺口为 8857.7 亿美元；东南亚国家基础设施建设缺口为 5676 亿美元；非洲主要发展中国家基础设施建设缺口为 10690 亿美元；中东欧国家基础设施建设缺口为 3615 亿美元；拉美国家基础设施建设缺口为 23960 亿美元；南太平洋岛国基础设施建设缺口为 1845.8 亿美元。按基础设施领域划分，发展中国家在公路设施建设的缺口为 29079.5 亿美元，铁路设施建设缺口为 3974 亿美元，机场类设施建设缺口为 834 亿美元，港口类设施建设缺口为 2484.5 亿美元，电信通信类设施建设缺口为 6183 亿美元，能源电力类设施建设缺口为 8000 亿美元，供水设施建设缺口为 5289 亿美元。

　　由此可知，发展中国家在 2016—2040 年的基础设施建设缺口巨大，但国际援助、国际货币基金组织和世界银行等国际金融机构对发展中国家的项目融资远远不足以弥补其基础设施建设的需求，这将严重制约发展中国家的发展。

　　由于该预测是基于经济增长的基线所作出的预测，本书认为，在 2016—2040 年的预测期中，个别发展中国家的经济增长存在不确定性，如果增长速度比预测速度快的话，那么这些国家在其基础设施建设方面的需求缺口将会更大。就基础设施建设需求而言，公路和电力基础设施需求量最大，共占全球投资需求量的三分之二以上。就投资缺口而言，公路基础设施建设缺口量最大，投资缺口比目前投资趋势高出 31%。

港口和机场的投资缺口量紧随其后，投资需求分别比目前投资趋势高出 32%和26%。这表明，第三方市场在基础设施建设领域有着极大的市场需求。由于基础设施建设需求和经济发展之间存在着较强的相关性，基础设施是否完善将会极大地影响其经济发展速度和进程，即使是在投资和基建之间处于良性循环的状态下，经济的发展也将会不断扩大其基础设施建设的需求，这必然会导致第三方市场在基础设施、产业等领域的建设需求不断增长，从而为中国和发达国家之间开展第三方市场合作提供必要的条件和机会。

2. 第三方市场合作能弥补国际援助的不足和缺陷

近些年来，国际社会上出现了很多对国际援助提出疑问的声音，如弗里德曼（ThomasFriedman）、鲍尔（Peter Bauer）和茉约（Dambisa Moyo）等批评者大都持着类似的观点，认为国际援助对穷国的经济增长所发挥的作用极为有限，甚至还会导致穷国对国际援助的依赖，同时滋生腐败现象，进而破坏穷国寻求其国家经济发展的动力。[1] 茉约甚至提出了这样的建议：可以将原本用于援助发展中国家的资金撤离，改为从私营部门投资等形式将资本流入发展中国家，这将会提高资金的利用效率。[2] 虽然撤离国际援助不太现实，也不利于穷国的生存和发展，但我们应当承认茉约为我们提供了一个新思路：促进发展中国家发展的方式可以是多样化的，不应仅仅局限于国际援助。尽管国际援助对穷国的经济发展帮助不大，其效果也不明显，但其可以更多地用于这些国家的医院、卫生、学校等民生领域。与此同时，第三方市场合作可以为促进发展中国家的经济发展提供新途径，因为发达国家和中国可以通过合作投资的形式，为发展中国家的经济发展注入活力，同时还可以在这个过程中取得应有的收益。简而言之，第三方市场合作可以弥补国际援助的不足和缺陷，并成为促进发展中国家发展的重要动力。

---

[1] Julian Donaubauer and Birgit Meyer and Peter Nunnenkamp, "Aid, Infrastructure, and FDI: Assessing the Transmission Channel with A New Index of Infrastructure," *World Development*, Vol. 78, No. 2, 2016.

[2] Dambisa Moyo, *Dead Aid: Why Aid is not Working and How There is a Better Way for Africa*, New York: Farrar, Straus and Giroux, 2009, p. 134.

3. 中国和发达国家的供给合作动力不断增大

中国与发达国家开展第三方市场合作的最大驱动力是合作所能带来的利益。首先，海外投资本身能给发达国家或新兴国家带来一定的经济收益和地区影响力收益。因而，这些国家本来就具有投资意愿，具有为第三方市场提供供给的意愿。但是，由于未来全球基础设施需求量非常大，投资缺口也较大，而与第三方市场的需求和缺口相比，投资国的投资供给力是相对有限的。因此，提高投资资源的使用效率，整合运用有限的资源填补更多的缺口，才能使投资的利益最大化，也才能为全球经济发展提供更多的基础设施，并为未来的世界经济可持续发展铺平道路。第三方市场合作的供给合作动力主要如下。

第一，经济收益。实际上，中外跨国企业原先在第三方市场就已具有一定的投资合作基础。在合作过程中，中外企业都获得了一定的经济收益，并形成了合作共识。但将中国和发达国家之间的第三方市场合作上升到政府合作层面则是在近几年才出现的。在当前国际经济相对低迷，发展中国家局势不定的情况下，中国和发达国家的第三方市场合作有助于规避不必要的风险，降低投资成本，增加经济利益，实现投资的可持续发展。简言之，合作是提高资源利用效率、填补基础设施投资缺口的重要途径。具体来说，一是合作有利于提升企业投资优势的有效利用，有机整合各方的比较优势，减少企业在不具备比较优势板块的过多投入，从而增强优势效用，降低成本，实现互利共赢。在第三方市场合作中，中外企业将有限的资源投入具有比较优势的板块之中，可以使国家利用有限的资源投资到更多的项目中，形成投资规模效应，从而取得更多的经济利润。二是降低投资风险，形成共赢式发展氛围。由于大中型项目的投资回报周期长，资金投入大，同时发展中国家市场存在政治、社会等一系列不确定因素，若由单个国家对项目进行投资将可能存在较大风险。这将限制投资国对发展中国家的投资，从而使发展中国家的市场难以激发应有的活力，而经济的停滞不前又反过来导致投资国的收益难以得到保障，使投资额度减少，形成恶性循环。第三方市场合作恰好可以降低投资风险，通过三方力量的相互作用，降低项目失败的风险。三是形成良好的投资和贸易环境，减少因竞争所致的损失。由于全球经济相对低迷，不少发达国家和地区大国已然减少海外投资，甚至出现贸易保护主义倾向。在这个情况下，过度竞争将很可能导致投资国收益的减少甚至亏损，最终不利于投资的持续发展。然而，对于发达国家而言，减少投资并不能带来经济增长，与中国开展第三方市场合作，共同营造良好的海外投资和贸易环境才是更优选择。第三方市场合作若能实现规模化，将促进全球经济的持续发展，并提升投资国在全球投资上的影响力。

第二，安全利益。发达国家和中国形成第三方市场合作供给的动力不只是经济因素，也出于安全考虑。一是非传统安全问题。在国际投资过程中，不仅可能会遇到金融、运输、建设方面的经济非传统安全问题，也可能会遇到恐怖主义、海盗等安全领域的非传统安全问题。加强市场合作和信息共享是共同应对国际投资中潜在的非传统安全问题的重要方式。二是项目投资过程中投资国经济和民众财产的安全考虑。投资国之间的合作可以形成维护投资财产安全的合力，减少因不了解接受国法律、社会环境等而导致的经济或民众财产受损。同时，投资国之间也能在投资透明度、环境保护上形成互相监督机制，避免出现相关纠纷。三是降低地区性和全球性问题对投资的影响。第三方市场合作有助于缓解经济不平衡发展，减少环境恶化、难民等一系列问题对投资的影响。第三方市场合作也可能会外溢到其他领域，进而解决发展中国家可能普遍存在的各种社会问题以及全球性问题。

三 变量三：比较优势的演化与国家利益的驱动

比较优势原理一直处于一个动态演化的过程之中。在这个过程中，比较优势原理与国家的对外政策及国家在国际市场上的行为之间的关联性越来越大。这在一定程度上可以归因于国际市场的结构性变化、投资要素在国际市场中自由流动性的提高以及全球产业链和价值链的变化。其结果是，国家行为体在国际市场中所能发挥的作用越来越大，国家行为体之间的互动对国际市场的稳健发展所产生的影响也越来越大。

1. 比较优势的演化及其对国际经济合作的催化作用

李嘉图（David Ricardo）的比较优势理论①认为，当两个国家生产两种产品时，机会成本的差异性也可以促使国际分工和贸易的进行，从而实现双方获益。但是，他没有深入解释产生这种比较优势的原因和劳动力、资本等生产要素在国际贸易中的作用。为此，1919 年埃利·赫克歇尔（Eli Hecksche）在其《对外贸易对收入分配的影响》一书中作出了进一步解释，国家之间互利贸易的基础是生产成本的差异，而不同国家生产成本的差异与国家所拥有的生产要素（土地、劳动力、资本、技术等）密切相关。生产要素的差异决定了生产成本的差异，进而决定了比较优势的差异。1924 年，赫克歇尔的学生伯特尔·俄林（Bertil Ohlin）提出，国家之间不均衡地拥有着不同的生产要素，这是它们生产自身占有最大生产优势产品的原因。这意味着，资本充裕的国家在生产资本密集型产品时具有优势，劳动力充裕国家在生产劳动力密集型产品时具有优势。保罗·萨缪尔森（Paul A. Samuelson）将该理论进一步延伸，提出国际贸易不仅会导致商品价格的均等化，也会导致生产要素价格的均等化，即国际贸易会使不同国家的同质性生产要素取得均等收益。这些都是基于当时的经济社会发展水平所提出的相关理论，其理论的发展基本上是随着国际市场的变化而不断变化的。

比较优势理论本质上是一个寻求互利关系的原理。比较优势理论强调，尽管一国在两种商品的生产上相对于另一国都处于相对劣势，但仍有可能实现互利贸易。实现互利的方法是出口其绝对劣势相对较小的商品，进口其绝对劣势相对较大的商品。随着现代国际贸易和投资的不断发展，贸易早已不再是简单的几种商品之间的贸易或具有比较优势的生产要素集群所形成的那种贸易。但是，其中的比较优势原理始终都蕴含着简单而深刻的价值道理——由于任意两方或三方在同一个逐利性事物中都存在不同的比较优势，因而可以通过某种形式的介质去实现互利。所谓不同的比较优势通常都具有两个维度的可变性：一是比较优

---

① ［英］大卫·李嘉图：《政治经济学及赋税原理》，丰俊功译，北京：光明日报出版社 2009 年版，第 34 页。

势性质的变化，即用于比较的优势发生了从制成品到生产要素、半成品、投资要素的转变；二是比较优势本身也会随着国家经济政策的调整和经济发展而变化。至于实现互利的介质既可以是贸易，也可以是合作。

第三方市场合作中所指的比较优势运作机制虽继承了李嘉图比较优势理论的原理，但由于时代的变迁和国际政治经济贸易的不断革新，其具体所指的比较优势要素又有所不同。无论是"李嘉图模型"还是其后的"赫－俄模型"，其所指的比较优势主要都是制成品生产方面的相对优势。其中，李嘉图原理是以商品的生产效率作为比较优势的依据，因机会成本相对较小，所以存在比较优势。而"赫－俄理论"则以产品的要素禀赋作为比较优势的依据，即当一个国家在某一生产要素上具有比较优势时，该国在生产该要素密集型的产品时就具有比较优势。但这些都以要素难以在国家间自由流动作为限定条件。随着全球化的进一步发展、国家间相互依赖的不断深化以及信息技术的高速发展，要素通常情况下在国家间的流动已不再受物理上的局限，开始拥有更大的自由度。所以，第三方市场合作所指的比较优势与上述不同，是指可以在全球自由流动的投资要素禀赋的比较优势。

从这个角度来看，第三方市场合作形成的原理是，在投资要素能实现全球自由流动的前提下，每一个国家都存在投资要素上的相对优势和相对劣势，这就为三方（或以上）在市场上开展互利合作提供了可能——三方（或以上）通过提供各自具有比较优势的要素，共同完成同一个项目建设，就可以取得相应的收益回报。当各方都整合自身比较优势而导致共同建设的项目越来越多时，其规模效应将可能会外溢到政治领域，进而带来政治效益，如国家间互信度的提升、国际影响力的增强等。

2. 第三方市场合作中的比较优势

比较优势是竞争者之间形成合作的基础。大部分贸易理论都注意到了比较优势所带来的国家之间的竞争，并探究了竞争中的规则和机制，但很少有从国际关系的角度去理解不同国家实际上都可以在第三方市场中找到各自的比较优势，并通过合作来实现优势互补，进而实现以本国最擅长、最具优势的要素去赢取最大的收益。也就是说，因为竞争国之间存在着比较优势，它们才具备了开展竞争的能力和可能。同样地，也正因为有比较优势，它们才会在竞争中开展合作。

具体而言，第三方市场合作的比较优势主要基于以下假定条件：第一，某一个或多个项目的开发需要两种或两种以上投资要素，而不同国家在这两个或两个以上要素中分别具有比较优势。第二，要素可以在国际间自由流动，或者至少可以通过某种渠道实现要素在国家之间的自由流动。也就是说，通过国家之间的政策沟通、市场导向及发展导向，劳动、资本、技术等可以自由且高效地从不同国家流向第三方市场。第三，生产要素的融合成本较低，而且政策、关税、运输等影响合作的壁垒也较少。一项基础设施建设项目或产业链项目的推进需要具备土地、劳动力、资本、技术、建材等一系列要素，而第三方市场合作实际上就是将具有比较优势的生产要素进行有效融合。在这一过程中，良好的政策沟通可以大大降低合作成本，促进第三方市场合作的有效实施。这意味着具有不同投资要素的比较优势是国家在对外投资中减少竞争和增加合作的重要因素，即不断提升国家行为体自身在某一个或多个投资要素中的比较优势能使国家保持不可替代的竞争力；另一方面制度化建设对于实现要素整合、推进第三方市场合作具有重要作用，因为制度化建设可以为投资国家提供相互磨合的机会，可以为第三方市场合作铺设互信之路。

本书认为，发达国家的比较优势主要有三点：一是技术优势。技术革命为发达国家带来了大量技术资本积累，使其拥有了一系列专利技术和专有技术，因而其可以在项目合作中提供至关重要的技术支持。[①] 二是管理经验优势。发达国家的跨国企业起步早，在管理能力方面早已形成了一整套行之有效的管理机制。同时，发达国家在跨国融资渠道的制度化建设方面也有较深入的研究，这也有助于第三方市场合作融资渠道的制度化搭建。三是先行者优势。发达国家由于较早进入了发展中国家市场，基本建立起了一整套有关发展中国家市场需求、自然资源、产业建

---

① "EU – China—A Strategic Outlook", March 2019, Voltaire Network, （https：//www.voltairenet.org/article205724.html）.

设等情况的投资信息体系。①

目前，中国也正在逐渐形成自身的比较优势，主要有以下几个方面：一是资本优势。作为世界第二大经济体，中国有投资第三方市场的意愿和能力，不仅对发展中国家的投资稳步增长，而且也已具可观规模。2013—2018 年，中国企业的海外投资金额达到 8740 亿美元。② 二是低成本产能优势明显。中国虽然在技术和管理上与发达国家相比处于劣势地位，但产能的低成本优势明显且质量精良。三是自主研发能力逐渐增强。随着中国产业结构的调整，中国在高铁、核能、通讯、金融创新等领域都取得了重大突破，在向国际顶尖技术迈进。中国在融资、基础设施建设等多个领域的能力提升，正好和发达国家形成了互补优势，为两者之间开展第三方市场合作创造了机遇。

由此可见，中国和发达国家在国际投资和经贸方面各具比较优势，互补性较强。以最早签署第三方市场合作协议的中法两国为例，中法两国在国际贸易市场上有着不同的市场占有率优势，法国的优势产业主要集中在一、三、五类产品，中国的优势产业主要集中在六、七、八类产品，优势产业的不同增加了两国对对方的产品需求，也增强了两国在对外投资中的优势互补。这是中法两国强强联手、开展第三方市场合作的重要经济基础，也是合作的重要驱动力之一。

同时，拓宽国际市场也是推动中国和发达国家开展第三方市场合作的重要因素。以德企和非洲市场为例，尽管非洲人口基数大、增长率高且拥有巨大的市场潜力，但 2017 年非洲所有国家进口德国产品的价值仅在 290 亿美元左右，占德国当年出口额的 2% 上下，市场占比非常小。③ 尽管如此，德国企业仍不断加大对非投资，因为目前的市场份额小并不代表非洲国家市场狭小，也不代表非洲国家市场价值不大。相反，这意

---

① 末廣昭：「東部経済回廊 EEC と中国との戦略的連携」，『タイ国情報』，第 52 卷第 3 号。

② 根据中国国家统计局有关数据整理。

③ "China in Afrika – Perspektiven, Strategien and Kooperationspotenziale für Deutsche Unternehmen"，October 2018，Germany Trade & Invest，（https：//www. gtai. de/de/trade/suedafrika/wirtschaftsumfeld/studie – china – in – afrika – 46476）.

味着德国企业在非洲国家具有很大的市场开发潜力。这种现象同样适用于其他发展中国家市场。因此，中国和发达国家通过发挥各自的比较优势来拓宽第三方国家市场的做法，恰恰符合市场合作的发展规律和各方的利益需求。

此外，其他发展中国家也具备一定的比较优势。虽然发展中国家在行业布局上多数以初级制造业、初级原材料等传统低附加值行业为主，但其在第三方市场合作中具有较强的劳动力优势。人口要素是重要的生产要素。大部分发展中国家都具备较好的人口优势，劳动力价格相对较低，这为第三方市场合作提供了充足的劳动力，尤其为各类基础设施建设和数字化基础设施建设提供了劳动力要素。同时，人口红利也为发展中国家的消费市场和经济发展提供了支撑。与发达国家人口负增长相比，发展中国家人口增长率高，有着庞大的消费市场，未来消费人群的需求或是技术革新及应用的重要导向。

3. 国家利益的驱动

中国与发达国家开展第三方市场合作，从潜在竞争对手向合作关系转变的根本驱动力是国家利益。其中，经济利益是最直观的收益，政治利益则是更具前瞻性的收益。

第一，参与第三方市场合作有利于合作者在国际机制变革中发挥主导作用，成为国际投资合作机制建立的先行者、驱动者和制定者，可以填补在第三方市场开展国际投资的规则和机制缺失这一空白。目前国际上的多边投资协定不多，有一定约束力的非常少，主要包括：一是 WTO 框架下的《与贸易有关的投资措施协议》（*Agreement on Trade – Related Investment Measures*, *TRIMs*），主要是用来规范与商品贸易相关的投资措施；二是《关于解决各国和其他国家的国民之间的投资争端的公约》（*Convention on the Settlement of Investment Disputes Between States and Nationals of Other States*），主要用于调解国家间在投资过程中产生的争端；三是《多边投资担保机构公约》（*Convention Establishing the Multilateral Investment Guarantee Agency*, *MIGA*），主要用于减少投资国在发展中国家投资时所产生的潜在的政治风险。然而，这些协定都只涉及国际投资的某一方面，且作用非常有限。由于缺少相关投资合作的规制，单独投资发展中国家的风险难以把控，这使得不少发达国家对投资发展中国家望而却步，最终不利于解决国际经济发展不平衡和国际贫富差距扩大的问题。近几年来，鉴于国际贸易投资摩擦不断增多，国际投资制度亟需进一步完善。从这个意义上来看，参与第三方市场合作或许可以成为中国和发达国家构建国际投资规则的重要机遇，至少可以在新国际投资规则和机制的制定和建立过程中成为重要参与者，甚至还可以发挥主体作用，为国际社会设计和建立更符合各方利益的国际合作投资机制，从而实现集体效益的更大化。

第二，参与第三方市场合作有利于降低非传统安全风险。金融风险、运输安全、法律风险、人身财产安全风险、环境问题、社会问题、恐怖主义袭击、海盗、传染病等各类非传统安全问题都是国际投资过程中随时可能面临的潜在风险。投资国通过加强信息共享和投资合作可以形成合力，有助于其提前做足预警、相互协作和共担风险，必要时可以共同承担风险和损失，从而实践"互利双亏"或"互利共亏"的游戏规则，因而可以成为共同应对国际投资中存在的非传统安全挑战的重要方式。此外，投资国之间还能在投资透明度、环境保护上形成相互监督机制，从而避免出现相关国际纠纷。

第三，参与第三方市场合作有利于塑造良好的国际形象。参与发展中国家的建设不仅能够实现经济利益的共赢，也有助于缓解全球经济不平衡发展、国际难民、环境恶化等一系列问题。第三方市场合作也可能外溢到其他领域，进而有助于解决发展中国家普遍存在的各种社会问题以及全球性问题。因此，参与第三方市场合作有助于参与国在国际社会上发挥更大作用。

第四，参与第三方市场合作符合各国经济发展的需求。在当前国际经济相对低迷和发展中国家局势不定的情况下，中国和发达国家开展第三方市场合作有助于增强其企业投资优势的有效利用，有利于各方实现比较优势的有机整合，从而降低投资风险和投资成本，增大经济利益，形成投资规模效应，并形成良好的投资和贸易环境，最终实现投资的可持续发展。① 简而言之，第三方市场合作是提高资源利用效率、填补基础设施投资缺口的重要途径。

四　三大变量之间的互动结果是决定第三方市场合作发展趋势的主要推动力量

上述三个维度的变量既是我们理解第三方市场合作理论逻辑的基础，也是我们预测第三方市场合作发展前景的主要依据。根据上述分析可知，三个维度的变量之间的关系十分紧密，是一个不可分割的整体，在很大程度上也是一个环形联动的因果关系。

首先，国际体系维度上，第三方市场合作是在国际关系结构的系统演化背景下所产生的一个结果。在百年未有之大变局下，国际力量发生了深刻变化，全球价值链也出现了结构性变化，从而导致国际投资贸易也发生了系统性演变——国家间对外投资关系正逐渐从竞争型向合作型转变。第三方市场合作正是中国和发达国家在对外投资过程中择优选择的结果。

其次，在第三方维度上，其对自身基础设施建设不断扩大的需求是构成第三方市场合作的重要条件。第三方市场合作不仅是基于国际政治结构、全球价值链结构的系统性演化的结果，也取决于第三方的巨大需求。由于国际力量对比发生变化和全球价值链的结构性变化，第三方对其基础设施建设的需求问题不断突出起来。发展中国家虽然在产业转移浪潮中发展迅猛，但由于其基础设施跟不上发展的步伐，导致其基础设施建设投资缺口不断增大，反过来又限制了其经济的发展。根据前面对2016—2040 年发展中国家的基础设施投资缺口测算，现有国际援助或投资均难以满足发展中国家持续发展对其基础设施建设不断扩大的需求。在这样的情况下，中国和发达国家的建设投资正好可以弥补国际援助的不足和缺陷。

---

① 贸易経済協力局総務課通商課：「日中第三国市場協力フォーラム」開催に合わせて日中の政府関係機関企業経済団体の間で協力覚書が締結されました，《経済産業公報》，第19036 号，2018 年 11 月 2 日。

最后，中国与发达国家的利益驱动在促成第三方市场合作问题上发挥着举足轻重的作用。由于第三方市场需求缺口巨大，中国和发达国家的投资资源有限，在此背景下开展相互竞争并不符合各方利益，因此，开展第三方市场合作是避免各方因竞争而导致相互消耗的择优选择。至于为什么第三方市场合作是中国和发达国家的择优选择，主要是在全球自由流动的投资要素上中国和发达国家各具比较优势，这是双方能开展第三方市场合作的基础条件。当然，国家利益是两者推进合作的主要驱动力之一——开展第三方市场合作不仅能带来可观的经济利益，降低投资成本，共担投资风险，也能带来潜在的政治利益，同时还能够以多边合作的形式实现更大的全球发展目标。

本章小结

本章主要对"一带一路"建设下的第三方市场合作进行概念性和理论性的背景探讨。通过对第三方市场合作的缘起、定义界定和身份构建的深入摸索，形成了较清晰的第三方市场合作关系概念认识。并在此基础上，进一步探究第三方市场合作形成的逻辑和重要因素。本章主要分为三个部分。

第一部分介绍第三方市场合作的缘起和定义。第三方市场合作的理念源于20世纪80年代的法国，其最开始的合作理念是"公私合作伙伴关系"，通过签署跨国合作的项目合同，达成政府之间和跨国企业之间在第三国的合作。法国和其他发达国家曾经尝试过这样在第三国的合作，但因融资能力不足、合作伙伴关系脆弱、成本和收益率问题、收益分配问题、机制化建设缺乏、发达国家之间合作驱动力不足等，最终不了了之。但这是第三方市场合作的雏形，为"一带一路"建设下的第三方市场合作提供了重要经验。第三方市场的形成是国际市场和国际贸易深刻变化的产物。第三方市场既具有巨大的市场需求，也具有一定的供给方。笔者按技术和产能的比较优势，将供给方分为第一方和第二方，一般由发达国家和新兴国家组成。供给方之间之所以能形成合作是由所提供的产品（基础设施建设项目）的性质决定的。对于这类大中型公共服务类产品而言，由于第一方和第二方国家掌握了不同相对优势的供给要素，充分发挥各方比较优势，开展第三方合作更有利于规避风险并以较小的成本换取更大的收益。第三方国家主要是基础设施需求较大的国家，大部分第三方国家都是发展中国家，其国家经济发展水平较低，但拥有大量劳动力。中国和发达国家对其基础设施的投资将能极大地推动其经济的持续发展，提高当地民众的就业和生活水平。同时，第三方国家本身市场潜力巨大，带动第三方国家的经济发展也有助于使其融入全球价值链，促进世界经济的稳健发展。并且第三方市场无论对于需求方还是供给方都是平等的，在该市场上的合作是互利共赢的。

第二部分主要对参与第三方市场合作的主要国家进行身份建构和利益界定。中国和发达国家之间的身份构建主要受到经济全球化不断渗透、国际市场无政府状态和全球价值链发生根本变化三大因素的影响。通过对中国和发达国家之间的角色关系进行探讨，得出两者虽然存在一定的竞争关系，但在第三方市场的特定条件下具有较大的共同利益，可以形成互利共赢的朋友关系。朋友关系是中国和发达国家在第三方市场合作过程中的主流关系。加强第三方市场合作符合各参与方的发展利益，通过发挥参与方的自身优势，将有限的资源投入更多的合作项目中，有助于其在全球价值链中获得更高的经济利益。同时，良好的合作也有利于国家间形成更为紧密的信任关系，而信任关系本身又能促进第三方市场合作的持续发展。

第三部分主要探讨第三方市场合作形成的主要因素和逻辑。从市场的角度来看，第三方市场合作的形成首先是基于供求关系。当前全球基础设施缺口巨大且未来呈持续扩大趋势，由此可见，第三方市场的基础设施建设具有巨大需求。同时，投资第三方国家的市场是发达国家和中国对外经济增长的重要动力。发达国家和中国出于经济、安全等多种利益考虑，对第三方市场具有较大的供给驱动力。基础设施的完善对于第三方市场的经济发展乃至全球经济的持续发展都具有重大意义。从全球价值链的结构性变化角度来看，随着中间产品贸易的不断扩大，全球价值链、贸易和基础设施之间的关系越来越紧密，加强第三方市场的基础设施建设对于全球价值链的优化、世界经济的持续发展以及各参与方的经济增益都具有积极作用。因而，在国家行为体的投资互动和系统演化过程中，减少过度竞争转而形成第三方市场合作是一个自然选择的过程。未来由多个国家的企业合作承担第三方市场项目将成为一大趋势，而中国和发达国家或部分新兴国家之间的竞争将可能是占据更多更优的投资要素比较优势。从合作形成的逻辑来看，中国和发达国家之间之所以更容易形成合作关系是因为具有较明显的互补优势。第三方市场合作形成的互补优势原理虽然继承李嘉图的比较优势原理，但其比较优势的载体有所不同。第三方市场合作的互补优势主要是指在全球范围内自由流动的投资要素禀赋。中国和发达国家正好在产能、技术等投资要素上形成了较强的互补优势。这些都极大地推动了第三方市场合作的形成和发展。由此可见，"一带一路"建设下的第三方市场合作具有强大的生命力，是新时代发展的必然趋势。

对于如何更有效地推动"一带一路"建设下的第三方市场合作，宜吸取法国前期的经验教训。机制化建设对于第三方市场合作具有重要意义。第三方市场合作要充分重视第三方市场合作的机制化建设，不断扩大融资渠道，并形成多样化的合作模式。下一章将探讨推进第三方市场合作的动因、建设情况，并从"五通"视角对第三方市场合作进行评估。

第二章

"一带一路"建设下第三方市场合作的
动因、进展与基于"五通"的评估

本章首先对在"一带一路"建设过程中，中国和发达国家积极开展第三方市场合作的内外动因进行分析，以更好地了解拓展第三方市场合作的价值并推进第三方市场合作的发展。随后对第三方市场合作建设的现状进行阐述，并从"五通"的视角进行评估。在全面务实推进第三方市场合作的过程中，与合作国家打造利益共同体和命运共同体仍需与之建立起政治互信、经济融通、民心相通的友好合作关系，形成良好的合作氛围，以开放互惠的心态与发达国家开展各个领域的合作，促进良好合作关系的形成。在第三方市场合作机制逐渐形成的基础上，以"五通"为切入点，进一步稳固合作基础和合作关系，推动第三方市场合作更好地发展。

第一节 "一带一路"建设下第三方
市场合作的动因分析

一 国内因素

(一)"一带一路"建设双边合作的瓶颈

当前，"一带一路"建设以中国和"一带一路"共建国家的双边合作为主。双边合作具有低调务实、针对性强、可操作性强的优点。双边合作在过去六年的实践过程中，为"一带一路"建设的推进和"一带一路"

朋友圈的不断扩大打下了坚实的基础。

但是，中国与共建国家"一对多"的合作发展模式也存在一定的内外压力。和单纯的经贸合作不同，基础设施建设属于一个国家的核心工程之一，涉及国家诸多方面的现实利益。因而，双边合作较易受到部分西方发达国家的质疑，比如"掠夺性经济""债务陷阱"环境问题、透明度问题、腐败问题等。这些质疑的产生有两大原因。一是信息不对称。一方面，企业参与项目的信息量大，涉及商业机密等多种原因难以完全公开，这给了部分西方国家用不完全的信息以偏概全的机会。另一方面，"一带一路"建设在对外宣传的过程中，可能使部分西方国家产生了错误解读和错误认识，导致信息认知上的不对称。二是利益问题。从现实主义的角度来看，国家行为体的行为是出于国家利益的考量。故这些发达国家的质疑声音和舆论引导在一定程度上是出于中国与这些共建国家的双边合作影响了其在该市场上的经济利益。

同时，"一带一路"建设的部分项目也因种种原因没有达到预期效果。数据显示，2013 年至 2018 年的五年时间内，中国在 66 个"一带一路"共建国家投资的 1674 个基础设施项目中，有 234 个项目遇阻，约占总投资项目的 14%。[①] 比如中国融资并承建的马来西亚东海岸铁路项目，马来西亚前总理马哈蒂尔上台后，希望降低 2500 亿美元的债务，认为东铁项目不符合经济效益，随后马来西亚经济部长便宣布取消该项目。经过两国进一步的谈判，中国企业削减了近一半的价格才得以保住了该项目。再如缅甸总统单方面突然"暂停"了与中国合作的造价达 36 亿美元的伊洛瓦底江密松水电站项目，使中企损失达 20 亿美元。除了政治因素外，管理不善是又一重要原因。比如哥伦比亚一座由中国国家基金提供融资的大型水电站大坝出现溃堤危险。大部分受阻项目所遇到的主要问题包括腐败问题、劳工政策、施工延期、缺乏透明度、环境问题和安全问题。实际上，这些问题大都不是投资方或出资融资方造成的，但出了任何问题却都可能损害"一带一路"建设的声誉。

---

① 赵磊：《"一带一路"：要理性面对负面评价》，2018 年 8 月，人民画报（http://www. rmhb. com. cn/zt/ydyl/201808/t20180831_800139866. html）。

　　跨国基础设施建设具有复杂性，和发展中国家的合作有时会受到地区大国或接受国国内因素的影响。部分基础设施项目遇阻的原因可以用博弈分析进行阐述：在双方博弈的过程中，虽然双方都遵守约定可以达到共赢的结果，但如果一方的背叛对自身利益损害较小，甚至不需要承担背叛所带来的代价，而其背叛的代价可以转嫁给另一方来承担的话，那么在出现一定的内部或外部压力时，不需要承担背叛成本的一方将趋向于采取背叛的行为。所以，在与发展中国家开展双边合作的过程中，由于没有任何外部制衡力量，发展中国家单方面"毁约"的成本较低，故当出现任何意外情况或压力时，发展中国家就可能会优先考虑其短期利益。这是目前"一带一路"建设部分项目遇阻的重要原因。但是如果引入一个或几个具有一定地区影响力的国家参与博弈，使其变成多方博弈，那么情况将会出现较大不同。

　　（二）推进第三方市场多边合作是"一带一路"建设可持续发展的重要保障

　　"一带一路"建设是建立在共商共建共享的原则基础上的，符合国际政治经济发展规律的合作发展模式。其合作包容性、开放性不应局限在第三方市场端共建国家的"多"，也应体现在合作投资端共建国家的"多"。也就是说，未来宜将"一对多"的合作发展模式转变成"多对多"的合作发展模式，发挥中国、发达国家和第三方市场国家的比较优势，以"多对多"的合作发展模式真正实现共同发展的目的。

　　"一带一路"多边化建设是未来的重要合作趋势，也是"一带一路"建设可持续发展的重要保障。多边合作通常指一国通过制度化或非制度化的多边场合，与两个或两个以上国家进行互动，就某一个或多个符合共同利益的问题进行协商或合作。值得注意的是，多边合作并不意味着和每一类不同地区的国家都采取类似的多边合作关系，也不意味着均衡用力。相反，可以按照不同地区和国家的具体情况，利用不同国家的比较优势，采取有针对性、务实的地区多边合作。"一带一路"建设承载着共建国家共同发展的梦想，作为一个共同发展的合作倡议，其合作形式不应局限于双边，而是应考虑以多样化的形式促进共同参与、共同建设、共享发展。"一带一路"框架下的第三方市场合作正是多边化建设的重要载体。第三方市场合作是中国与发达国家携手，共同投资"一带一路"共建国家，实现三方或三方以上共建基础设施或产业链的合作模式。这种多边化合作模式虽尚处于初探阶段，但以较快的速度得到了发达国家的认可。除了最早与法国于2015年签署了第三方合作协议外，中国于一年时间之内，先后与日本、比利时、英国、意大利、瑞士、奥地利、荷兰、新加坡共8个国家签署了第三方市场合作协议，可见其生命力的强大。

第三方市场合作之所以受到发达国家的欢迎，主要因为其符合发达国家的经济、政治利益诉求。具体体现在三个方面。一是经济利益考量。随着经济发展速度放缓，发达国家亟须通过海外投资等多样化的经济发展方式，刺激经济增长。但直接投资发展中国家所需成本过大，风险过高，而与中国合作投资第三方市场，整合中国的产能和发达国家的技术和发展中国家的劳动力则更有利于达到共赢的目的。二是地区影响力考量。随着发达国家对发展中国家的直接投资和援助的减少，发达国家在部分发展中国家的影响力有下降趋势。与中国合作投资第三方市场不失为发达国家维持其在第三方市场影响力的一种选择。三是"一带一路"建设过程中，中国的融资能力和建设实力有目共睹，中国是既有合作意愿又有实力的经济合作伙伴。这为发达国家愿意参与第三方市场合作提供了重要基础。

第三方市场合作对"一带一路"建设具有重要的现实意义。一方面，吸引更多的发达国家参与"一带一路"建设有助于减少甚至消除发达国家对"一带一路"建设的疑虑。发达国家直接参与项目建设可以在一定程度上转变发达国家对"一带一路"建设的看法。在遇到项目受阻的情况时，甚至能成为维护"一带一路"建设项目的重要力量。另一方面，发达国家的参与有助于"一带一路"项目的顺利落地。发达国家在发展中国家的投资历史悠久，对发展中国家的具体情况更为了解，而且发达国家有着先进的技术和优越的管理能力，这些都有利于投资项目的顺利实施。

二　国际因素

(一)　国际制度框架下的国际合作具有共赢意义

2018年以来，随着世界经济不稳定因素的增多和国际形势的不断变化，大多数发达国家对海外投资日趋谨慎，其海外投资也大幅下降。2019 年，发达国家的对外投资比重已下降至原来的 60% 。发展中国家对外投资比重也减少至原来的 90% 。具体而言，日本位居全球对外投资的第一位，仍是对外投资的主力军。中国居于全球对外投资的第二位。在"一带一路"建设开展以来，中国不断加大对外投资的力度，带动着共建国家的经济发展。法国居于全球对外投资的第三位，除了投资中国、印度等经济发展速度较快的发展中国家之外，主要投资发达国家、非洲国家等。德国、荷兰、加拿大、英国、韩国、新加坡等发达国家均位于全球对外投资前列。相比之下，由于美国大多数海外企业资金的大规模回流，因此美国对外投资并没有进入全球对外投资国家的前 20 位。由此可见，虽然美国是世界最大的经济体，吸引外资能力世界第一，但主要是吸引外国投资以发展美国经济，而实际上在对外投资方面相对薄弱。具体见图 2 - 1。

目前，就国际政治形势而言，世界格局正在发生前所未有的转变，国际权力不再只紧握在西方发达国家手中，而正在向新兴市场国家和广大发展中国家扩散。这种变化与以往不同，并不是权力在零和博弈的过程中发生"换手"，而是权力慢慢分散在更多国家的手上。与此同时，人类面临的全球性问题日趋复杂和严重，国际政治发展的目标不再是推翻旧秩序，而是积极探索如何在发达国家力量和新兴国家力量之间寻求合作路径和合作空间，不断改进、补充和完善现有国际秩序，利用现有国际秩序实现国际合作，通过国际合作拓展自身利益，谋求共同利益。

世界经济发展方面，在全球经济发展的新一轮进程中，以人工智能、5G 通信、区块链技术、互联网经济、量子科技等科学技术的发展为标志的第四次工业革命几乎颠覆了之前工业革命的发展路径。第四次工业革命的推进不再是由某一个国家主导的，而是由发达国家和新兴国家共同推动发展的。这就意味着参与国际合作是大部分国家在第四次工业革命的浪潮中立于不败之地的重要路径。

在国际经济投资方面，全球海外投资总体呈下降趋势，但各大投资国对资本投入和产出的要求却越来越高，在海外投资中越来越强调效率和回报率。除了美国以外，大部分发达国家和新兴国家都是对外投资的重要力量。有效整合对外投资的资源，将资金、产能、技术进行融合，对接第三方市场的需求，让有限的资本、产能和技术创造并释放出巨大的经济效益，这是中国和发达国家通过国际合作可以取得的"共赢"，也是第三方市场合作形成的重要动因。

（二）西方发达国家对发展认知的变化

西方发达国家认知的转变主要体现在对"一带一路"建设认知结构的改变上。

第一，对"债务陷阱"认知的转变。"债务陷阱"曾是美国、印度、澳大利亚一些媒体舆论和学者炒作的观点，但追踪多个发展中国家媒体的有关报道，则几乎没有出现"债务陷阱"之说。在这些国家的报道中，只有少量出于政治更迭因素影响所产生的对"债务陷阱"的疑虑，但其根本矛头主要指向这些国家的前政权，而非指向中国。同时，在"一带一路"建设中，发展中国家的基础设施建设贷款虽金额巨大，但因其主要是经济基础建设性债务，前期的投入会在后期形成更大的经济势能，从而可以提升共建国家的经济增长速度，促进其经济更好更快地发展，因而不应称为"陷阱"。事实也证明，尽管部分西方国家在叫嚣"债务陷阱"，但发展中国家对"一带一路"建设的期盼和对中国投资的需求却有增无减。

当然，这样的舆论也引起了中国的重视，中国方面对此也做出了适当调整。一是建成多边开发融资合作中心，并做出机制性安排，出台了《"一带一路"债务可持续性分析框架》，这不仅有利于投资的可持续性发展，还可以消除接受国对"债务陷阱"的担忧，并在一定程度上瓦解了部分西方国家所揣测的地缘政治动机。二是建立合作国之间的本币互换机制和人民币清算机制。截至2019年11月，中国已与20多个共建国家建立了本币互换机制，还和7个国家达成了人民币清算协议。可以说，这些对"债务陷阱"的揣测不仅没有动摇共建国家与中国共建"一带一路"的决心，没有影响共建国家对中国投资的欢迎程度，反而促进了"一带一路"投融资的机制化建设，提升了人民币的国际地位。

这不得不使西方发达国家重新审视"一带一路"建设，重新认识"一带一路"建设中所强调的基础设施建设。由于近代西方有关政治经济学的理论多形成于第二次工业革命之后，对国家建设发展的探讨早已跳过了铁道、公路、机场、电力等基础设施建设阶段，故大型基础设施与经济发展之间的关系理论研究较为缺乏。现如今部分西方发达国家的基础设施已使用上百年，出现了不同程度的老化，需要更新。同时，"一带一路"建设在不断完善共建国家基础设施的同时，已然促进了这些国家的经济发展。这使得西方发达国家重新把注意力放到基础设施建设上来，重新审视大型基础设施工程建设对发展中国家发展的价值，重新审视规模经济对速度更快、更便利的基础设施所提出的高要求。这在一定程度上为西方发达国家重新评估"一带一路"建设创造了条件。

第二，对基建等大型项目认知的转变。前面提到，西方近代以来有关经济理论的研究多形成于第二次工业革命之后，主要建立在中短期成本—收益利好的基础之上，缺乏对中长期国际经济合作发展的整体布局，也缺乏对发展中国家基建发展在全球价值链中所能发挥的作用的整体认识，更忽略了国家在经济合作中的引导作用。所以，西方国家由于自身知识范畴的局限，只将中国不惜成本投资发展中国家大型基建的行为理解为非经济动机，并认为无法长久实施。然而，中国的投融资和有关建设已经在事实上促进了许多接受国经济的增长，接受国对与中国推进"一带一路"建设的支持度、欢迎度不断攀升。这使西方发达国家深刻意识到经济发展对于一个连基础设施都不齐全的国家而言是空中楼阁。尽管西方经济理论对基础设施的研究十分有限，但也不妨碍西方国家重新认识到基础设施建设对于促进发展中国家经济可持续发展的基础性意义，并重新审视投资发展中国家基础设施对于优化全球价值链的国际经济价值。发达国家对大型基础设施项目认识的转变重塑了其对"一带一路"建设的认知，也使其认识到大型基础设施项目的"有利可图"，并意识到若再不加入合作行列，那么其在第三方市场上将可能面临相对劣势的投资地位。[①] 这是包括意大利在内的多个发达国家与中国签署"一带一路"合作文件的一大因素，也是从 2018 年以来，十多个发达国家纷纷与中国签署第三方市场合作协议、加强第三方市场合作的重要因素。

---

① 《中欧战略展望》，2019 年 3 月，欧盟委员会官网（https：//www. voltairenet. org/
article205724. html）。

（三）发展中经济体投资规则和机制的缺失

推动第三方市场合作的机制化可以填补在第三方市场开展国际投资的规则和机制的缺失。目前国际上的多边投资协定不多，有一定约束力的非常少，主要有：一是 WTO 框架下的《与贸易有关的投资措施协议》（TRIMS），主要运用于与商品贸易相关的投资措施；二是《关于解决各国和其他国家的国民之间的投资争端的公约》（ICSID），主要用于调解国家间在投资过程中产生的争端；三是《多边投资担保机构公约》（MI-GA），主要用于减少投资国在发展中国家投资时所产生的潜在的政治风险。然而，这些协定都只涉及国际投资的某一方面，且作用非常有限。由于缺少与投资合作相关的规制，而单独投资发展中国家的风险又过高，这使得不少发达国家对投资发展中国家望而却步，最终不利于解决国际经济发展不平衡和国际贫富差距扩大的问题。尤其近几年，随着国际贸易投资摩擦逐渐增多，国际投资制度亟需进一步发展，其作用需进一步提升。国际投资制度化建设要想取得成效，关键在于约束力和公信度，即广泛的合法性基础，这需要形成基于多边的共识。"一带一路"建设下的第三方市场合作作为一种多边合作模式正好为国际投资的机制化建设提供了动力。

从这个意义角度来看，推动第三方市场合作有助于中国和发达国家在未来国际投资规则建设中成为重要的参与者。在这个层面上，中国和发达国家之间的利益是一致的。在经济全球化的进程中，国际贸易突飞猛进，经济相互渗透不断深化，国际优势互补越来越明显，未来国际投资贸易的主线不再是单纯的竞争，而是合作与竞争并生的关系，但如何促进合作，避免恶性竞争，形成一个有利于国际经济合作的机制则是一个重要课题。推进第三方市场合作或可成为摸索国际投资规则的重要机遇。未来，以第三方市场合作机制化建设为基础，中国和发达国家可以共同商定并形成一定的规则制度，从而实现更大的效益。

国际投资机制化建设主要有两种方式，一种是在国家之间的力量与利益的博弈中形成，一种是在国家之间的合作实践和协商中形成。由于"一带一路"建设下的第三方市场合作是基于共商、共建、共享的互利合作模式，故以力量和利益博弈的高低作为机制化建设的方式显然不符合共建的目的。实际上，以中国为首的新兴国家经济实力的相对上升和发达国家经济的平缓发展所形成的力量相对"均势"也决定了第三方市场合作难以通过力量博弈的方式形成机制建设。相比之下，在当前国际政治经济局势下，通过协商合作的形式实现机制化建设是更为有效的途径，而第三方市场合作正好为国际优势互补合作创造了规制化建设的机遇。实际上，第三方市场合作的机制化建设和国际投资合作的制度化建设是相辅相成的。在国际经贸投资的系统进程中，正是国际经贸投资结构的变化和相应制度的缺失催生了"一带一路"建设下的第三方市场合作，而第三方市场合作的实践也推动了相关规制的发展。

（四）对国际援助所带来发展价值的重新思考

1. 对国际援助的重新认识

每年发达国家和新兴国家都会对落后国家提供巨额援助，援助国进行援助主要是为了达到其经济、政治或战略方面的目的，而受援国接受援助则是为了实现减贫、消除贫困和经济增长的目的。[1] 然而，事实上这些援助对于促进落后国家的经济发展，改善当地人民的生活水平，减少贫困所发挥的作用非常有限，甚至是无效的。[2] 同时，援助的碎片化现象较为严重。多个国家分别对同一受援国提供援助的行为虽然增加了援助金额，但却没有有效促进该国的经济增长，反而增加了各方的交易成本[3]，最终导致"1 + 1 + 1 < 3"的结果。此外，援助的增加若未能有效地促进贸易增长，甚至可能会短期内增加受援国的国内消费，导致实际汇率攀升，影响出口量，最终反而缩小了受援国的出口贸易。[4] 在欧洲国家对外援助的研究中发现，一国的对外援助会促进该国对其受援国的出口贸易，但如果其

---

① Bruno S. Frey and Friedrich Schneider Frey, "Competing Models of International Lending Activity", *Journal of Development Economics*, Vol. 20, Issue 2, March 1986.

② William Easterly and David Dollar, "The Search for the Key: Aid, Investment and Policies in Africa", *Journal of African Economic*, Vol. 8, Issue 4, December 1999.

③ Arnab Acharya and Ana Teresa Fuzzo de Lima and Mick Moore, "Proliferation and Fragmentation: Transactions Costs and the Value of Aid", *Journal of Development Studies*, Vol. 42, Issue 1, January 2006.

④ Joong Shik Kang and Alessandro Prati and Alessandro Rebucci, "Aid, Exports, and Growth: A Time – Series Perspective on the Dutch Disease Hypothsis", *Review of Economics and Institutions*, March 2013, pp. 1 – 26.

他国家也对同一受援国进行援助，则会挤压该国对该受援国的出口贸易。[①] 由此可见，多个援助国没有明确导向性的、分散的援助容易造成资金的浪费，数量再多也更像一盘散沙，其对促进落后国家经济增长的转化率较低，并没有真正起到帮助受援国实现经济增长和减贫的作用。

对经济领域的影响也适用于政治领域。随着援助国数量的增加，援助对援助国所能产出的政治效用递减。在多次博弈中，非合作、高排他性、多附加条件的援助，会增加受援国的社会福利，但不利于援助国的利益。相反，合作协调性强、低排他性、无附加条件的援助，由于援助国之间的高效沟通和共同协商，反而能增加援助国的经济、政治利益。[②] 援助国之间若采取低排他性、高协调性的合作机制，将有助于达到共同目标。这就合理解释了西方发达国家对落后国家的援助呈下降趋势的原因，也解释了援助国之间的合作趋向性。

由上述可知，援助国的增加和援助资金的上升，对促进受援国经济增长和减贫消贫的目的增益有限。同时，援助国的单独、分散性行动，对援助国实现其经济、政治和战略性目标的效果也不理想。反而，采取合作、非排他性的方式进行援助则能达到共同增益的效果。

2. 国际援助与投资的关系

援助和投资之间具有可替代性。对于发展中国家而言，其获得援助和获得投资之间的关系成反比。获得的援助越多，则投资越少；获得的投资越多，援助就变少。[③] 这是因为资本总是倾向于流入经济发展水平较好、收入更高的国家和地区，结果导致对落后国家的投资越来越有限，造成世界经济的不平衡发展。而由于投资本身多是经济行为，获得有效投资越多的发展中国家，其经济发展将越来越好，对援助的需求也会相应减少。援助和投资可以看作是资金以不同的形式流入发展中国家，但

---

① Dierk Herzer and Stephan Klasen, "Aid and Trade – a Dinor's Perspective", *Journal of Development Studies*, Vol. 45, No. 7, Issue 1, August 2009.

② Sang – Kee Kim and Young – Han Kim, "Is Tied Aid Bad for the Recipient Countries?", *Economic Modelling*, Vol. 53, February 2016.

③ David Dollar and Alberto Alesina, "Who Gives Foreign Aid to Whom and Why?", *Journal of Economic Growth*, Vol. 5, February 2000.

具体支配权和效用有所不同。援助的资金和技术更多是由发展中国家自
己支配，但若该发展中国家的政府管理相对低效、技术发展不完善、资
源分配和使用不合理，则可能会造成资源浪费。投资则是投资国根据接
受国的市场需求，利用投资国的先进技术和资金，合理配置资源而进行
的投资。这样的好处有：一是接受国可以根据自身的市场需求，做出合
理规划，寻找合适的投资方，并享受到优质的产能，激活经济市场，促
进就业，达到减贫消贫和经济增长的目的。二是投资国可以通过技术、资
金等多样化投资，既帮助接受国实现其目标，也达到了投资国原本期望通
过援助所实现的目标。投资国之间的关系和援助国之间的关系有相似之处。
投资国之间的竞争、非合作关系易导致投资国之间互相压低价格以争取项
目，最终互相消减各自的海外利益。反之，投资国之间构建合作协调、非
排他的关系则能多方得利。所以，合作投资的增益效果更优。

　　援助和投资之间还具有相关性。援助资金的用途对投资的吸引具有
重要影响，用于改善各类基础设施的援助越多，越有利于吸引直接投资，
而用于其他用途的援助金额越多，反而会削减投资。[①] 因为交通、电力、
能源、通讯、金融等各类基础设施越完善，社会教育和医疗越完备，投
资条件就越成熟，劳动力素质也越高，也就越能吸引外来投资。据此可
推，无论是援助还是投资，对经济、社会基础设施建设的资金投入都有
助于改善第三方市场的投资环境，是提升第三方国家市场投资流入的关
键因素，也是促进第三方市场繁荣的关键因素。

　　此外，投资对投资国与接受国之间的政治经济关系有重要的促进作
用。投资的增加可以促进国家之间的经贸往来和合作。投资的领域和数
量越多会促进国家之间政治经济关系的进一步深化和发展。

　　由上述探讨，我们可以得出三点：一是投资流入的增加能相应减少
接受国对援助的实际需求，投资发展中国家的基础设施建设能最基础、
最广泛而有效地促进发展中国家的经济增长，也有利于发展中国家吸引

---

① Julian Donaubauer and Birgit Meyer and Peter Nunnenkamp, "Aid, Infrastructure, and FDI：
Assessing the Transmission Channel with a New Index of Infrastructure", *World Development*, Vol. 78,
February 2016.

更多的投资，并实现减贫消贫。二是投资本身对投资国与接受国之间的政治经济关系有一定的影响作用。三是排他性、非合作的投资虽能增加接受国的社会福利和经济收益，但却会在一定程度上减损投资国本身的利益。反之，加强第三方市场的协调合作，形成非排他性的合作投资机制，不仅能发挥各自优势，促进第三方市场的发展，也能有利于投资国实现其自身利益和共同利益。

第二节　"一带一路"建设下第三方市场合作的建设情况分析

第三方市场合作的建设情况总体向好。一方面，欧洲发达国家和亚洲发达国家对第三方市场合作的认可度和参与积极性都在不断攀升，中国和不少发达国家在政府间合作方面良性互动不断，第三方市场合作的基本框架已初步搭建完成。另一方面，第三方市场合作项目的数量也在不断增加，中外企业的合作伙伴关系初步形成。其中，中法、中日的第三方市场合作建设是开展第三方市场合作的典范。

一　第三方市场合作的基本建设情况

第三方市场合作是"一带一路"建设的重要内容。"一带一路"建设下的第三方市场合作推进时间虽不长，但中国已经和 14 个世界发达国家签署了合作协议，第三方市场合作也得到了越来越多发达国家的认可和参与。2019 年，"拓展第三方市场合作"已被纳入中国政府工作报告。同年，国家发改委也出台了《第三方市场合作指南与案例》，为今后第三方市场的项目合作提供了有益的经验指导。在"一带一路"建设的合作框架下，第三方市场合作正有序推进，取得的合作成果也得到"一带一路"共建国家的认可。

目前，"一带一路"建设下的第三方市场合作建设主要从三个方面具体开展。一是政府间对接合作。这主要体现为，一方面，国家间通过领导人互访、政府部门沟通等方式推进中国与发达国家之间形成第三方市场合作关系，并签署第三方市场合作协议。现阶段，与中国形成政府间

对接合作的发达国家主要集中在欧洲和亚洲地区。另一方面，中国和签
署合作协议的发达国家通过工作组、合作论坛、研讨会等方式加强在第
三方市场的各类项目合作。二是第三方市场项目的融资合作。融资合作
范围较广，方式灵活，既包括现有的国际投融资平台、"一带一路"融资
合作平台，也包括中国与不同地区发达国家或地区大国形成的第三方市
场合作基金等专项融资渠道合作平台以及国家间金融机构、信用保险机
构的对接合作。三是企业间的具体项目合作。《指南和案例》中总结了21
个典型项目合作案例，并归纳出了中外企业现有的五种较为常见的第三
方市场企业合作模式，分别是工程合作类、产品服务类、投资合作类、
战略合作类和产融结合类。据此进行排列组合，未来可能会延伸出更多
项目合作模式，比如工程服务类、产品合作类、工程投资合作类、产业
链合作类等。现阶段，企业间的第三方市场合作的主要领域集中在交通、
能源、产业等各类基础设施建设方面。值得一提的是，数字基础设施建
设和公共卫生建设越来越受到重视。

其中，推进第三方市场合作建设过程中的项目合作和融资合作的重
要载体是第三方市场合作的相关论坛、研讨会、专项项目会等。目前，
中国已经与不少发达国家共同举办了第三方市场合作论坛及研讨会，具
体见表2-1。

表2-1　　政府机构举办的"第三方市场合作"论坛、研讨会

名称	日期	主办方	主要内容
法国			
中法非三方合作研讨会	2016年4月12日	国家发展改革委主办，中国贸促会、法中委员会	围绕三方合作现状与展望、三方合作模式及互补性、三方合作配套措施与机遇等议题，就基础设施、制造业、农业、医疗和应对气候变化等领域合作进行了深入探讨。与会代表高度评价中法非三方合作的重大意义，普遍看好三方合作的前景，共同期待三方务实合作顺利开展并取得丰富成果

续表

名称	日期	主办方	主要内容
法国			
中法第三方市场合作企业座谈会	2019 年 3 月 5 日	国家发展改革委外资司、法国驻华使馆	双方企业和金融机构积极评价中法第三方市场合作项目取得的成果，围绕第三方市场合作分享了合作案例、成功经验及潜在合作项目，并就后续工作提出了相关工作建议
推动中法第三方市场合作项目专题会议	2019 年 4 月 12 日	国家发展改革委外资司	落实习近平主席访欧成果，推动中法第三方市场合作项目，国家发改委外资司组织大唐集团、招商局集团、中国港湾等多家企业召开专题会议，就合作项目最新进展情况、存在的问题等进行了深入交流，并部署了下一步的重点工作，力争在一段时期内取得可视化成果
专题项目会	2019 年 5 月 23 日	国家发展改革委外资司、法国开发署驻华代表处	就塞内加尔污水处理厂项目及加强第三方市场合作进行了深入交流
中法经济峰会——第三方市场合作专题研讨	2019 年 11 月 6 日	国家发展改革委	中法两国有关企业、金融机构代表就开展第三方市场合作进行了交流。习近平主席、法国总统马克龙出席峰会闭幕式并发表重要讲话
日本			
泰国东部经济走廊中国—日本第三方市场合作国际研讨会	2018 年 5 月 31 日	泰国东部经济走廊办公室、中国驻泰国使馆、日本驻泰国使馆	发展改革委副主任宁吉喆、泰国工业部部长乌塔玛、日本驻泰国大使佐渡岛志郎在研讨会上致辞。中国驻泰国大使吕健、泰东部经济走廊办公室秘书长卡尼，以及中泰日三国政府和企业代表约 150 人出席研讨会

续表

名称	日期	主办方	主要内容
日本			
第一届中日第三方市场合作论坛	2018 年 10 月 26 日	中国商务部、国家发展改革委与日本经济产业省、外务省	中国国务院总理李克强和日本首相安倍晋三出席论坛并致辞。中国国家发展和改革委员会主任何立峰、商务部部长钟山、日本经济产业大臣世耕弘成出席论坛并致辞 来自中日两国政府部门、经济团体、金融机构和知名企业的约 1500 名代表参加论坛。论坛由主论坛和分论坛等活动组成。与会嘉宾在分论坛围绕交通物流、能源环保、产业升级和金融支持、地区开发等 4 个主题进行了交流。论坛期间，中日双方企业共签署 50 多个第三方市场合作文件
英国			
中英第三方市场合作圆桌会（肯尼亚专场）	2019 年 12 月 2—5 日	国家发展改革委和英国国际贸易部组成的中英第三方市场合作工作组	中、英驻肯使馆和两国在肯主要企业、金融机构负责人参会。工作组调研了蒙内铁路、内马铁路一期等中资企业承建的示范性项目，向英方合作伙伴深入介绍了中国基础设施建设项目高标准、高质量、促进当地就业和民生社会发展情况，得到英方高度评价工作组还与路桥公司、中建集团、东方电气等中资企业在肯机构就具体合作项目分别进行深入对接
瑞士			
中瑞"一带一路"能力建设论坛暨第三方市场合作圆桌会	2020 年 1 月 20 日	国家发展改革委、瑞士联邦财政部	中瑞两国政府、企业、金融机构 50 多名代表参加论坛，双方就在瑞士成立"一带一路"能力建设中心、开展第三方市场合作的下一步工作等深入交换意见

续表

名称	日期	主办方	主要内容
奥地利			
中奥第三方市场合作论坛	2019 年 4 月 26 日	国家发展改革委外资司、奥地利驻华使馆	与会代表围绕"一带一路"基础设施建设项目典型案例、中奥第三方市场合作金融支持、后续工作建议等进行了充分交流和沟通。奥地利联邦商会以及中国建筑、国家开发银行、安德里兹、奥地利奥合国际银行等约 40 家两国企业和金融机构代表参加会议
新加坡			
第一届中国－新加坡"一带一路"投资合作论坛	2018 年 10 月 25 日	国家发展改革委和新加坡贸易及工业部	与会嘉宾围绕"'一带一路'框架下中新第三方市场合作发展机遇"和"健全完善项目融资和业务保障体系"等主题进行了研讨，并就中新务实合作开展了交流。来自中国、新加坡和其他国家地区的政府部门、金融机构、专业化服务机构的代表，来自基础设施建设、石油化工、航运物流、产业园区等领域的企业代表 300 多人参加了本次论坛
意大利			
首届中意第三方市场合作论坛	2019 年 3 月 22 日	国家发展改革委和意大利经济发展部	习近平主席、意大利总统马塔雷拉共同接见参加论坛的部分企业代表并发表重要讲话，意大利副总理迪马约、国家发改委副秘书长任志武出席论坛并致辞。中意共 60 多家重要企业和金融机构代表参加了论坛，双方就开展第三方市场合作项目、携手共建"一带一路"进行了深入探讨

续表

名称	日期	主办方	主要内容
韩国			
经济技术交流会第三方合作论坛	2016年5月26日	国家发展改革委外资司与韩国企划财政部对外经济局	为中韩两国企业开展第三方市场合作提供平台
中资企业			
	2019年4月11日	国家发展改革委外资司	组织部分中资企业召开第三方市场合作专题座谈会。会上,各参会代表介绍了本公司开展第三方市场合作的进展情况和有关建议,外资司负责同志与参会代表进行了深入交流
第三方市场合作专题座谈会	2019年4月18日	国家发展改革委外资司	组织部分金融机构召开第三方市场合作专题座谈会。会上,各参会代表介绍了第三方市场合作的进展情况和有关建议,外资司负责同志与参会代表进行了深入交流
外资企业			
跨国公司共建"一带一路"座谈会	2020年1月9日	国家发展改革委	会议介绍了跨国公司参与共建"一带一路"的基本情况,提出了高质量共建"一带一路"的意见建议。来自西门子、通用电气、毕马威、汇丰、渣打、花旗、奥雅纳、麦肯锡、卡特彼勒9家知名跨国公司的高管参加了会议。宁吉喆副主任指出,在推动高质量共建"一带一路"过程中,要秉持共商共建共享原则,坚持开放绿色廉洁理念,努力实现高标准惠民生可持续目标。欢迎跨国公司按照市场导向、商业原则、企业主体、国际惯例、政府引导的原则积极参与"一带一路"建设,与中国本土企业共同开展第三方市场合作,推进共建"一带一路"走深走实。"一带一路"建设促进中心要发挥职能作用,为跨国公司参与"一带一路"建设服好务

二 案例分析——以中法、中日第三方市场合作建设现状为例

本部分主要从政府间对接合作、融资合作、具体项目对接合作三个角度入手，对中法和中日共同推动第三方市场合作的过程进行具体案例分析，以期探索中国与发达国家推进第三方市场合作的可行之道。法国是最早与中国签署第三方市场合作协议的发达国家。日本与中国签署第三方市场合作协议时间虽不长，但发展迅猛，现已初具规模。通过对中法、中日的合作进行分析，可以为中国与其他发达国家的合作提供有益的经验借鉴。

（一）政府间的沟通合作

1. 中法政府间的沟通合作

措施1：设立第三方市场合作机制，框定合作内容、领域，对接法国及欧盟相关计划。2015年6月，中国政府同法国政府发表了《中法关于第三方市场合作的联合声明》，并在中法两国总理的见证下，最早签署了"第三方市场合作"文件。该声明中指出："要坚持'三国共同选择，第三国同意，第三国参与，第三国受益'，重点合作领域是基础设施、能源、农业、卫生等。"两国政府积极开拓合作领域，发挥比较优势，释放合作潜能，在基础设施、能源、农业等多个领域都达成了项目合作，呈现良好发展势头，为"一带一路"建设下的第三方市场合作树立了国际合作典范。2016年11月，在第四次中法高级别经济财金对话期间，中国国家发改委和法国财政部签署《关于设立中法第三方市场合作指导委员会的谅解备忘录》，双方就开展中法第三方市场合作的基本原则和第一批合作项目清单交换了意见，并展开具体工作，不断发展第三方市场合作。[①] 2017年11月，"一带一路"巴黎论坛首届会议上，双方表示中法在核能、航空等传统领域以及农业食品、金融、可持续发展等新兴领域均有广阔合作空间，并就在"一带一路"框架下开展政治、企业、农业、

---

① 《我委与法国财政总署签署〈关于设立中法第三方市场合作指导委员会的谅解备忘录〉》，2016年11月，国家发改委官网（http://www.ndrc.gov.cn/gzdt/201611/t20161115_826633.html）。

媒体、智库以及地方等领域合作达成一系列新的合作意向。① 2018 年 11
月，在中法第三方市场合作指导委员会第二次会议上，两国签署了中法
第三方市场合作第二轮示范项目清单，就下一阶段推进第三方市场合作
思路达成重要共识。2019 年 1 月，"一带一路"巴黎论坛第二届会议上，
中法对如何继续推进能源、农业、环境和安全等领域合作进行了深入探
讨。法国前总理拉法兰表示，"一带一路"是对多边主义的新发展，欧洲
应当与中国开展最大化的合作，共同回击单边主义。可以共同发起行动
倡议，推动战略兼容的国家间合作项目等。② 2019 年 3 月，习近平主席与
法国总统马克龙在巴黎会谈时，习近平主席同法国总统马克龙都表示，
要继续深化核能、航空等传统领域的合作，并推动两国在科技创新、金
融、养老服务、农业等新兴领域的合作步伐，实现"中国制造 2025"与
法国未来工业计划的战略对接，积极推动中欧合作关系发展，共同落实
"一带一路"第三方市场合作示范项目，为投资与贸易提供更多支持和
便利。③

　　措施 2：建立"一带一路"框架下的第三方市场合作常态化工作机
制。开展第三方市场合作磋商，形成第三方市场合作电话会、合作例行
会议、中法经济峰会上的第三方市场合作专题研讨会、核能、产能等项
目推进会和推介会、中法非三方企业座谈会、"一带一路"巴黎论坛等多
种形式的专项洽谈会，组织有关企业、金融机构等就项目合作的进展情
况、存在问题、解决措施、下一阶段工作等进行交流。

　　措施 3：设立示范项目清单机制。经过磋商，国家发展改革委和法国
财政总局建立了指导委员会，以第三方市场合作项目清单的方式推进两
国第三方市场合作，积极探索和发掘优秀合作范例。中国与法国按合作

　　① 《"一带一路"巴黎论坛首届会议成功举行》，2017 年 11 月，外交部官网（https：//
www. fmprc. gov. cn/web/gjhdq _ 676201/gj _ 676203/oz _ 678770/1206 _ 679134/1206x2 _ 679154/
t1515568. shtml）。

　　② 《"一带一路"巴黎论坛第二届会议举行》，2019 年 1 月，中国新闻网（http：//
www. chinanews. com/gj/2019/01 – 11/8725957. shtml）。

　　③ 《习近平同法国总统马克龙会谈》，2019 年 3 月，央视网（http：//news. cnr. cn/native/
gd/20190326/t20190326_524555971. shtml）。

项目清单的模式推进中法企业间的项目合作，目前已通过多个合作平台推进了三轮项目合作清单的签署，并定期就合作项目进展和新的合作清单意向进行沟通交流。其中，第一轮项目合作清单是在 2016 年 11 月第四次中法高级别经济财金对话上签署，第二轮项目合作清单是在 2018 年 11 月中法第三方市场合作指导委员会第二次会议上签署，第三轮项目合作清单是在 2019 年 4 月第二届"一带一路"国际合作高峰论坛上签署。

分析：中法两国不仅积极推动两国的战略对接合作，也提议推动欧盟有关战略与"一带一路"建设的对接合作，在一定程度上对欧盟其他国家参与"一带一路"建设发挥了引导作用。从这个视角来看，继续与欧洲其他发达国家推进第三方市场合作或和欧盟对接第三方市场合作都有利于带动欧洲各发达国家参与第三方市场合作。中法两国在"一带一路"合作框架下开展的第三方市场合作，对双方企业的互补优势有着明确的定位——在能源、航空、农业等优势互补领域扩大合作，可以更好地锁定相关企业，有的放矢地推动第三方市场合作。中法还建立了较为完善的工作机制和合作平台，不仅开展专题研讨会，开展核能、产能等专项项目推进会，开展电话会议、例行会议等，还与第三方国家有关成员开展中法非三方企业座谈会等，以便及时有效地推进合作磋商。这些都是未来在与其他国家拓展第三方市场合作的过程中值得借鉴的。这种在平台对接和项目对接方面的创新工作交流形式，以及灵活运用多平台多渠道推进完成第三方市场合作项目清单的合作方式都为中国和发达国家推进第三方市场合作提供了成功样本。

2. 中日政府间的沟通合作

2018 年 5 月，中日签署了《关于开展第三方市场合作的备忘录》，并指出加强节能环保、科技创新、财政金融、共享经济、高端制造、医疗养老等重点领域的合作。

措施 1：推进中日第三方市场合作工作机制。签署合作协议后，中日两国政府有关部门及时建立了第三方市场合作工作机制，将工作机制常态化。定期对中日第三方市场合作的方向、政策和具体合作项目、对接企业等进行及时有效的沟通交流。从政府层面协调推进融资支持，完善信息共享机制，鼓励两国企业结成合作伙伴，发挥互补优势，促进项目落地。在项目对接合作的过程中遵循共商共建共享原则，就融资、项目管理、风险管控、利益分配、项目推进等方面发挥政府沟通功能。

措施 2：推进第三方市场合作平台建设。定期举办"中日第三方市场合作论坛"，推动第三方项目合作与两国企业间交流。① 2018 年 5 月，举行"泰国东部经济走廊中日第三方市场合作国际研讨会"。② 2018 年 10 月，日本首相安倍晋三访华，参加在北京举行的首届"中日第三方市场合作论坛"，共签署了 52 项合作协议，金额超过 180 亿美元。来自中日两国政府、经济团体、企业代表 1000 余人出席了论坛。中日企业合作领域主要包括新能源、农业、加工制造、炼油、炼钢以及基础设施等。③ 2018 年 11 月，第十二届"中日节能环保综合论坛"上，中日双方共签署了 24 个涉及第三方市场的合作项目。④ 中日两国利用各种共同参与的论坛、会议、国际组织的项目等平台寻找合作契机，积极推进第三方市场合作。

分析：加强政府引导是推进第三方市场合作的重要途径。务实推进第三方市场合作建设，可以先从某一个双方共同感兴趣的区域、领域或项目入手，形成合作共识。具体而言，可以建立灵活高效的合作机制，对有关合作项目按照提案、探讨、敲定等程序，从政府层面对项目的政策、融资、利益分配、风险管控等方面提出可操作性的建议。可以建立企业项目信息库、数据库，形成良好的第三方市场合作信息共享机制，一是为两国企业的项目合作提供良好的信息交换渠道，二是为中外企业牵线搭桥。正如中日所形成的第三方市场合作对接机制一样，借助政府的服务平台，增进了中日企业的相互了解，拓宽和挖深了合作空间，扩

---

① 《签署多项协议 中日经济合作将迈上新高度》，2015 年 5 月，中国财经网，转引自经济参考报，（http://finance.china.com.cn/news/20180511/4633827.shtml）。

② 《发展改革委组织召开泰国东部经济走廊中日第三方市场合作国际研讨会》，2018 年 5 月，中国国家发改委网站（https://www.ndrc.gov.cn/fzggw/jgsj/wzs/sjjdt/201805/t20180531_1037742.html）。

③ 《首届中日第三方市场合作论坛上，李克强和安倍都说了什么？》，2018 年 10 月，中国政府网（http://www.gov.cn/guowuyuan/2018-10/27/content_5335045.htm）。

④ 《第十二届中日节能环保综合论坛共签署 24 个合作项目》，2018 年 11 月，新华网（http://www.xinhuanet.com/fortune/2018-11/25/c_1210001607.htm）。

大了合作需求。可以说，中日两国在第一届中日第三方市场合作论坛上能达成52项合作协议，金额达180亿美元，合作工作机制和平台都发挥了重要作用。中日两国签署的协议中，合作方式主要包括企业和企业之间、企业和金融机构之间、金融机构和金融机构之间的合作，合作领域涉及金融投资、可再生能源、食品、物流、基础设施、医疗保健、智能城市化、石油化工、电力、环境保护、汽车、机电等，合作形式多样，合作范围较广。同时，中日两国所构建的第三方市场合作的合作平台具有灵活性，不局限于第三方市场合作论坛。在中日节能环保论坛上，中日两国积极推进了相应领域企业的第三方市场合作。为推动中日在泰国东部经济走廊的第三方市场合作，专门召开了特定的第三方市场合作论坛，推进在特定地区和领域的合作。中日两国灵活运用各类不同领域的交流平台、对特定合作计划举行相应的合作论坛的方式都是在推动中国与其他国家开展第三方市场合作的进程中值得借鉴的。

（二）资金融通的合作

1. 中法推动第三方市场合作资金融通的合作

措施1：建立中法第三方市场合作基金。2016年11月，中法两国达成共识，共同推动成立了"中—法第三方市场投资基金"，启动资金为3亿欧元，计划将资金分为三部分，分别用于非洲、亚洲以及世界其他国家或地区的企业投资项目。合作领域包括可再生能源和环境、制造业、工业和零售产品、卫生、物流和基础设施等。随后，中法两国积极盘活第三方市场合作基金，设立投融资平台，拓宽项目市场化、商业化投融资渠道，引导金融企业的产品创新和服务创新。这为中法第三方市场合作项目提供了较充分的资金支持，积极推动了项目清单的有效落实，并及时与有意愿参与合作的国家和企业达成了投融资协议，签署了项目清单。

措施2：搭建中法金融交流平台，建立对话协调机制。根据中法《关于第三方市场合作的联合声明》，成立第三方市场中—法伙伴关系指导委员会，促进两国金融机构的沟通交流，推动金融机构共同参与项目投资。中国进出口银行、国家开发银行、中国工商银行、中国建设银行、中国农业银行都分别和法国相关金融机构签署了第三方市场投资合作协议。

此外，中投海外投资公司和法国信托储蓄银行签署了中法第三方市场合作基金框架协议。这为中法两国的第三方市场合作项目创造了更多的发展机遇。

分析：第三方市场合作项目由于资金需求规模大、资金回笼周期长，需要更为多元、低成本的资金支持。因此，整合各个参与国家的金融资源，有效利用国际金融机构的资源为项目提供中长期稳定的金融和信用支持对第三方市场合作项目的顺利落实具有重要作用。同时，第三方市场合作项目不仅需要资金支持，也需要有配套的金融服务。商业银行、信用保险公司、基金、私营机构等可以为项目提供充足的市场化金融服务支持。所以，中法成立的第三方市场合作基金，推进政策性开发性银行、商业银行与法国有关银行的投资合作都是较好的投融资方式。还可以创新融资手段，引入部分中小型金融机构参与第三方市场的民生、教育、养老等额度相对较小的项目投资。不仅如此，可以引入智库合作、培训交流等，推动第三方市场合作金融体系的建设。

2. 中日推动第三方市场合作资金融通的合作

措施1：重启货币互换。2018年10月，中国人民银行与日本银行签署了中日双边本币互换协议，这为推动两国第三方市场合作和维护金融稳定提供了重要支持。该协议的金额规模为2000亿元人民币/34000亿日元，这将进一步深化两国互利务实的合作。①

措施2：推动银团合作。日本金融机构海外投资起步较早，资金实力雄厚，在风险管控、信用等方面具有丰富的海外经验，业务能力较为成熟。日本海外投资实力最强的三家银行：三井住友金融集团、三菱日联金融集团和瑞穗金融集团以及其他的大中型银行都参与到了中日企业的第三方市场合作项目中。中日两国的金融机构投资合作为两国第三方市场合作提供了重要的资金保障。目前，中日两国在银行方面的第三方市场合作主要是推动中国各大银行、日本海外投资型银行在投融资、贷款和保险领域的合作。一是国家开发银行和日本三井住友银行、国际协力

---

① 《意义重大！中日时隔五年重启这一机制》，2018年10月，中国日报网（http：//cnews. chinadaily. com. cn/2018－10/26/content_37144569. htm）。

银行、瑞穗金融公司经过协商，共同签署了第三方市场基础设施投资联合贷款协议，为两国的合作提供了充足的资金支持。二是中国进出口银行与三井住友银行签署了《关于双边和第三方市场合作协议》，通过联合融资、担保、结算等方式，共同开拓两国投资、环保、能源、基础设施等领域的第三方市场合作。三是中国工商银行与瑞穗金融签署了《有关中日企业开发第三方市场的金融合作协定》。四是中国进出口银行与渣打银行、瑞穗银行等金融机构签署了第三方市场合作协议。

措施3：推动金融保险合作。一是中国太平洋保险公司和日本三井住友海上火灾保险签署了《为"走出去"中国项目提供风险预防、风险管理的全面合作项目》，扩大两国在第三方市场合作项目风险管控方面的保险服务合作，如海上火灾保险等。二是中国出口信用保险与日本贸易保险、日本日挥、三井住友银行等金融机构在北京分别签署了面向第三方市场的双边战略合作协议，并开展项目融资保险合作。三是中信集团、中国出口信用保险和瑞穗金融签署了《三方第三国市场战略合作框架协议》，由中信保为瑞穗集团与中信集团的海外项目投融资合作提供风险保障。

措施4：建立产业合作基金。为满足亚洲地区持续扩大的产业投资合作需求，中国中投与野村控股、大和证券、三菱日联、三井住友、瑞穗金融签署了《中日产业合作基金谅解备忘录》，成立了中日产业合作基金，以推动中日在制造业、医疗、通信传媒等各类产业的第三方市场合作，投入资金规模达10亿美元。

措施5：加强跨境审计监管。在2019年4月第二届"一带一路"国际合作高峰论坛上，中国、日本、马来西亚有关部门签署了审计监管合作文件，目的是加强各方的跨境审计和金融监管合作，促进中日第三方市场的金融合作健康发展。

分析：第三方市场合作项目对结算货币和支付提出了更多元化的需求。制定合理的货币多元化机制和货币互换机制，充分考虑跨境人民币投资的保值和避险有利于扩大第三方市场合作项目的资金来源，吸引更多的国内外机构和资金投入项目合作。可以运用多种货币手段，增加境外人民币的资金，推动人民币在境内和境外的互联互通，如中日货币互换机制等。推动投融资合作不仅要考虑大型基础设施项目的投融资，也需重视中小型项目的投融资建设。中小型项目的建设有助于盘活市场资源，深化互联互通。因此，可以建立特定领域的专项合作基金，为各类中小型合作项目提供投融资补充和保障，如中日的产业合作基金等。同时，要提高资金使用的透明度，做好跨境资金审计监管工作，以提升资金的使用效率，促进稳健的金融合作。

（三）第三方市场的项目合作

1. 中法第三方市场的项目合作

措施1：加强能源基础设施合作。中法两国于2015年6月签署了《中法两国深化民用核能合作的联合声明》，深化两国企业在更多第三方国家推动核电合作。中国广核集团、中国核工业集团分别和法国电力公司、阿海珐集团核电公司签署了三方在核反应堆领域建立长期合作的意向协议书。中国核工业集团还与法国有关企业签署了《阿海珐集团、中国核工业集团公司与法国核电公司落实中法国家联合声明的全球合作实施方案》《中国核工业集团公司与阿海珐集团关于后处理/再循环工厂项目合同商务谈判工作路线图的谅解备忘录》，就核工业产业链开展全球合作。① 2015年12月，中广核欧洲能源公司与法国电力新能源公司、伊诺桑公司签署了三方合作备忘录，共同推进非洲清洁能源领域的合作。根据备忘录，为了缓解纳米比亚电力缺口大的情况，三方在该地区合作投资开发并运营500兆瓦清洁能源电站，这标志着两国在第三方市场推进清洁能源开发方面迈出了崭新的步伐。② 2016年9月，为了替代2025年即将全部关闭的火电厂和2030年即将到期的8个核电站，英国急需新建核电站以满足电力需求，中英法三方签署了核电项目一揽子合作协议，并同步签署了欣克利角C核电项目收入及投资保障等政府性协议及后续的塞斯维尔C（中法在前期开发阶段分别占据20%和80%的股份）、布拉德维尔B核电项目（中法在项目开发阶段的投资将分别占据66.5%、

---

① 《我国央企赴法签署多项核电大单》，2015年7月，中国核能网（http://np. chinapower. com. cn/201507/02/0046502. html）。

② 《中广核联合法国企业进军非洲清洁能源领域》，2015年12月，中国贸促会官网（http://www. ccpit. org/Contents/Channel_3421/2015/1209/511159/content_511159. htm）。

33.5%的股份)。中法合作投资建设的布拉德维尔 B 核电项目是第三方市场合作提出后的首个成功案例。① 中法英的成功合作也促使丝路基金和欧洲开发银行共同建立了第三方合作基金。2017 年 5 月,中国正星科技股份有限公司与法国 AAQIUS 公司签署了战略合作协议,同年 9 月,两家公司确定了以氢能源为主的清洁能源合作项目。② 这是中法两国在"一带一路"框架下共同拓展第三方市场新能源合作的重要尝试。2019 年 6 月,中核集团、中国核动力研究设计院分别和法国电力集团签署了合作备忘录和关于蒸汽发生器管道流致振动模拟计算的合作协议,这将有力地推动中法核能技术创新领域的合作。③ 2019 年 3 月,施耐德电气集团与中国电建签署了战略合作协议,提出在能源电力、水资源与环境、基础设施及房地产领域拓展合作,发展低碳绿色经济。④

措施 2:加强中法在非洲的交通基础设施建设和物流合作。2014 年 9 月,克里比深水港项目二期由中国港湾—法国博洛雷—法国达飞联合体共同运营,中法获得克里比深水港 25 年特许经营权,为当地经济发展提供了重要的支撑,是中法第三国市场合作的典范。⑤ 2016 年 9 月,中交建与法国拉法基豪瑞在肯尼亚签署了全球战略合作谅解备忘录,在东非,双方已在蒙巴萨至内罗毕铁路项目、恩德培机场升级改造项目、内罗毕至马拉巴铁路项目、拉姆港、内罗毕西环线项目、MKK 国道项目和 SM 道路项目等多个基建项目上达成密切合作。2018 年 2 月,中国交建与拉法基豪瑞集团又签署了厄瓜多尔波索尔哈港口项目合作协议,确立了未

---

① 《中英法三方签署欣克利角核电项目最终协议》,2016 年 9 月,新华网(http://www.china.org.cn/chinese/2016-09/30/content_39406559.htm)。

② 《峰会聚焦中国,正星科技 &AAQIUS 签署战略合作协议》,2017 年 5 月,中国财经新闻网(http://www.prcfe.com/finance/2017/0519/162047.html)。

③ 《中核集团和法国电力集团签署谅解备忘录》,2019 年 6 月,中国电力企业联合会网(http://www.cec.org.cn/zdlhuiyuandongtai/fadian/2019-06-28/192170.html)。

④ 《施耐德电气与中国银行、中国电建签署战略合作协议》,2019 年 3 月,中国新闻网(http://www.chinanews.com/business/2019/03-27/8791815.shtml)。

⑤ 《中非关系为何"非"比寻常? 盘点中国央企在非重点基建项目》,2018 年 9 月,国资委官网(http://www.sasac.gov.cn/n2588020/n2877938/n2879597/n2879599/c9535101/content.html)。

来4年在水泥和混凝土业务方面，实施全方位的合作以确保项目顺利
进行。①

　　分析：在和发达国家推进第三方市场合作的实践过程中，可以关注
两点。第一点是精准定位合作发达国家的技术优势所在，有针对性地开
展优势互补合作。充分发挥优势领域的对接合作对促进合作的顺利开展
十分重要。例如中法两国深入开展能源合作，尤其是核能、氢能源、垃
圾发电等可再生清洁能源的合作，这主要基于两国在能源领域的互补优
势。中国在核能领域的技术优势不断提升，并在谋求能源结构的优化，
而法国作为核能强国，也在大力开发可再生能源，以提升法国在能源领
域的优势地位。这是中法两国推进核能和清洁能源投资合作的重要基础。
推进中法第三方市场的能源合作正是利用中法在能源领域的互补优势为
第三方市场提供充足、环保、价廉质优的能源，从而满足第三方市场的
发展需求。第二点是市场选择方面，在有共同投资意愿的地区开展市场
合作将能更有效地促成第三方市场合作。比如中法推进在非洲地区的第
三方市场合作，中国和意大利企业推进在拉美地区市场的合作等。

　　提高透明度有助于扩大和推动中欧企业间的第三方市场合作。欧盟
商会在2020年欧洲企业参与"一带一路"情况调查报告显示，参与"一
带一路"建设项目的欧洲企业中，只有15%的企业参加过有关项目投标，
其中仅十余家中标，受访企业多表示中标原因是其在特定技术或特定市
场经验上能发挥独特作用。② 透明度和参与渠道的不足容易降低部分企业
的合作积极性。要扩大与欧洲国家企业的经贸合作，促进中欧企业在第
三方市场上多领域多元化的市场合作，不能只靠"填补缺口"式的合作，
也需要全方位盘活市场资源，创造新的合作需求，真正拓宽中小型企业
参与第三方市场合作的渠道。

　　2. 中日第三方市场的项目合作

　　措施1：加强交通基础设施建设合作。中日两国的基础设施合作市场

---

　　① 《拉法基豪瑞助推合作伙伴"一带一路"全球发展》，2018年2月，数字水泥网（ht-
tp：//www. dcement. cn/article/201802/161111. html）。

　　② "The Road less Travelled：European Involvement in China's Belt and Road Initiative"，2020年
1月，中国欧盟商会（https：//www. europeanchamber. com. cn/en/publications – archive/762）。

主要在东南亚国家。日本在东南亚国家投资历史悠久，有一定的投资基础，对东南亚国家的相关法律、金融、运营管理等了解深入，经验丰富。中国作为后起之秀，在东南亚地区不断加大基础设施出口投资，形成了一定优势。结合互补优势，中日两国企业将合作推进泰国东部经济走廊建设。东部经济走廊具体指泰国在东南部沿海的差春骚、春武里和罗勇设立三个经济区，建设曼谷素万普那机场、曼谷廊曼机场和芭堤雅的乌塔堡国际机场三个机场，并建设新"BTS"高铁将其连接起来，实现互联互通。其中，中日合作的第一个基础设施合作便是泰国东部经济走廊的"BTS"铁道铺设项目。①

措施2：加强物流链合作。为了满足第三方市场对物流工程的快速增长需求，2018年10月，中集集团与日本住友商事签订了战略合作协议，在自动化、智能化高速仓库存储系统方面展开了深入合作。同时，中日企业也加强了中欧班列的物流合作。

措施3：加强能源合作。为满足东南亚、非洲等第三方市场的电力需求，中国电建与东芝签订了战略合作协议，将中国电建的销售网络、工程建设和咨询实力与东芝的高效发电系统进行优势结合，在水力发电、火力发电、地热发电等领域进行深入合作。在新能源技术领域，新中水再生资源投资公司与日立集团签署了关于在第三国市场共同推进节能环保相关事业的战略合作框架协议。寰球工程与日本千代田化工建设签署了《第三方石油、石化和AI等领域中日建设企业合作谅解备忘录》，在人工智能、氢能源的存储运输和利用技术领域展开务实合作，共同开发第三国市场。日本三井物产公司和山东电力建设公司共同建设了阿曼高效天然气火力发电项目。丸红公司和中国晶科能源公司共同参与了阿联酋最大的太阳能光伏发电项目。2018年11月，中国石化与日本能源集团JXTG签署协议，在第三方市场合作开发建设加氢站。其中，中国石化负责建设加氢站，JXTG负责建立氢供应链。② 中国和日本在这些领域上各

---

① 《两条"走廊"与泰国4.0战略》，2018年11月，新华社（http://www.xinhuanet.com/globe/2018-11/22/c_137601323.htm）。

② 《中国石化试水加氢站 在广东建成国内首座油氢合建站》，2019年7月，澎湃新闻（https://finance.sina.com.cn/roll/2019-07-01/doc-ihytcitk8878388.shtml）。

具比较优势，两国合作将不断释放潜能。

措施4：加强第三方市场工业园区建设。江苏嘉睿城建设公司与泰国安美德公司、日本横滨都市技术公司签署了《有关在泰国安美德工业区推进智能城市化的中日泰三方备忘录》。① 根据备忘录，三方就投资规模、利益分配比例、土地评估等进行了协商。工业园区的建设是中日第三方市场合作的里程碑式项目。

措施5：加强民生类项目合作。在医疗卫生方面，中国非公立医疗机构协会和 Medical Excellence JAPAN、日中医疗·介护技术交流协会共同签署了《关于中日医疗技术合作以及对第三方医疗援助的战略合作备忘录》。② 海南博鳌乐城开发与日本 Medical Excellence 签署《关于"肿瘤医疗关联设施群建设事业及第三方医疗事业"合作备忘录》。西王集团和住友商事签署了《第三方食品领域合作研究意向书》，按照协议，双方将在食品板块、国际贸易板块以及特钢板块展开深入合作。上海环信工程、杭州锅炉分别与杰富意（JFE）工程技术签署了《合作意向书》，进一步在第三方市场环境领域展开合作。

分析：第三方市场合作应体现互联互通的原则。既要重视基础设施建设，也要注重产能合作和物流链方面的合作，以基础设施作为基础，推动产业链和物流链的互联互通。同时，第三方市场合作应坚持民生先行，释放民生红利，不仅要紧抓大型民生工程，也要关注医疗、教育、食品等一系列涉及民众切身利益的项目市场合作，搭建民生利益关系，促进民心互联互通。

挖掘与各发达国家的潜在合作机遇，需在第三方市场项目管理、合作领域推进、融资、利益分配等方面克服以往分歧，形成共识，化市场竞争关系为合作互利关系。在长期的实践中，中日两国曾因竞争折损较大。实际上，中日合作能够降低不必要的成本竞争，符合两国的经济利益。中国在劳动力资源、资本投入、建造周期等方面具有优势，日本在

---

① 《第一届中日第三方市场合作论坛在北京举行》，2018 年 10 月，中华人民共和国商务部网站（http：//www.mofcom.gov.cn/article/ae/ai/201810/20181002800324.shtml）。

② 《第一届中日第三方市场合作论坛在北京举行》，2018 年 10 月，中华人民共和国商务部网站（http：//www.mofcom.gov.cn/article/ae/ai/201810/20181002800324.shtml）。

风险管控、运营管理等方面具有优势，加强互补合作有利于优化项目效率和收益。

扩宽第三方市场合作空间和合作领域可以从支持中小企业的市场化合作入手。多利用市场化合作途径，支持和帮助中小企业在中小型民生建设、民生服务等领域的第三方市场合作，有效拓宽合作渠道。中日两国在医疗、食品等领域的合作就是成功案例。此外，中日两国在公共服务领域和技术产业领域的合作将能更好地发挥双方互补优势。随着中国企业在科技领域的投入不断提高，中国在实体经济与高新技术结合发展上取得显著成效，科技成果转化能力不断提升。日本则在医疗、人工智能、新能源等创新性领域占据优势。加强两者在技术产业领域的合作有助于优化"一带一路"的产业链建设，提升公共设施服务能力。

第三节　第三方市场合作的"政策沟通"评估

政策沟通是"一带一路"建设下第三方市场合作的前提和基础。保持政策沟通顺畅，增强合作国家互信，形成良好的合作理念和合作共识是第三方市场合作顺利开展的重要保障，这也有助于实现"一带一路"建设的多边化。

一　第三方市场合作中政策沟通的理论依据

"一带一路"建设框架下的第三方市场合作本着"一带一路"倡议中政策沟通的有关原则，坚持求同存异、开放多元，以利益诉求和关切为出发点，通过对接国家战略和扩大利益汇合点不断增进互信，以合作促进共同发展。中国和发达国家可以围绕经济发展和项目合作投资，展开形式多样、灵活弹性的对话和协商，实现多方互利共赢。

第三方市场合作中，政策沟通的必要性源于市场的不充分性和国家之间的相互依存性。发达国家并非没有看到广大发展中国家的市场需求，但考虑到种种风险因素，往往不愿轻易涉足。但经济相互依存和全球价值链又把发达国家、中国和其他发展中国家联系在了一起。如果国家之间缺乏高层交流和有效的政策沟通，而单纯依靠市场力量推动投资和发展，那么企业的跨国投资将难以实现更为高效的资源配置。换句话说，缺少有效政策沟通的第三方市场合作将会使合作效果大打折扣，合作成本大大增加。加强政策沟通协调是促进第三方市场合作、发挥各国优势互补、提高资源分配和利用效率的重要保障。

同时，政策沟通是第三方市场合作谋篇布局的基础和保障，为合作的方方面面提供政策支撑。第三方市场合作的政策沟通需要实现三个层次的全方位沟通。第一层次是通过沟通形成合作共识。合作共识需要在求同存异的基础上，以共同目标为导向，建立合作互信。这首先需要合作各方认同合作目标和合作行为。第二层次是通过战略对接、制度建设形成合作平台。搭建合作平台是在充分了解各国经济优势和发展战略的基础上，寻找合作契合点，拓宽合作空间，推动战略对接和融合。同时，转变合作思维，在双边的基础上，推进多边合作平台建设，推动第三方市场合作的制度化平面化建设。第三层次是通过共同商定地区投资合作规划、整合各方资源为第三方市场合作项目的落实提供政策和法律保障。这是通过政策沟通为具体的合作项目提供务实服务支持的过程。通过政策沟通的方式降低合作风险，解决合作过程中产生的冲突等，为第三方市场合作项目的顺利运行和落实保驾护航。

第三方市场合作的政策沟通可以推动横向沟通和纵向沟通。横向沟通主要指国家之间和国家与非政府组织之间的双边沟通和多边沟通。一是通过和发达国家的战略对接，达成第三方市场合作共识，发挥互补优势，加强在第三方市场的基础设施建设合作和国际产能合作，共同激发第三方市场的潜力。二是保持和发展中国家的政策沟通，做好具体项目的对接和交流，尽量避免不必要的政治风险、法律风险、经济风险和社会风险。三是做好和非政府组织之间的协调合作，为第三方市场合作争取更多的认可和支持。此外，还需引导不同国家之间相关部门和企业的沟通交流，压实合作对接的具体细节。纵向沟通主要指政府和不同行业、企业、个人之间的沟通交流。在"一带一路"建设中，明晰中国不同地区、每个行业的企业、不同规模的企业在建设过程中的发展定位和合作目标，统筹协调跨部门合作，对接第三方市场合作的有关项目，为其提供全方位的支持和保障。加强纵向政策沟通协调是第三方市场合作顺利进行的重要内容。

二 第三方市场合作中政策沟通的现状

对于政策沟通的现状考察，本部分主要基于发达国家、地区大国、发展中国家及相关企业等机构对"一带一路"建设下第三方市场合作的多元声音和视角，梳理第三方市场合作在政策沟通方面所取得的初步成效。

发达国家和地区大国对第三方市场合作的看法总体偏好。第一，绝大部分欧洲发达国家对"一带一路"建设下的第三方市场合作持积极态度，认为第三方市场合作是一个开放式的合作平台，为国家之间的国际优势互补创造了合作空间，有利于发挥发达国家的技术优势，为发达国家在发展中国家的经济投资提供了更务实有效的机遇。有些欧洲国家虽然尚未在政策层面上与中国签署相关协定，但在企业层面已签署了多项协议，并实际参与到第三方市场合作当中。欧洲国家并不缺乏对投资发展中国家的兴趣，但是出于对成本和风险的考虑，一直蠢蠢欲动。这也是在中国提出建设"一带一路"框架下的第三方市场合作后，众多欧洲发达国家陆续与中国签署相关协议，加入"一带一路"建设或参与第三方市场合作的重要因素。第二，日本、新加坡等中国周边发达国家充分肯定第三方市场合作。日本虽然出于政治因素，没有加入"一带一路"倡议，但积极和中国达成第三方合作协议，签署了多项合作项目，并将中日第三方市场合作论坛机制化，这都反映了日本希望通过务实举措有效实现中日第三方市场合作的诚意和决心。实际上，与中国达成第三方市场合作，共同建设"一带一路"，这本身就是参与了"一带一路"建设，其目标和行动都是一致的。新加坡、韩国等国家更是看到了"一带一路"建设下第三方市场合作所带来的机遇，不仅加强了与中国的战略对接，而且积极参与到第三方市场合作中来。第三，美国官方对此态度冷淡，认为第三方市场合作是中国用以拉拢发达国家参与"一带一路"倡议、拓展战略空间的手段，并施两手举措，一以贸易战直接给中国施加压力，二以"印太投资计划"吸引美国的盟友及其他印太国家参与，企图以此形成差异化竞争，形成间接抗衡压力。印度方面虽保持原有的谨慎态度，但也开始选择性参与部分有利于印度利益的合作。由此可见，第三方市场合作对于发达国家和地区大国具有较大的吸引力，第三方市场合作将是发达国家和地区大国参与"一带一路"建设的重要桥梁。下阶段值得关注的是，如何通过政策沟通，加强引导，形成无障碍的政策沟通，实现第三方市场合作的可持续发展，并在此基础上实现"一带一路"建设的多边化发展。

第三方市场合作在政策沟通方面取得了很大进展。截至 2022 年，中国已和法国、日本、比利时、英国、意大利、新加坡、瑞士、奥地利、西班牙、葡萄牙、荷兰、澳大利亚、加拿大、韩国共 14 个国家正式签署了第三方市场合作文件，还与世界银行、欧洲投资开发银行、亚洲开发银行、法国有关金融机构等一些国际机构设立了第三方市场合作融资基金。中国、发达国家和发展中国家已在基础设施、能源、金融、环保等多个领域展开了第三方市场合作。

同时，中国和大部分签署合作协议的发达国家还建立了多种形式的合作平台。包括第三方市场合作论坛、第三方市场合作工作组、第三方市场合作能力建设中心、专项对接会、电话工作会等。中国已与发达国家顺利举办了多场具有代表性的第三方市场合作论坛，这些论坛探讨了第三方市场合作的方向、内容和可行性，并达成了一定的合作意向和合作项目，为政策沟通提供了良好的平台。除了已签署协议的国家外，中国企业和一些发达国家企业也在企业层面签署了合作协议，参与第三方市场合作。

三 推进第三方市场合作政策沟通的难点和挑战

"一带一路"建设下的第三方市场合作尚处于摸索和初步实践阶段。在这个阶段，政策沟通对中国和发达国家之间的交流合作具有重要作用，也提出了较高要求。尤其第三方市场合作蕴含着多边性质的合作建设理念，多边政策沟通需要娴熟的外交手腕和务实的具体形式。虽然中国在第三方市场合作沟通中，已取得了阶段性成果，但未来的政策沟通仍存在一些难点，需进一步摸索探讨。

第一，多边化政策沟通的有效性。"一带一路"建设下第三方市场合作的优势是它以经济视角切入国际多边化合作，这易于使参与国接受"一带一路"建设，也有利于"一带一路"建设的多边化发展。但是，第三方市场合作的多层次、多边化对其政策沟通提出了较高要求。一是需要形成中国、某一发达国家、某一个或多个发展中国家（接受国）之间的有效沟通交流机制，即"1＋1＋1"的沟通，以促进项目合作的形成和顺利进行。二是需要形成中国和发达国家群体之间的有效沟通，即"1＋1＋…＋1"的沟通，这为中国和发达国家之间的合作提供了广阔平台，为投融资国在发展中国家的建设提供了政策交流的桥梁。三是需要形成中国国内政府—金融机构—企业的多向有效沟通，以使政策有效地传达、对接并落实。但是这样的多层次沟通容易浮于表面。挖深沟通的潜能，实现多边、高效的政策沟通，减少沟通成本是一大难点。

第二，政策沟通的多重障碍和国家间"关系"的亟需拉近。"一带一路"建设下第三方市场合作所涉及的国家较多，由于社会制度不同和文化的差异，国家之间的思维方式也各不相同。在沟通过程中，由于不同国家的"认知"不同，如何充分理解第三方市场合作，如何准确表达意愿和实际需求，可能会产生误解。同时，共建国家信奉的宗教不尽相同，宗教冲突、民族矛盾和政治动荡都可能会给第三方市场合作的政策沟通带来较高成本。这个时候，相互尊重是基础。但单纯的尊重并不会自然拉近国家之间的关系，国家之间"关系"的拉近和利益关系、兴趣癖好相关。当利益不同或追求的兴趣不同时，即使是同一社会制度或相似意识形态的发达国家之间也并非一直保持着良好的"关系"，也可能会出现摩擦或矛盾，有时甚至会挑起战争。因而，拉近和发达国家、广大发展中国家之间"关系"的重点不只是要相互尊重，也要扩大兴趣共通点，并实现利益捆绑。因此，化解和消除与各类国家之间政策沟通的障碍，拉近彼此之间的关系是一个难点，也是重点。

第三，前期收益对政策沟通的影响。第三方市场合作的政策沟通并不是一劳永逸的，而是一个反复沟通的过程。这需要不断的磋商，甚至是利益博弈。如果参与国在合作过程中，没有取得应有的收益，或付出的成本比预期高太多，那么参与国就可能在接下来的政策沟通中表现出不合作的态度或行为。也就是说，假如政策沟通的结果和实际行为的结果差距较大，没有实现所期望的利益共享，反而变成独角戏，那么政策沟通的效力将会大大下降。因而，在政策沟通中，如何拿捏好分寸，把政策沟通和务实合作更好地结合，使政策沟通不脱离具体实际也是难点之一。

第四，大国博弈对政策沟通的影响。"一带一路"共建国家和地区的经济总量占世界经济的一半以上，是世界未来经济发展的引擎，也是大国竞争和利益角逐之地。第三方市场合作虽然已经得到不少发达国家的响应，但在"一带一路"的框架下其也存在一些挑战。美国作为超级大国，逐渐将视野移向了太平洋和印度洋国家，提出了"印太战略"，并在经济领域推出了"印太投资计划"。通过设立相关机构，特朗普政府引导美国企业加强对印太各国在数字经济、能源和基础设施三大领域的投资，促进美国和印太国家间政府、商业和民间合作关系的协调发展，以运用私营部门的力量撬动美国在印太地区的整体利益。为此，美国采取了一些举措。一是通过《亚洲再保障倡议法》①，为"印太投资计划"提供国内法保障。二是通过了《更好地利用投资促进发展法案》（BUILD Act）②，改造并整合现有的海外私人投资公司资源，成立美国国际开发金融公司，以吸引并整合私人资本，并引导其对印太国家开展投资。三是先后建立美日澳三方合作框架、美加欧投资合作联盟，拉拢盟友助力"印太投资计划"，并试图拉拢地区重要"准盟友"国家，尤其有意将印度拉入"印太投资计划"，甚至表示希望印度成为印太地区的网络安全提供者。③ 美国还特别强调"高标准""透明度""可持续"，不断扩大在技术密集型基础设施项目的投资，以期形成差异化竞争。由此可见，大国之间的博弈难以避免，这将在一定程度上增加第三方市场合作中政策沟

---

① "S. 2736（115th）：Asia Reassurance Initiative Act of 2018"，*Congress. gov*，（https：//www. govtrack. us/congress/bills/115/s2736/text）．

② "S. 2463 — 115th Congress"，*Congress. gov*，（https：//www. congress. gov/bill/115th – congress/senate – bill/2463/text）．

③ Lalit K. Jha，"Need India to be a Net Security Provider in Indo – Pacific：Trump Admin"，（http：//www. rediff. com/news/report/defence – ties – with – india – vital – trump – admin – to – congress/20170907. htm）．

通的难度和挑战，需仔细权衡其中利弊，减少政策沟通的障碍。

第四节 第三方市场合作的"设施联通"评估

基础设施主要包括交通、水资源供给、电力、邮电、环境工程、商业服务、科研教育、文化卫生等公共工程设施和生活服务设施。基础设施合作是"一带一路"建设下第三方市场合作的重点方向和优先领域。设施的互联互通能大大激发产业、贸易、通信等多领域的发展潜能，推动第三方国家的经济发展，促使发展中国家更充分地融入世界经济发展的潮流，进而促进世界经济的健康发展。第三方市场国家多处于工业化发展初期或中期，基础设施落后或亟需更新换代，基础设施建设需求量大。因此，满足第三方市场的发展需求，改善第三方国家基础设施薄弱、产业落后、产能不足的现状，激活第三方市场，这是第三方市场合作的重点。可以说，在第三方市场合作的所有合作领域中，基础设施建设发挥着桥梁的作用，是带动其他领域合作在第三方国家落地生根的"葡萄藤"。

一 第三方市场的基础设施需求

发展中国家是第三方市场基础设施需求的主体。不少发展中国家处于经济快速发展期，其对基础设施的需求日益增长。根据第一章第三节中提到的有关测算，发展中国家 2016—2040 年的基础设施总缺口将高达 55844 亿美元。这意味着，尽管各个地区的发展中国家都在大力完善自身的基础设施，但其可供投入于基础设施的支出远远低于其对基础设施的需求，难以满足经济发展需求。因而，第三方市场合作有利于填补发展中国家巨大的基础设施缺口，并推动地区经济发展，完善物流链和产业链。

此外，部分发达国家也是第三方市场基础设施需求的重要组成部分。一些发达国家面临着基础设施陈旧、急需更新换代的问题，为了满足发达国家经济的可持续发展，其对基础设施的需求也将不断扩大。因此，发达国家的基础设施需求也是中国和发达国家开展第三方市场合作的重要因素。

第三方市场的基础设施需求呈现出多领域、需求大的特点。具体需求基本覆盖公路、铁路、机场、港口、能源电力、生产生活用水、数字通信、公共卫生等多个基础设施领域。值得注意的是，除了传统的交通、能源类基础设施项目合作外，第三方市场在产业链、供应链、数字基础设施及公共卫生设施等领域的基础设施需求都呈现不断上升的趋势。这将可能成为未来第三方市场合作的重要发力点。

二 第三方市场合作的设施联通现状

自从"一带一路"建设下的第三方市场合作提出以来，中国和发达国家都积极响应并推动合作的发展。依托基础设施建设项目，中国和发达国家深入研究了如何更有效利用各方资源优势，打造双边和多边合作平台，推动了中国和发达国家在第三方市场上的深度合作。

第一，第三方市场的基础设施建设合作模式基本形成，并初见成效。在政府方面，基本形成了以"政府引导、企业主体、市场运作、国际惯例"为原则的第三方市场基础设施合作推进模式，初步建立了国际基础设施第三方市场合作交流对接机制。定期举行基础设施第三方市场合作交流对接会，目的是加强国际基础设施合作各参与方之间的经验分享，拓展中外企业的信息渠道，创造合作机会。2020 年 1 月 15 日，在北京举办了首次国际基础设施第三方市场合作交流对接会，研究通过了《共商合作 共建未来——中国对外承包工程企业参与第三方市场合作报告》，该交流对接会发挥了桥梁作用，有效加强了中外企业在第三方市场的合作对接。[①] 在融资方面，中外企业采取多种方式进行合作融资，充分利用开发性国际和国内金融机构、多边银行、民间资本等潜在资金，通过债务、股权、BOT模式、PPP 模式、并购、公私合营等方式进行基础设施建设融资，全面拓宽融资渠道。在产品方面，发挥不同国家在关键中间品、特定产品供应链上的相对优势，通过外包、承包、分包等方式，为项目提供物美价廉的优质产品。在技术方面，对关键技术采取优势互补的方式开展合作。同时，在部分领域采取技术合作、技术收购等方式实现技术溢出效应。

---

① 《国际基础设施第三方市场合作交流对接会举行》，2020 年 1 月，人民日报海外版（http://m. haiwainet. cn/middle/3541089/2020/0115/content_31700617_1. html）。

中外企业也在加强管理运营的分工合作，以形成聚集效应。

第二，一系列第三方市场基础设施合作项目已进入建设阶段。中国和法国、英国、日本、意大利等发达国家已逐渐建立了常态化合作工作机制，对第三方市场合作项目进行及时推进。中国和大部分合作国家基本达成了不同阶段的合作清单，并有序推进在东南亚、拉美等不同地区市场的项目合作工作。目前，"一带一路"建设下的第三方市场合作有关项目已取得阶段性成果，合作成效显著。第一批合作项目已基本竣工，并取得了良好的经济和社会效益。一大批基础设施合作项目正陆续协商、签约和开工，第三方市场合作项目已成为"一带一路"建设的重要力量。同时，用于基础设施的第三方市场合作信用保险额度不断增加，为项目提供了有力保障。

第三，第三方市场合作在能源、高铁、核电、钢铁等产能基础设施领域合作成效显著。2016年中法合作投资的英国欣克利角C、布拉德维尔B、塞斯维尔C核电项目成为中法签署第三方市场合作协议后的第一个成功案例。中韩两国企业共同投资建设了巴西马拉尼昂州钢铁项目和厄瓜多尔炼油厂项目等。中德两国企业在中欧班列的建设和运营等方面也加强了在第三方市场的合作，长江三峡集团和德国福伊特集团还在巴西圣保罗的水电站技术改造上加强了合作。总体来看，中国和欧洲发达国家的合作主要在技术基础设施领域，如能源、通信等，中国和日本等亚洲发达国家的合作主要在交通基础设施建设方面，基础设施合作正在向中东欧、非洲、东南亚等地区迈进，并已初具规模。

三 推进第三方市场基础设施合作的难点和挑战

目前，中国和发达国家在第三方市场的基础设施合作正有序推动，并已初步形成总体规模，但同时也存在一些难点和挑战。

（一）合作过程中的难点

第一，"一带一路"建设下的第三方市场合作的合作成员复杂多样，这种合作模式缺乏前人经验借鉴和操作指南，需在摸索中前行。第三方市场合作的参与者覆盖发达国家、新兴国家和发展中国家，涉及的利益方众多而复杂，每个国家都有各自的目标和相应的需求。同时，基础设施建设本身所需耗费的人力、物力和财力巨大，形成基础设施建设合作的过程将会是相对艰难的过程。摸索基础设施建设的多边合作模式是一大难点。

第二，合作领域的重点、项目清单的确定及后续落实是一个讨价还价的过程，如何斡旋以达到"妥协"的目标是一个挑战。第三方市场合作的合作领域是倾向于交通基础设施项目还是能源设施建设或其他，是侧重于哪些国家或地区的基础设施建设，由哪一方来负责哪一部分建设要素的供给，具体利益如何分配这些都是一个需要磋商并相互妥协的过程，如何在保证一定收益和目标的前提下达成具体合作是一个难点。

第三，在复杂多样的规则面前，企业之间的协调机制难以确定并落实。大部分国家在基础设施建设方面都有既定的标准。对于企业而言，尤其是中小企业，所参与的项目具体按照哪个标准来实施需要提前商定，否则易造成低效率，甚至破坏合作互信。建立斡旋协调和保障机制对于第三方市场合作具有重要意义，但如何确保这一机制的有效性将会是一大难点。

第四，地缘政治的影响和大国的介入。一是部分共建国家和地区是恐怖势力、极端分子聚集之地，对交通干线等基础设施存在潜在的破坏威胁。二是基础设施建设是美国"印太投资计划"的重点领域之一，美国有意拉拢其盟友加入其战略，并分别于 2018 年、2019 年设立了美日澳三方合作框架、美加欧投资合作联盟，以期通过对电力、电信这类高技术基础设施的投资形成差异性竞争优势，在新一轮海外投资竞争中占据优势。

（二）发达国家视角的挑战

不少发达国家对与中国在基础设施项目的第三方市场合作存在两个疑问：一是他们能否在这些基础设施项目中受益，二是他们是否需要政治支持来实现这一目标。英国、比利时、西班牙等欧洲国家政府和不少欧洲企业总部曾围绕这两个问题进行了激烈探讨。对于第一个问题，美国战略与国际研究中心（CSIS）于 2018 年 1 月发布的一份报告指出，在"一带一路"建设的已知基础设施项目中，只有 3.4% 涉及外国公司的参与。部分国家以此为据对发达国家能否在这些基础设施项目中受益提出了疑问。但这实际上基本站不住脚。第一，"一带一路"建设的项目非常之多，尽管在开展之初只有 3.4% 的项目有外国企业愿意参与，但中国企业仍能大力推进有关项目，这只能说明中国企业的行动力及魄力，更是说明当前中国期望与发达国家合作是真心实意、富有行动力的。第二，只有3.4%外国公司参与实际上恰恰反映了第三方市场合作的必要性和迫切性，也反映了发达国家在这些与中国合作的项目建设中有巨大的获利空间和潜力。第三方市场合作尚处于初探阶段，合作项目从洽谈到落地需要一定时间，但这并不妨碍我们认识到第三方市场合作的价值和意义。越来越多的发达国家企业和中国企业在第三方市场展开项目合作，越来越多的西欧发达国家和中国签署了第三方市场合作协议，这些都证明了"一带一路"建设下第三方市场合作的时代意义。

至于是否需要政治支持以实现受益的目标这个问题，欧洲国家学者主要分为两种思路。一种是从目标出发，认为中国提出的"第三方市场合作"的目标也许完全可以通过市场机制来实现。比如当发达国家企业感兴趣时，可以作为分包商为相关基础设施项目提供相应支持来获取收益。因而，西方发达国家希望从政治层面参与"第三方市场合作"的目的则远不止企业收益，而是带有一定的政治性质。这部分学者对于政府对第三方市场合作基础设施项目的支持是否能实现欧洲发达国家所期望的利益目标持保留态度。实际上，"第三方市场合作"是在"一带一路"建设下的一种合作模式，其基本遵循"一带一路"建设的有关原则，坚持开放多元。若能通过第三方市场合作对接各国的发展战略，共同促进经济发展，那将有助于最大限度地发挥合作效用，有助于实现各参与国的利益目标。另一种则从市场机制的角度出发，提出企业之间通过第三方市场合作获取收益也许并不需要依靠政府的力量支持。这部分学者以法国阿尔斯通公司与中国水电签订的多项合同为例，通过市场化合作，中法企业每份项目合同收益约为5000万欧元，分别为尼罗河、乌干达和尼日利亚的发电厂提供汽轮发电机。再者，德国西门子公司同样遵循类似的模式，与BIS签署了企业之间的第三方市场合作协议。但这样的说法显然忽略了政府的主导作用，也忽略了所谓的利益不仅包括企业的经济利益，也包括相应的非传统安全利益和社会利益。如果欧洲企业单纯为"一带一路"建设提供技术支持，并以此取得经济收益，那欧洲企业充其量只是分散的被动的基础设施建设分包商，而无法形成聚合力量。只有发达国家有效的政治参与才能主动形成欧洲企业在"一带一路"基础设施建设上的积极布局,才能形成第三方市场合作中的一方重要力量,并真正实现相应的战略目标,共享第三方市场合作的相应成果,构建有利于中国—发达国家—发展中国家互联互通的基础设施布局。

第五节 第三方市场合作的"贸易畅通"评估

贸易畅通是拓展"一带一路"建设下第三方市场合作的重要内容。创新合作模式,开拓生产经营市场,促进贸易畅通是第三方市场合作的重要任务。① 推进第三方市场合作应着力消除投资和贸易的壁垒,释放合作潜力,营造良好的市场投资环境和营商环境,共建自由贸易区,完善产业链和供应链,进而扩大合作的领域和规模。

一 促进贸易畅通对第三方市场合作的现实意义

贸易畅通契合第三方市场合作参与国家的共同发展利益。自 2008 年国际金融危机之后到现在,全球经贸格局发生了巨大变化,世界贸易增长驱动力不足,贸易保护主义抬头并不断升温,多边贸易体制建设面临重重困难。欧洲除了金融危机之外,还受到 2010 年欧洲债务危机的冲击,欧洲国家投资和消费乏力。在这样的背景下,不同地区的国家为适应全球经贸形势的变化,纷纷采取了一定的经济手段促进经贸发展。发展中国家纷纷开展工业化建设,加入世界经济的发展潮流,希望通过经济建设,改善民众生活水平。欧盟则挖掘经济新的增长点,大力推进全球自贸区战略建设,拓宽贸易合作伙伴关系,其自贸区战略几乎涉及世界所有国家。欧盟的自贸区战略以市场开拓为着力点,力图通过市场拉动经济增长,并在变化中的国际经贸格局中重塑自身地位,重新构建国际经贸规则。推动贸易畅通是拉动国际经济增长,促进经济融合,推动中国与发达国家在第三方市场展开经济合作的重要途径。

---

① 《政府工作报告提"一带一路":第三方市场合作成今年工作重点》,2019 年 3 月,一带一路网(https://www.yidaiyilu.gov.cn/xwzx/gnxw/81620.htm)。

推动贸易畅通有助于促进经济全球化的发展，有助于促进全球经济合作和投资合作，并降低贸易保护主义对全球经济可持续发展的影响。美国为保护其在全球的经济利益，推行贸易保护主义，设置关税壁垒，在一定程度上阻碍了全球经济的可持续发展。发展中国家虽然设施落后，但在未来世界经济发展中潜力巨大。尤其随着经济全球化的发展，贸易和投资进一步深化融合，服务贸易的重要性显著提高，商品贸易的中间品贸易比率大幅增长，这使得商品贸易对交通等基础设施建设的依赖进一步加深。通过完善基础设施建设，实现互联互通可以促进中国、发达国家与发展中国家的贸易畅通，推动区域经济平衡稳健地发展，并构建新的全球生产贸易价值链。这也符合发达国家期望开拓市场、提高在全球经贸规则构建中的地位的目标。"一带一路"建设的第三方市场合作正好是三种不同国家的需求和目标汇聚的交点。第三方市场合作是实现中国、发达国家和广大发展中国家贸易畅通，实现互利共赢的垫脚石。

贸易畅通和第三方市场合作是相互促进的。第三方市场合作有助于减少各种潜在的贸易成本和贸易摩擦，提升贸易效率，加强中国与共建国家之间的经济联系和经济合作，进而促进贸易畅通。贸易畅通在推动经贸往来、带动经济发展的同时，也会扩大第三方市场合作项目的需求，进而促进第三方市场合作的发展。

二 第三方市场合作的贸易畅通发展现状

贸易畅通是带动经济增长、推动第三方市场合作可持续发展的重要一环。目前，中国和发达国家、第三方市场国家之间正在推进贸易合作，优化全球产业链、供应链和价值链，完善不同区域产业分工布局，促进世界市场和经济投融资建设。

第一，第三方市场合作国家共同推动服务贸易合作，扩大在第三方市场的贸易规模。中国与第三方市场合作国家经过共同磋商，形成了多个合作清单，加强服务贸易合作，扩大投资领域，积极推进能源、高铁等各项设施的服务贸易。通过签订自由贸易协定等多种促进贸易便捷化的方式，提升国际市场的贸易水平和规模，共同营造宽松便捷的投资和贸易环境。

第二，中国和发达国家不断深化在第三方市场经贸领域的务实合作。积极加强在第三方市场的发展战略对接，深化在农业、制造业、中小产业、能源等多个领域的合作。发展数字经济，提升商业活动的数字化水平，借助"互联网＋"等方式积极发展跨境电子商务，搭建第三方市场贸易平台，完善物流网络，提高通关效率，推动跨境电商和贸易持续发展。2019 年，跨境用户和贸易规模都保持上升趋势，跨境电商交易额超过 10 万亿美元。

第三，第三方市场合作正推动产业链的合作升级，促进第三方市场工业化、城市化的发展。中国和发达国家在第三方市场的投融资合作，为第三方市场带来了完备的基础设施、产业技术、产能、管理理念、工业生产线、生产设备及大量人才，带动了第三方市场的工业化、现代化发展。同时，合作项目为第三方市场的民众创造了大量的就业岗位，加速了城市化发展的进程。这使得第三方市场能更好地融入全球产业链、供应链和价值链，促进产业链的结构升级。

中国与第三方市场国家的贸易往来方面，中国对第三方国家出口主要集中在联合国国际贸易标准分类中的第 5 类、第 6 类、第 7 类和第 8 类，第三方国家对中国出口主要集中在第 1 类、第 2 类和第 3 类，有较强的贸易互补性。

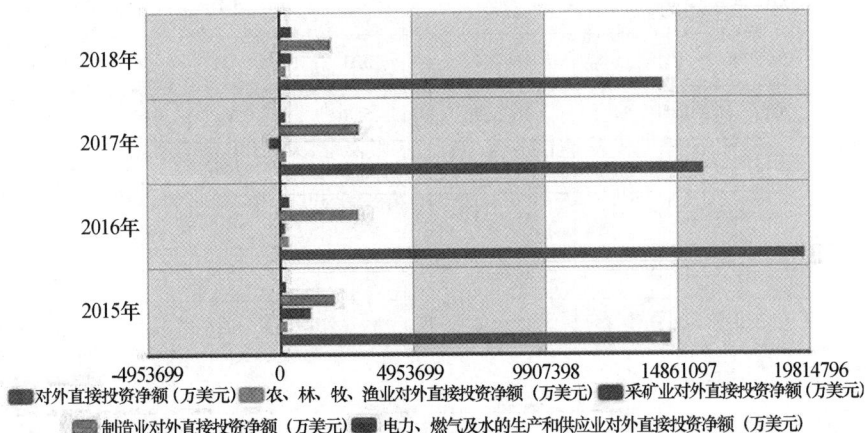

图 2-2 中国对外直接投资额分布

资料来源：国家统计局。

表2-2 非金融类对外直接投资统计

时间	国家/地区 （个）	企业数 （家）	金额 （亿美元）	同比 （%）
2020 年 1 月	137	1117	83.2	-9.5
2019 年 1—12 月	167	6535	1106	-8.2
2018 年 1—12 月	161	5735	1205	0.3
2017 年 1—12 月	174	6236	1200.8	-29.4
2016 年 1—12 月	164	7961	1701.1	44.1
2015 年 1—12 月	155	6532	1180.2	14.7
2014 年 1—12 月	156	6128	1028.9	14.1
2013 年 1—12 月	156	5090	901.7	16.8

资料来源：商务部网站。

表2-3 对外承包工程统计

时间	完成营业额 （亿美元）	同比 （%）	新签合同额 （亿美元）	同比 （%）
2020 年 1 月	55.4	-31.9	156.5	71
2019 年 1—12 月	1729	2.3	2602.5	7.6
2018 年 1—12 月	1690.4	0.3	2418	-8.8
2017 年 1—12 月	1685.9	5.8	2652.8	8.7
2016 年 1—12 月	1594.2	3.5	2440.1	16.2
2015 年 1—12 月	1540.7	8.2	2100.7	9.5
2014 年 1—12 月	1424.1	3.8	1917.6	11.7
2013 年 1—12 月	1371.4	17.6	1716.3	9.6

资料来源：商务部网站。

由此可见，从 2019 年开始，中国非金融类对外直接投资同比下降并保持下降趋势（具体见表 2-2），同时新签项目合作却大幅增长（具体见表2-3),这从侧面反映出中国对外投资贸易正在不断优化,第三方市场合作模式正在不断发展,海外基础设施建设正从中国投资建设演变成由中国和发达国家共同投资,由发展中国家提供一定的劳动力要素的方向演进。2019年,中国企业在"一带一路"沿线对56个国家非金融类直接投资150.4亿美元,同比下降3.8%,占同期总额的13.6%,主要投向新加坡、越南、老挝、印尼、巴基斯坦、泰国、马来西亚、阿联酋、柬埔寨和哈萨克斯坦等国家。[①] 对外承包工程方面,中国企业在"一带一路"沿线的62个国家新签对外承包工程项目合同6944份,新签合同额1548.9亿美元,占同期中国对外承包工程新签合同额的59.5%,同比增长23.1%;完成营业额979.8亿美元,占同期总额的56.7%,同比增长9.7%。[②]

同时,中国对第三方国家的投资行业日趋多元化,分布在采矿业、制造业、租赁和商务服务业、建筑业、批发零售业、电力热力供应、农林牧渔等多个行业领域(具体见图2-2)。这既有利于第三方国家产业、行业和经济的均衡发展,也有利于拓宽全球产业链、供应链,加强中国和第三方国家的经济联系。

随着"一带一路"建设的发展,中国企业越来越积极参与"一带一路"共建国家的市场开拓,这使第三方国家市场越来越活跃。可以说,中国企业在一定程度上促进了"一带一路"共建国家的经济建设和市场发展,带动了第三方国家市场的需求,激活了市场活力。第三方国家市场需求的增加为"一带一路"建设下的第三方市场合作带来了机遇,促使"一带一路"建设朝着多边化的方向发展。

中国和第三方国家的经贸合作将日益深化,合作领域将不断扩大。随着第三方市场合作的推进,两者之间的投资合作将日益精细化、多元化、可持续化。第三方市场合作的资源协调和市场配置将使区域性投资差异进一步显现,重点国家和重点领域的经贸投资合作不断加大,如东

---

① 《2019年我对"一带一路"沿线国家投资合作情况》,2020年1月,"走出去"公共服务平台(http://fec.mofcom.gov.cn/article/fwydyl/tjsj/201909/20190902896380.shtml)。

② 《2019年我对"一带一路"沿线国家投资合作情况》,2020年1月,"走出去"公共服务平台(http://fec.mofcom.gov.cn/article/fwydyl/tjsj/201909/20190902896380.shtml)。

盟国家基础设施需求量大且劳动力成本较低，中国将同发达国家在东盟的建筑业、工程承包、制造业等领域有较大的第三方市场合作空间和增长潜力。

不可否认，不少中国企业曾在投资合作中遇到投资信用风险。穆迪的研究报告曾指出，部分"一带一路"共建国家存在信用度弱的问题。穆迪对68个"一带一路"共建国家进行了评级，显示其中42个国家低于投资级别（Ba区间或以下）。这为"一带一路"建设带来了挑战，同时也带来了机遇。实际上，经济发展和国家信用等级之间存在一定的关系。通常情况下，经济发展水平和国家信用等级成正比，经济发展水平越高，国家信用等级越高。究其原因，国家经济水平的持续发展是多次博弈的过程，若国家在经济贸易或投资合作中信用较低，那么其他国家将不倾向于和该国合作，久而久之，经济将无法持续发展。因而，大部分发达国家信用等级较高，经济发展速度较快的国家信用等级也越来越高。但这不代表这些信用等级相对较低的国家就缺少投资潜力。信用等级和经济发展水平都是处在变化发展过程中的，尽管这些发展中国家的经济发展水平普遍较低，但其具有的可塑性和发展潜力却不低，其市场需求在不断增加。所以，其所存在的投资风险和经济发展潜力共同形成了中国和发达国家推进第三方市场合作的催化剂。第三方市场合作为"一带一路"共建国家的投资优化升级提供了机遇，降低了风险，也为第三方市场规则的制定争取了更大合法性。

三 推进第三方市场合作贸易投资的难点与挑战

第三方市场的贸易投资合作种类较多，潜在贸易投资风险也不小。贸易投资的合作风险主要包括内在风险和外在风险。内在风险指企业之间由于企业文化差异、利益分配、管理操作等内生性潜在风险。尤其中国企业和外国企业各具不同的企业文化，在处理风险控制和应急预案上若不未雨绸缪，就有产生矛盾导致合作难以达成的可能。外在风险包括域外大国的对外政策影响，以及第三方国家有关政策、法律法规、社会矛盾、认知差异、恐怖主义、外域势力压力等外在因素潜在风险。这些风险加大了第三方市场合作的不确定性。对于贸易投资而言，第三方市场合作是一个框架，只要有第三方市场的需求，就有合作的空间。除了国家发展改革委所列的五大类合作形式之外，还存在一些中外中小企业在第三方市场的商品贸易合作等其他形式的合作。随着第三方市场合作项目数量的日益增多、合作领域的日益扩大、合作内容的日益深耕、合作形式的日益多样化、合作的潜在风险也将越来越多元，须及时做好风险控制和应急措施。

第一，汇率不确定性可能带来贸易和投资风险。由于"一带一路"建设的参与国家范围较大，在推进第三方市场合作贸易畅通的过程中，可能存在汇率不确定性等金融因素而产生的贸易和投资风险。尤其，中小企业对汇率波动较为敏感，汇率波动甚至可能会影响部分中小企业的存亡。因而，需要把汇率波动控制在有限范围内，避免其所产生的风险。

第二，在战略性资源或设施贸易投资合作上，存在平衡利益分配的挑战。由于历史发展因素，大部分发达国家较早开展了在第三方国家的贸易投资，具备一定基础，并占据贸易投资优势。就第三方国家战略性设施建设或涉及第三方国家战略资源的产业投资方面，中国如何在与发达国家的对比中，确立自身比较优势，同时尊重第三方国家多元发展需求，又平衡和发达国家企业合作的利益关系将是一大挑战。

第三，大国博弈的利益挑战和地缘政治挑战。"一带一路"建设所涉及的地区都有在该地区影响较大、实力较强的地区大国，存在着不同的战略竞争博弈，如美国的印太投资计划、日本的"丝绸之路外交"战略、俄罗斯的"欧亚经济联盟"等。不同地区有一个共同特点，就是区域贸易投资市场都存在激烈的市场竞争。比如美国通过设定高标准准入门槛的方式，对发展中国家的货物出口施加压力，这些可能限制了发展中国家的经贸发展，导致经贸流通不畅和全球价值链的不良反应。竞争所带来的收益小于合作而存在的风险大于合作是促使双方或多方达成第三方市场合作的重要驱动力。那么，如何最大限度地发挥第三方市场合作的作用，平衡各方的利益需求，在中国、发达国家和第三方国家之间推动战略合作，实现利益最大化将是第三方市场合作在经贸投资上的重大课题。

第四，第三方国家的认知、政策及法律风险。"一带一路"建设不是局限于某地某国，而是服务于全球合作的倡议。然而，部分第三方国家对"一带一路"建设的认知不到位，互信度不足，或对投资行为加以政治含义的揣测，这可能会使第三方国家对合作的动机产生疑惑，进而影响贸易投资合作的推进。此外，部分第三方国家政治体制建设不健全，经济政策多变，法律意识和协议意识不强，这些都增加了第三方市场合作的不确定性和风险。

第五，中国产品在贸易投资上的国际竞争力有待增强。中国不少贸易产业处于中端产业，附加值偏低，关键技术不足，缺乏品牌效应，创新能力仍需提高。尤其在和发达国家、第三方国家谈合作时，中国企业需明确自身的筹码，明晰本企业在第三方市场合作中的差异化优势所在，在准确定位的基础上，发挥企业突破自身局限，不断优化结构，提升核心竞争力的能动性。

第六节　第三方市场合作的"资金融通"评估

在"一带一路"建设的背景下，第三方市场合作机制为中外企业之间的合作搭建了平台，并提供了合作所需的公共服务。从 2016—2040 年全球基础设施需求及增长趋势可见，第三方市场需求巨大，合作空间广阔。现阶段，推动第三方市场合作的顺利运行更需要以强有力的金融体系作为合作支撑。

一　第三方市场合作的金融需求

在分析第三方市场合作的金融需求之前，我们可以首先明晰该金融需求的主要主体。第三方市场合作中的资金需求方主要是发达国家、中国和第三方市场国家。投融资的目标第三方市场主要是广大的发展中国家，但不局限于发展中国家，也包括部分需要更新基础设施或加强产业合作的发达国家。合作所面向的领域主要包括：交通、能源等基础设施的建设及改造升级、产业项目投资、民生工程建设等。这些领域投融资的共同特点是所需建设资金巨大，通常不是某一个企业所能轻易承担的，这些都需要金融体系作为坚实的后盾。

据第一章的有关统计，全球发展中国家2016—2040年的基础设施投资缺口达55844亿美元。① 这既是第三方市场合作的重大机遇，也是其一大挑战。机遇在于，有效整合中国和发达国家的资源以填补基础设施投资缺口，有利于实现"1＋1＋1＞3"的效果，释放发展中国家的经济势能，带动全球经济的发展和良好运行，促进经济共享。挑战在于，如此庞大的投资缺口不是一个国家能解决的，也不是一个松散的、不具实效的合作关系可以实现的，这需要国家之间形成良好的互信机制和持续有效的执行机制。主要需协调以下四个方面的需求。

一是中国与发达国家拓宽金融服务合作渠道的协调需求。随着第三方市场项目的日益增加，其对金融服务和资本的需求和要求都在不断提高。在中国资本数量及增长速度可预期的情况下，善用现有资本，拓宽金融合作渠道，与发达国家金融机构强强联手，实现资本效用最大化具有重要意义。尤其是在基础设施建设这类耗资巨大的项目上，积极探索多元化投资融资渠道，构建具备包容性、开放性、多元化的金融服务合作平台是第三方市场合作的重要一环。

二是与第三方国家就金融政策进行沟通与协调的需求。作为第三方市场，第三方国家的金融政策直接影响着金融支撑力度的强弱。发展中国家处于持续发展转型的阶段，各国金融政策的不同性和易变性也在一定程度上增加了金融协调的难度。投资风险单纯依靠中国和发达国家的金融合作来规避在短期内也许可行，但难以长期持续。因而，在第三方市场项目合作方案落实的过程中，做好与第三方国家在金融政策方面的沟通和协调将为项目的顺利开展和合作实施提供重要支撑。

三是金融服务应满足中外企业在投资、经营、风险规避上的需求。换句话说，金融服务需和第三方市场投资的有关需求实现有效对接。由于处于不同的发展阶段，不同发展中国家对其基础设施的需求不尽相同，既有共性，也有差异性。据此，中外企业在第三方市场投资合作的有关

---

① 这部分缺口指根据国家经济发展趋势及未来发展潜力，所能提供用于基础设施建设的最大值和获得的海外投资数值相加后，与其相应经济发展趋势下需投入于基础设施建设的需求之间的差值。

金融需求也具有一定的个性和差异性。实现金融服务与中外企业需求的个性化衔接是中外企业合作项目能够有序开展并落实的重要保障。

四是对具有国际性视野和协调国际金融能力的高素质金融人才的需求。第三方市场合作对金融服务提出了更高的要求。相应地，其对国际性人才的素质及需求也提出了更高要求。这不仅包括金融实操人才、研究型人才，还包括国际政治类、外语类人才。海纳各类人才，培养创新型人才，发挥人才队伍在第三方市场合作中的重要作用是一重大课题。

二 第三方市场合作的金融体系建设现状

目前，第三方市场合作的金融支撑载体主要有三个：一是依托"一带一路"建设所形成的金融合作平台，二是中国和共同签署了第三方市场合作协议的发达国家之间以及和部分有意愿参与第三方市场合作的国家之间所形成的双边或多边金融合作机制，三是国际组织参与下的第三方市场合作融资。其中，前两个为主要金融支撑载体。

第三方市场合作的金融投融资体系现已初具雏形，主要分为政策开发性金融融资和商业性金融融资。

第一，政策开发性金融融资合作。政策开发性金融融资合作的主要成员包括中国政策性金融机构、"一带一路"建设类金融机构、发达国家有关金融机构、世界银行等国际金融组织等。其合作投融资主要针对大型基础设施建设项目和战略性基础设施建设项目。除了已有的投融资机构和渠道外，还包括丝路基金和欧洲投资开发银行共同发起的第三方市场合作专项基金，中国和有关发达国家设立的第三方市场合作基金，中国进出口银行、中国出口信用保险公司、中国国家开发银行等和有关国家银行的投融资合作。这类第三方市场的投融资合作具有政策导向性和战略基础性。一方面，这类合作资金通常投资于具有重要战略意义或发展潜力的国家或地区，主要在大型基础设施建设方面发挥基础性的发展作用，如高铁等。另一方面，这类合作投资也在第三方市场合作中发挥着引导作用，探索着如何因地制宜地发展基础性产业和设施，并为商业性金融投资提供示范。同时，其也相应地补充了单纯商业融资所不愿意参与的、投资资金巨大而回报周期过长的大型项目领域。如中国进出口银行和日本的国家协力银行在开拓第三方市场方面的联合融资。

第二，商业性金融融资合作。商业性金融融资合作机构的组成单元较多，主要合作方包括中外各大商业银行、涉及金融投资的企业、服务涉外投资的咨询公司等。合作内容既包括第三方市场的大型基础设施建设相关金融服务，也包括中小型基础设施金融服务，呈现多样化、灵活性强、领域范围广的特征。其中，中日、中法、中新等已初步建立起金融合作机制，这为进一步探索金融创新和服务发挥着积极作用。目前，中国与发达国家之间的商业性金融合作主要是常态化双边和多边合作机制，部分金融机构之间已建立起定期交流合作机制。商业性金融合作对拓宽第三方市场合作的金融渠道和金融创新具有较大作用。如国际金融公司和中国银行共同贷款助力加纳的港口扩建项目。在中国信保的担保下，西班牙桑坦德银行和中国银行也为意大利在巴西的十余个发电项目提供了4.4亿美元的融资，为巴西提供了清洁能源。中国信保也同美国花旗银行签署了第三方市场合作协议，共同助力第三方市场合作项目。①

三 推进第三方市场合作资金融通的难点与挑战

尽管中国和发达国家政府都在积极促进第三方市场合作的资金融通，尽可能地为项目合作提供充足的资金保障，但促进资金融通仍存在一定的难点和挑战。

第一，人民币国际化程度不高在一定程度上可能会限制资金流动。由于国际人民币交易网络建设滞后，人民币在第三方市场国家的投资中接受度和便利度有限，这可能会增加中外企业的融资难度。此外，由于第三方市场的项目合作涉及国家众多，导致投融资易受汇率浮动的影响，这也可能成为挑战之一。

第二，就第三方市场目标国家而言，由于大部分为发展中国家，可能存在币值不稳定、金融管制政策不健全、信用体系不完善等问题。此外，由于投资目标国的信用等级普遍不高，存在债务违约的风险。

① 《中国信保：第三方市场合作未来发展前景广阔》，2019年3月，中国一带一路网（https：//www.yidaiyilu.gov.cn/xwzx/gnxw/84045.htm）。

第三，域外势力的介入。部分第三方市场国家受到美国的制裁或制约，存在国际资金流入受限的问题，比如伊朗。还有部分国家由于受到美国的制裁，尽管可以进行投融资，但也存在投资风险较大的挑战，比如俄罗斯。此外，美国的"长臂管辖"也可能会给第三方市场合作项目带来潜在的法律风险。

第四，国际不确定性因素可能会导致局部或全球经济增长乏力，进而致使国际市场趋于保守，甚至出现大额融资困难等。传染病传播、美国的突发政策转向、金融危机等国际不确定性因素都可能会影响全球经济增长，进而影响到合作项目的投融资能力。

第七节 第三方市场合作的"民心相通"评估

民心相通是"一带一路"建设的主要内容之一，也是第三方市场合作的重要内容。打好民心基础对有序开展第三方市场合作具有整体增益的效果。

一 推进第三方市场合作民心相通建设的意义

民心是"一带一路"建设中最基础的互联互通，也是第三方市场合作的必要前提。推进民心相通建设是第三方市场合作的重要基础。

第一，民心相通是中国和发达国家形成互信的基础。推进民心相通建设有利于化解发达国家对"一带一路"建设及第三方市场合作的担心和质疑。发达国家对"一带一路"建设高度关注，一方面反映了发达国家对"中国速度"抢占国际市场和"吃独食"的担心，另一方面也反映了发达国家对加入"一带一路"建设跃跃欲试。加强民心相通对深化中国和发达国家之间的第三方市场合作具有重要意义，也有助于带动更多发达国家参与到第三方市场合作中。增强互信对于促进第三方市场合作具有重要意义。抓住第三方市场合作机遇，搞好民心相通工作是增进中国和发达国家之间的互信度，进而反哺第三方市场合作，扩大合作领域和共同利益的重要一环。

第二，民心相通是第三方市场合作可持续发展的动力。第三方市场合作不是一次博弈，而是长期工程。维持长期工程需有大智慧和全局观。中国、发达国家和其他发展中国家都是第三方市场合作中的重要组成部分，若有一方不通民心，那么合作将可能面临困难。扎实民心相通工作，形成合作基础，培养合作惯性，对第三方市场合作的长期发展意义重大。

第三，民心相通是减少和消除第三方国家各类负面思潮影响的重要手段。在第三方市场的项目开发和建设过程中，因需要进行拆迁、雇佣员工等相关工作，和当地居民产生联系是不可避免的。同时，资源交易和短期环境污染也是建设发展过程中需要面对的问题。对此，部分国家可能会出现民族主义等思潮，这些思潮若处理不当将可能对政策造成一定影响。政策对思潮的影响和思潮对政策的影响有时是双向的。对此，可以积极进行人文交流，促进民心沟通，借助发达国家的影响力，共同树立良好的共同体伙伴形象。

二 第三方市场合作的民心相通建设现状

第三方市场合作中的民心相通建立在"一带一路"建设的基础之上。加强民心相通建设可以促进第三方市场合作的发展，而推进第三方市场合作本身又能促进中国、发达国家和第三方国家之间的交往和交流，在互动的过程中又反过来推动民心相通建设的发展。目前，民心相通的有关现状如下。

第一，文化交流。中国、发达国家和第三方国家通过整合原有的文化交流机制和创新发展多样化的文化互动形式，不断丰富双方的交流内容，从而增进第三方国家对中国的了解和认识。一是开展形式多样的文化交流活动，如艺术节、文艺晚会、图片展、美食节等，通过传播陶艺、国画、茶道、书法、剪纸、拓片印刷、造纸、中国舞狮、杂技、民族舞蹈和歌曲等中国传统文化艺术，与第三方国家进行交流。二是开展影视传播，丰富民间交流。通过流行文化式的电视剧的对外传播，如《琅琊榜》《陈情令》等，激发第三方国家对中国的好感。三是加强中医文化的交流。部分发达国家对中国的中医文化很感兴趣，如英国《泰晤士报》就曾报道中医在治疗民众常规病上的奇效，针灸也被英国医学会认可，甚至不少英国医生发起呼吁，希望将其纳入英国卫生服务体系。此外，中医在美容方面的作用也越来越受到西方国家的关注，尤其是中医美容在祛痘、解决皮肤疾病、恢复皮肤水油平衡等方面受到了不少西方女性的关注。

第二，跨国旅游和跨国婚姻。中国经济的不断发展不仅方便了中国民众到世界各个国家旅游，也吸引了不少外国游客来中国旅游。跨国旅游的不断增长扩大了中国与"一带一路"共建国家之间的民间往来，增进了不同国家民众间的友谊。同时，国际往来的深化发展也带动了跨国婚姻的增加，比如中俄两国跨国婚姻越来越普遍，秘鲁人更喜欢嫁给华人，以有华人老公为荣。这在一定程度上反映了第三方国家对中国的好感度在不断提升。近些年来，中国和第三方国家、发达国家之间的跨国婚姻不断增加，跨国婚姻进一步促进了中国对第三方国家和发达国家的了解，也为民心相通提供了更多的可能性。

第三，留学访学交流。"一带一路"建设的发展极大地带动了"留学热"，"一带一路"共建国家来华访学或留学人数不断攀升。近些年来，第三方国家学生来中国访学或留学的学生越来越多。截至 2018 年，第三方国家来华留学人数超过 26 万人，第三方国家学生来华意愿不断增强，期望来华人数不断上升。这些留学生不仅学习了中国文化，增强了技能技术，也成为中外交流的重要推动力量。

第四，汉语学习热。近些年来，孔子学院发展迅速，截至 2019 年，全球已有 535 所孔子学院，分布在 158 个国家，孔子学院成为与第三方国家开展民间交流的重要平台。不少第三方国家的学生非常热衷于学习汉语，认为"学会普通话，知音遍天下""学好中文才能更好地改变命运"。通过汉语教育培训、"汉语桥"中文比赛等形式多样的语言学习和交流，不仅可以提升第三方国家对中国的好感和友好程度，也为第三方市场合作奠定了一定的基础，有利于第三方市场合作的进一步发展。

第五，智库交流。依托于研究"一带一路"建设的近 70 家研究机构，中国和共建国家通过定期会议、思想交流、学术交流等形式不断增加交流力度。同时，中国智库对第三方市场合作的研究也越来越多，尤其对日本、法国、新加坡等国家参与第三方市场合作方面的研究不断增加，这些将进一步扩大民间在第三方市场合作的学术、智库领域的交流，深化多方对第三方市场合作的认识，形成共识。

第六，科技交流。科技交流主要分为两个维度。一是中国和发达国家之间的科技交流。中国和发达国家通过不同科技领域的互动交流，产生灵感，推动技术的创新发展。比如北极破冰船、海洋技术等。二是中国和发展中国家之间的科技交流。主要是中国向发展中国家提供一定的技术和人才，并培养当地有关产业和人才的发展。比如白俄罗斯通过"一带一路"合作，第一次有了他们的轿车产业，实现了"轿车梦"。

第七，国际突发事件的互帮互助。在新冠疫情、马航失联、难民捐助等多个国际事件中，中国都积极地施以援手。新冠疫情全球暴发后，中国向有关国家传授相关防疫经验，提供医疗物资、医疗队伍等，尽其所能缓解全球防疫。在中国穆斯林远赴麦加朝觐时，政府和有关单位组织往返包机 100 多架，并安排了医疗、安保等朝觐工作团进行陪同服务。医疗队方面还精选了 2 名防疫专家做好防控工作。此外，中国也积极参与维和行动，为世界和平做出贡献。这些国际援助都充分体现了中国负责任大国的态度和共建人类命运共同体的诚意和决心，也增进了第三方国家和发达国家与中国开展第三方市场合作的信任度和好感度。

三 推进第三方市场合作民心相通的难点与挑战

第三方市场合作在民心相通推进上已取得一定成效，不少欧洲、亚洲的发达国家与中国加强合作的意愿不断增强。但在与发达国家推进民心相通建设的过程中，仍存在一些困境与挑战。

第一，企业和民众对第三方市场合作的认知程度不一。由于"一带一路"建设下的第三方市场合作推进时间不长，其取得突破性的进展是在 2018 年，中国与日本、新加坡、英国等一系列发达国家形成合作关系之后。不少中外企业和民众对第三方市场合作的价值、内容和领域等的认知水平不尽相同。这些企业和民众对于第三方市场合作应如何开展，可以在哪些领域开展，是否可以带动区域经济发展的认知不全面，可能会在一定程度上限制第三方市场合作的进一步发展。

第二，一些舆论影响中国形象。这些舆论主要分为两类。一类是针对"一带一路"建设的，另一类是针对中国发展的。"一带一路"建设方面，美国、澳大利亚等一些西方国家表示，"一带一路"建设在促进发展中国家经济发展的同时，可能会产生生态环境污染问题和所谓的债务危机。因而，部分西方国家认为可能在环境生态保护、经济合作的合规问题、反腐问题等方面存在隐患，美国甚至提出"掠夺性经济"一说。一些发达国家由此担心，与中国开展第三方市场合作会不会有同样的问题。中国发展方面，一些西方国家通过散播"中国威胁论""债务陷阱论""中国崩溃论"等不良舆论，对中国发展的实力、能力和对外战略的目的、未来发展的前景提出疑问，借以混淆一些发展中国家的视听，使之降低和中国合作的信心和决心。

第三，发达国家对中国的认识尚有欠缺。一些发达国家对中国的认识存在偏差，这是民心相通工作急需加强的地方。主要原因如下：一是与中国文化差异较大的一些西方国家，对中国存在相对固化而偏颇的认识，这需要进一步加强民间交流，促进相互认识和理解。二是一些西方媒体在人权、政治、知识产权、环保、透明度等方面对中国存在质疑。"一带一路"建设自开展以来，受到了发展中国家的普遍欢迎，朋友圈越来越大，这是不少发达国家希望与中国开展第三方市场合作的民心基础和经济基础。如何与这些发达国家开展务实的第三方市场合作，建立良好的合作关系，将民心相通建设真正转化为经济友好、国际舆论向我的友好关系，这将是一个重要课题。在和发达国家合作的过程中，尤其需要避免因为某些细节问题的一时疏忽而导致的摩擦。此外，在处理摩擦事件时若流于表面，也可能会使矛盾积累而导致合作演化成"塑料"关系。

第四，媒体宣传效果有待提高。第三方市场合作的有关内涵、发展路径和合作空间虽已有初步研究，但其对外宣传和对内宣传的话语体系仍在摸索阶段。因而，宣传效果也参差不齐。目前，媒体宣传工作主要集中在中国、日本、法国等部分国家，其他国家对此知之甚少，或未有深入了解。国内不同地区和企业对第三方市场合作的认识也不够深入充分，对于发达国家和第三方国家的有关情况及如何发挥中国企业的角色，如何与这些国家做好基础民心相通的工作，知之甚少。

第五，互信度不足。中国和发展中国家在长期的合作过程中，已建立起基本的互信机制，好感度不断上升。但中国和发达国家之间的互信度差异较大，互信度差异的原因也具有多样性。虽然中国和不少发达国家的经贸往来越来越频繁，但产业合作和投资方面的互信度仍需不断磨合。未来，形成中国和发达国家之间的良好互信对于持续推进第三方市场合作的意义将可能越发凸显。

本章小结

拓展第三方市场合作是"一带一路"建设的一大发展趋势，其得以发展既有国内因素考量，也是国际社会变化所产生的需求。国内因素方面，"一带一路"建设的部分项目在双边合作的过程中受阻，这在一定程度上催生了第三方市场合作。其困境的产生既有来自发展中国家本身的政治、法律等方面的因素，也有来自发达国家的疑虑或竞争的影响。由于跨国基础设施建设所涉及的影响因素范围较广，因此推动第三方市场合作，完善"一带一路"建设的多边化机制建设对于"一带一路"的可持续发展具有重要意义。国际因素方面，加强第三方市场合作符合现有国际投资合作的需求，可以填补有关投资规则和机制的缺失，是互利共赢的举措。同时，发达国家对"一带一路"建设认知的变化和对基础设施建设认知的转变也使越来越多的发达国家产生加入第三方市场合作的意愿。此外，国际援助成本的上升和政治效用的递减，以及援助对受援国减贫消贫的有效性下降都是发达国家愿意参与第三方市场合作的重要动因。发达国家与中国的第三方市场合作在一定程度上可以替代国际援助的作用，并达到更优的效果。通过非排他性、合作的方式共同投资发展中国家市场，不仅有利于降低成本、减少风险并实现共同增益，也能有效地促进发展中国家的经济发展，激活市场活力，实现减贫消贫。以上都是"一带一路"建设下第三方市场合作能逐步推进建设的重要因素。

第二节对第三方市场合作的基本建设情况进行了分析，先对总体建设情况进行阐述，再对中法、中日第三方市场合作情况进行案例分析，从而整体认识第三方市场合作的相关建设现状。目前，中国已经与欧洲发达国家、亚洲发达国家深入开展第三方市场合作。其中，中法和中日的第三方市场合作最具代表性。通过对这两者的案例分析可知，一是宜深化政府部门对第三方市场合作的平台建设和服务引导工作。建立灵活多样、及时有效的沟通机制，运用多平台、多手段进行合作交流。推动合作平台的专门化、精细化建设，明确不同发达国家的技术优势所在，深入调研不同第三方市场的迫切需求，做好对接工作。建立良好的信息共享机制，推进项目信息库、企业信息库、第三方市场信息库等数据库建设，为中外企业牵线搭桥。二是应继续健全第三方市场合作金融体系。既发挥现有金融机构的作用，也要创新融资手段，引入多渠道资金，扩大资金池。完善多元化结算支付和货币互换机制，提高资金使用透明度，做好审计监管工作。三是注重项目合作的具体事项。提高招标、竞标等工作的透明度，充分释放不同国家企业的投资优势，拓宽中小型企业的参与渠道，盘活各类企业资源，满足并创造市场需求。扩大第三方市场合作领域，从以基础设施为主的合作投资模式向以基础设施、产业、物流链和民生服务等多领域、综合性的合作模式发展。

在总体掌握第三方市场建设现状的基础上，本章从政策沟通、设施联通、贸易畅通、资金融通和民心相通五个方面对第三方市场合作进行了评估。从"五通"的角度充分探讨了第三方市场合作的相关需求、现状、难点与挑战。下一章将着重探讨"一带一路"建设下第三方市场合作的机制化建设。

第 三 章

"一带一路"建设下第三方市场
合作的机制化建设

　　加强第三方市场合作的机制化建设对于拓展第三方市场合作具有重要意义。机制化建设有助于提高发达国家参与"一带一路"建设的积极性，也有利于吸引更多的发达国家参与到"一带一路"建设当中，使第三方市场合作成为"一带一路"建设可持续发展的动力源泉。

第一节　"一带一路"建设下第三方市场合作的
机制形成背景、过程及现状

一　"一带一路"建设下第三方市场合作的机制形成背景

　　"一带一路"建设的机制化大体沿着多边推进—双边协议—多边合作的过程演进。"一带一路"建设的双边合作文件主要通过"一带一路"国际合作高峰论坛、亚信峰会等多边合作机制推动签署，以双边的形式确定下来，形成多个双边合作协议。截至 2019 年 11 月，中国已签署了 197 份双边合作协议，合作对象包括发达国家、发展中国家和国际组织，具有广泛性。

　　当同类双边合作机制增加到一定数量时，在一定程度上会产生朝多边合作发展的趋向。这是由于同类机制的性质具有广泛性、目的趋同性的特点。双边合作机制是两个行为体为了实现某些目标、利益，按照一定的原则、规则和方式所形成的合作机制。"一带一路"建设的双边机制化发展和大部分区域性或全球性国际机制的形成和发展规律相似，是一个量变与质变的过程。当国际上有同一或相似的目标、利益的双边合作机制越来越多时，具有较强共同意愿和能力同质性的国家之间将容易产生合作趋向。第三方市场合作可以说正是在双边合作机制发展到一定阶段后，自然衍生出来的一种多边合作模式。

但是，第三方市场合作的多边合作模式又和西方国家定义下的有固定的行动委员会和机构的模式化机制不同，它是一种灵活性强的新型合作模式。这在一定程度上是 21 世纪经济全球化、全球价值链深化发展的产物。同时，这也是在人类生产活动和生活方式发生巨大变化的过程中，不同国家所进行的经济合作方式的应对性变化，是国际政治经济合作的机制性创新。所以，在探讨第三方市场合作的机制化建设时，我们虽然不能脱离原有的国际机制，但也不能拘泥于 20 世纪以美国为主的西方国家主导的国际机制，而是要顺应时代发展的潮流，发展出更高效、更灵活、能更好地服务于瞬息万变的国际合作需要的机制。第三方市场合作机制化的出现不仅是现有机制的重要补充，更是为适应国际形势变化的新变革。

二　第三方市场合作的机制形成过程

衡量第三方市场合作的机制化建设发展状况主要有三点：一是签署第三方市场合作协议的国家数量，二是国家的认可度和参与积极性，三是形成的合作平台、规则、制度或形式。

国家发展改革委在第三方市场合作的有关答记者问中指出，中国已经和法国、意大利、日本等 14 个发达国家签署了第三方市场合作协议。这些协议主要是在多边国际会议、双方访问的场合下签署的。中国与这些签署了合作协议的发达国家正积极开拓第三方市场合作，并初步形成了合作机制。此外，一些尚未签署合作协议的发达国家也有进一步与中国推进第三方市场合作的意愿。目前，中国与发达国家签署的第三方市场合作协议有关情况见表 3 - 1。

表 3 –1   与中国签署第三方市场合作协议的国家及有关文件

	时间	国家	签署文件	合作平台
1	2015.06	中国—法国	《中法关于第三方市场合作的联合声明》	中法第三方市场合作指导委员会 中法第三方市场合作论坛 中法第三方市场合作基金
2	2015.10	中国—韩国	《关于开展第三方市场合作的谅解备忘录》	中韩共同开拓第三方市场联合工作组
3	2016.09	中国—加拿大	《关于开展第三方市场合作的谅解备忘录》	—
4	2016.10	中国—葡萄牙	《关于开展第三方市场合作的谅解备忘录》	中葡第三方市场合作工作组
5	2017.09	中国—澳大利亚	《关于开展第三方市场合作的谅解备忘录》	中澳战略经济对话
6	2018.04	中国—新加坡	《中华人民共和国国家发展和改革委员会与新加坡共和国贸易及工业部关于开展第三方市场合作的谅解备忘录》	中新第三方市场合作工作组 中新"一带一路"投资合作论坛
7	2018.05	中国—日本	《关于中日第三方市场合作的备忘录》《关于加强服务贸易合作的备忘录》	中日第三方市场合作论坛 中日第三方市场合作工作机制
8	2018.09	中国—意大利	《关于开展第三方市场合作的谅解备忘录》	中意第三方市场合作论坛 中意第三方市场合作工作组
9	2018.10	中国—荷兰	《中华人民共和国商务部与荷兰外交部关于加强第三方市场合作的谅解备忘录》	—

	时间	国家	签署文件	合作平台
10	2018.10	中国—比利时	《中华人民共和国商务部与比利时王国联邦外交、外贸与发展合作部关于在第三方市场发展伙伴关系与合作的谅解备忘录》	—
11	2018.11	中国—西班牙	《关于开展第三方市场合作的谅解备忘录》	中西第三方市场合作工作组
12	2019.04	中国—奥地利	《关于开展第三方市场合作的谅解备忘录》	中奥第三方市场合作工作组 中奥第三方市场合作论坛
13	2019.04	中国—瑞士	《关于开展第三方市场合作的谅解备忘录》	中瑞第三方市场合作工作组 "一带一路"能力建设中心
14	2019.06	中国—英国	《关于开展第三方市场合作的谅解备忘录》	中英第三方市场合作工作组

资料来源：根据发改委、商务部、新华网等官方网站信息整理。

值得一提的是，已经签署的 14 个合作文件中有 9 个合作协议都是在2018—2019 年签署，可以说是一次井喷式的合作文件签署过程。加入第三方市场合作国家数量的不断增加，反映出发达国家对该合作的认可度在不断提升，参与积极性也在上升。可以预料，中国在未来几年将可能与更多的发达国家达成第三方市场合作共识并签署协议。

这样井喷式达成第三方市场合作协议反映出了两个利好：一是发达国家对"一带一路"建设的参与出现了从消极参与向积极参与的转变。这是发达国家期望主动与中国加强在第三方市场的大型项目、产能项目的合作，实现增益效应的重要信号。这也为"一带一路"建设提供了重要的发展机遇，是第三方市场合作可以形成机制化的重要前提。二是第三方市场合作协议的达成为"一带一路"建设提供了从双边机制向多边合作机制发展的机遇。第三方市场合作的合作方并不局限于某两个国家，一个大型项目可以由两个国家的多个企业合作开展，也可以由多个投资国合作开展。无论开发主体是哪种类型，都免不了和第三方市场的所在国进行政策沟通和协调，实际上第三方国家本身也在不同程度的参与建设。所以，第三方市场合作协议虽是中国和某一发达国家共同签署而形成的多个双边协议，但其具体合作行为和所形成的原则、规则或规范的适用范围具有多边性质。这可以看作是不同类型的国家在能达成共识的领域所形成的一种新型合作机制——由多个同类双边合作协议推进具有共同原则、规则或机制的多边化发展。

但是同时也需要注意两个潜在风险：一是成效性风险。如果中国和这些发达国家在第三方市场的合作能充分发挥出各自的优势，开发更多惠及中国、发达国家和目标国家的多赢项目，使多方受益，那将使更多的发达国家愿意参与到合作当中。但若合作的项目没有达到预期目标，则可能使观望中的发达国家转向消极态度，也可能成为部分西方国家借以炒作的幌子。二是机制性风险。如果"一带一路"建设下的第三方市场合作可以形成有效的合作机制，各参与方能达成具有共识性的规则、规范或制度，形成长期稳定的合作平台，这将有利于第三方市场合作的可持续发展。但也需防范部分西方国家因未能接受创新性的合作机制，难以达成合作机制共识而将其称为对现有机制的挑战或喻为"大东亚共荣圈"式的关系。

三 第三方市场合作机制建设现状

目前，"一带一路"建设下的第三方市场合作初步形成了多层次、宽领域的合作机制。其中，中国和发达国家是该合作机制的参与主体。笔者将该合作机制分为宏观、中观和微观三个层次的合作平台建设。

第一类是以政府为主体的宏观合作平台，主要有合作工作组、经济战略对话、常态化合作工作机制、合作指导委员会等。其主要作用是加强中国和发达国家在政策、货币、法规等政府层面的合作，提升"五通"效率，搭建企业交流合作平台。主要任务是宏观统筹，整合多方资源，对接第三方国家政府，做足第三方市场宏观调研工作，实现政策沟通，并引导企业、金融机构、法律机构等多种部门在第三方市场形成更合理有序的合作。中国已和大部分共同签署第三方市场合作协议的国家建立了宏观合作平台，初步形成了第三方市场合作工作机制。

第二类是以政府为主导，企业、金融机构等多种非政府单位为主体，以基础设施建设、产业投资层面的合作为主要内容的中观合作平台。主要有合作论坛、合作研讨会、合作基金等。这是通过政府搭台的方式，为多种资本、多类企业提供在第三方市场开展多领域、全方位合作对接的渠道。目前，中国和法国、日本、奥地利、比利时、意大利、新加坡等国家已建立了中观合作机制。中外政府定期合作组织各领域有意向参与第三方市场合作的企业及有关机构，通过论坛、研讨会等合作平台，推进第三方市场合作，促进合作关系的形成，并面对面协商合作的具体内容、任务分配、利益分配等事宜。

第三类是在政府推动下，以促进跨国企业等部门开展合作的具体细化工作为目标的微观合作平台，主要有合作能力建设中心等。其目的是在项目的具体落实层面，通过提高语言、法律、金融、产业等合作协调能力，推进第三方市场合作项目的顺利落地。目前，中国与瑞士已成立"一带一路"能力建设中心，整合和研究现有的合作经验，探索更高效的合作范式。通过微观合作平台的建设，可以提高中国和发达国家在第三方市场的合作能力，充分利用各国的优势资源，有效降低投资风险，把握第三方市场的合作机遇。

第二节 "一带一路"建设下第三方市场
合作的机制化建设分析

一 多层次合作平台机制化建设分析

"一带一路"建设下的第三方市场合作可以说是应对全球化的一次国际政治经济创新，其涉及范围较广，包括政府、国际组织、企业、金融机构等。所以，在合作平台建设的过程中，需要充分考虑到每个层次、不同领域的合作对接，采取分层次的合作平台建设，为第三方市场合作提供全方位的合作推动力。多层次合作平台构建及其关系见图3-1。

第一，宏观合作平台是第三方市场合作的重要基础。应继续健全和完善政府间沟通协调机制，深化政府间的政策沟通协调，发展战略合作

引导   发展

宏观合作平台 ◄——————► 中观合作平台 ◄——————► 微观合作平台

反馈   反向促进

图 3 – 1 多层次合作平台构建及其关系

注：关系图为作者自制。

伙伴。政府是第三方市场合作的重要推动者和调控者，宜发挥统筹把控作用，为在第三方进行合作投资的参与者提供必要的服务。可设立工作委员会或组建工作组定期到目标市场进行考察，做好前期调研工作，深入了解第三方市场需求、社会发展情况和民生情况，并对接好第三方国家政府，同时要充分考虑双方的优势分别是什么，可以创建哪些领域的合作项目。在项目建设过程中和建成后，也可定期对合作项目进行考察，并为下一步的合作做考虑。

第二，中观合作平台是第三方市场合作能够实现的关键。中观合作平台的作用主要是整合各方企业、金融机构等多种资源，发挥各自优势，形成合力，共同完成第三方市场的各类项目建设，共享发展带来的红利。应充分发挥中观合作平台的积极作用，为各类参与者牵线搭桥，通过合作论坛、合作研讨会以及其他各类国际合作平台，为第三方市场项目合作的各类参与者搭建合作桥梁。根据实际情况，可以定期或不定期就某些领域的合作开展专项合作研讨会，为更多的参与者提供有效的项目合作对接。就参与者而言，可以适当引进私有资本、NGO 等非政府组织参与，优化合作结构，提高透明度。

第三，微观合作平台是第三方市场合作顺利落实的重要保障。虽然某些跨国公司已有一定的企业间合作基础，但由于第三方市场合作的参与者范围仍在不断扩大，并不局限于某些大型跨国企业，同时也在逐渐吸纳中小企业、私人资本、非政府机构等的参与，未来合作主体将越来越多。这些参与主体的合作经验尚浅，在与外国机构合作开发第三方市场的风险把控、法律、金融及语言沟通、跨文化等方面的处理能力有待加强。因此，为了更好地落实具体项目，加强有关人员的第三方市场合作能力建设至关重要。建立并完善微观合作平台建设不仅要提升各类参与者的合作能力，也要将中国和发达国家各自的能力建设经验相融合，并传播给更多的参与者，培养并提升参与者的合作能力。

加强第三方市场合作的机制化建设可以细分为以上三个层次的合作平台机制化建设。加强宏观合作平台的机制化建设可以深化政府之间的沟通合作，发挥政府间的推动、调解和服务角色，为项目合作提供必要的政务保障。加强中观合作平台的机制化建设可以最大限度地激发国家间企业的合作潜力和融资资源的整合能力，进而扩大第三方市场的项目合作，促进合作的稳健发展。加强微观合作平台的机制化建设有助于提升各个合作参与者的具体合作能力，通过增进相关领域的合作能力和服务能力，更好地推动具体项目的顺利落实。通过深化三个层次的合作机制化建设，发挥三个层次合作平台之间的联动作用，可以更有效地促进第三方市场合作的机制建设，也有利于拓宽发达国家的参与渠道和提高参与积极性，使更多的发达国家愿意参与到第三方市场合作当中。

机制化建设是"一带一路"建设下第三方市场合作可持续发展的重要推动力。无论是基础设施合作还是产能合作，这些都是周期长、合作融合度高的项目。在合作进程中，机制化建设有利于政策磋商、规范项目建设、降低制度性成本、减少不必要的摩擦，从而为第三方市场合作的深入推进提供重要保障。

二 第三方市场合作机制化的参与原则

全球化未来的发展，迫切需要促进世界的进一步整合，以应对和减少全球化背景下的相互依存所可能激发的摩擦和冲突。[①] 第三方市场合作是全球化发展的产物，也推动着全球化的未来发展。其机制化建设恰恰是促进世界进一步整合的重要尝试。作为一个新型合作模式的机制化建设，它体现了以下参与原则。

第一，包容性、开放性原则。一是参与合作国家的开放包容。第三方市场合作同样坚持共商、共建、共享。其逻辑是，现行的公共产品越

---

① 王杰：《国际机制论》，新华出版社 2002 年版，第 224 页。

来越无法满足大多数国家的利益诉求，随着全球化的进一步加深，全球价值链的逐步形成以及国际力量的变化发展，公共产品不再是某一个国家有能力提供的，而是要靠各方力量共同参与，共同建设。所以，该合作模式对所有有意愿参与第三方市场合作的国家都持开放包容的态度，以共同推动全球化的良性发展，促进资本在全球范围内的循环流动，而不是局限在某些国家之间流动。二是具体合作项目参与方的开放性。参与方可以是不同性质、不同规模的中外企业，参与的投融资资本可以是各类金融机构，也可以是国有资本或私有资本。

第二，高效性原则。第三方市场合作通过发挥三个层次合作平台的联动性，可以提高沟通协商的效率，为第三方市场的项目合作提供整合各方优势资源的平台。在如何整合各方优势资源的问题上，则可以发挥市场机制的作用，使各方的优势资源能更有效地实现整合。同时，可以通过招标、主动联系等方式不拘一格地利用其他机构的优势资源，弥补部分资源的不足。在利益分配方面，可以把三方共同协商原则和市场原则相结合，体现利益分配的合理性和效率性。

第三，共同性原则。第三方市场合作是一个共同参与并惠及各方的合作机制。每一个参与方都是该合作机制运行中的重要组成部分，共同促进合作的实现和可持续发展。该合作机制体现出国家之间、要素之间的多向联动，每个参与者都将是该机制中不可或缺的一环，也是促使第三方市场合作日益规范化的推动力。

三 第三方市场合作的特点

作为一种新型合作模式，第三方市场合作具有五大特点。

一是市场合作的多边性。第三方市场合作本身是一个多层次、多行为体参与构建的市场合作。多层次指该市场合作包括政府间、政府和企业间、企业间等多维度合作关系。第三方市场合作关系既可以包括上述合作层次中的全部合作关系，也可以只含其中一种或两种。参与建设第三方市场的国家行为体也具有多边性，甚至有不少经济组织的参与。这些多重的合作关系构建出了第三方市场的多边性。

二是合作方的优势互补性。参与第三方市场合作的行为体本身至少在资金、技术、产能、信息、政府关系等一个或多个方面具有优势，并形成互补性。通过把各自的比较优势整合起来，取长补短，以达到各方利益的最大化。如果将合作过程进行分解，则可以包括投标合作、融资合作、技术合作、产能及供应链合作等。参与方在这几类合作中也应具有优势互补性。

三是合作模式的灵活性。第三方市场合作的合作模式不是一成不变的，它可以根据实际需求，将参与行为体的不同优势进行混合重组，形成较为灵活多样的合作模式。也就是说，第三方市场合作的具体模式并不是单一的，而是可以根据项目的主导性需求，有侧重地进行重组。

四是市场需求的多元性。第三方市场的需求是多种多样的。对于现代市场发展而言，其需求主要包括工业化需求、信息化需求、城市化需求以及资金需求。这些市场发展需求所呈现的利益诉求则指向基础设施、各类产业、服务业、教育、民生等。市场是否能够充分地激活，合作能否取得较大的成功，首先取决于市场发展的基础性需求和短板能否有效补足。其中，基础设施是工业化、信息化和城市化发展的基础性需求，也是目前大部分第三方市场发展普遍存在的短板。第三方市场合作的内容则会根据市场的基础需求和短板而有所变化。

五是合作利益的多赢性。第三方市场合作的利益分配遵循市场化分配原则。第三方市场合作项目根据不同企业或机构投入相关要素的多少，将合作项目的所有权、使用权和收益权等进行合理的份额分配。参与方都可以在合作中获得一定的经济利益，并通过市场之间的连通性创造更大的利益效应。同时，参与方可以在合作过程中提升自身的管理能力、运营协调能力、组织领导能力和专业能力等，以在利益分配中获得更大的主动权。

第三节 "一带一路"建设下第三方市场合作的合作模式探索

"一带一路"建设下的第三方市场合作从提出至今已有 5 年，一直在摸索中不断发展。目前，第三方市场合作已取得了初步成果，并具备较大的合作潜力。未来可以继续在合作模式上进行深入探索，通过不断调整，使第三方市场合作模式越来越符合中国优质产能和发达国家先进技术的互补对接，满足不同第三方市场的发展需求。

一 第三方市场项目合作模式分析

根据 2019 年 8 月中国国家发展和改革委员会出台的《第三方市场合作指南和案例》，目前第三方市场合作主要有五种合作类型，分别是产品服务类、工程合作类、投资合作类、产融结合类和战略合作类。[①] 这些合作模式具有较强的灵活性，其形成主要依据中外企业的优势互补性。根据不同国家企业的优势互补性，企业之间可以在第三方市场中推进不同领域、不同层面的合作，以满足第三方市场的多种需求。具体见图 3-2。

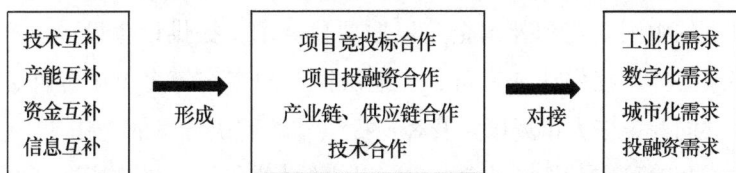

技术互补 产能互补 资金互补 信息互补	形成	项目竞投标合作 项目投融资合作 产业链、供应链合作 技术合作	对接	工业化需求 数字化需求 城市化需求 投融资需求

图 3-2 中外企业第三方市场互补优势与合作对接关系

资料来源：作者自制。

根据中国和发达国家的企业互补优势以及第三方市场的相关需求，中外企业可以基于以下投资要素进行排列组合，形成多样化的项目合作模式。未来，第三方市场合作将可能继续在市场机制的引导下探索出更多的企业间合作模式，从而推动中国和发达国家之间全方面、宽领域的第三方市场合作。

二 现有项目合作模式及相关案例分析

目前，根据第三方市场合作的项目实践可以基本归纳出五类项目合

---

① 《第三方市场合作指南和案例》，2019 年 9 月，国家发展和改革委员会官网（https://www.ndrc.gov.cn/xxgk/zcfb/tz/201909/W020190905514523737249.pdf）。

| 投融资 技术（授权或转让） 产能 供应链 管理 | → 投资要素 | 产品服务合作模式 工程建设合作模式 投融资合作模式 产融合作模式 战略合作模式 …… | → 实现 | 政府间合作 企业间合作 供应链合作 产业链（及园区）合作 |

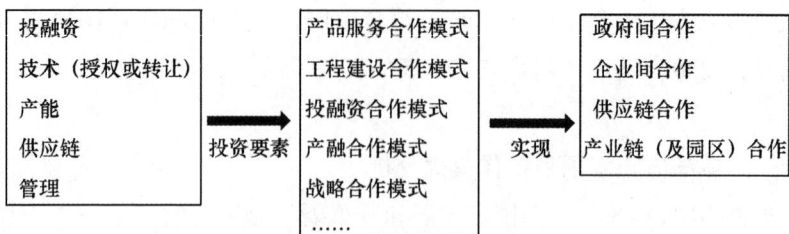

图 3 - 3　第三方市场合作模式分析

资料来源：作者自制。

作模式。具体见图 3 - 3。

（一）产品服务合作模式

产品服务合作可以看作是一种供应链式的混合合作模式，指两个或两个以上的中国企业和外国企业根据项目需求，提供设备设计、产品设备购买或总体工程的认证许可、当地法律法规咨询等多个服务性领域的合作，共同为第三方市场国家及客户提供整体解决方案的合作。[①] 这类合作通常有相对稳定的资金来源，以产品或服务贸易的供应为基础，通过产品的售前、售中和售后服务或服务的监管和程序保障，确保其达到预期效果的合作。具体可分为三种，第一种是由外国企业提供基础设施服务，中国企业提供该服务所需产品及供应并全程跟进产品设计和供应的相关服务。比如黎巴嫩大贝鲁特供水隧道项目由意大利土木工程承包商CMC 公司负责主导，中国中铁为其设计研发并制造了全球最小直径硬岩掘进机用于施工。再如印度尼西亚的爪哇煤电站项目由日本的住友商事和三菱重工负责承建，中国中机公司和美国公司联合为该项目提供下辅机供应及安装服务。第二种是由中国企业提供基础设施服务，外国企业提供该服务所需的设计咨询、施工监管和质量安全保障等服务。比如莫桑比克的马普托大桥及接连线项目由中国路桥公司负责建造，德国GUAFF 公司负责监理咨询工作。第三种是中国企业和外国企业联合提供

---

① 《第三方市场合作指南和案例》，2019 年 9 月，国家发展和改革委员会官网（https://www.ndrc.gov.cn/xxgk/zcfb/tz/201909/W020190905514523737249.pdf）。

基础设施服务的合作或由中外方企业共同建立新企业以提供基础设施服务的合作。项目由各方企业各取所长，共同完成。比如秘鲁的地铁项目，由中国铁建、韩国 Dohwa 公司和秘鲁当地公司组成监理联合体，把中国企业的专业技术经验优势、韩国企业丰富的管理运营经验优势和秘鲁企业熟悉当地商业环境、法律、语言等优势相结合，提升项目的整体质量。再如约旦的油页岩电厂项目，由广东能源集团、马来西亚杨忠礼国际电力公司和爱沙尼亚能源公司共同成立股份有限公司并完成项目承建。

（二）工程建设合作模式

工程建设合作是一种股权投资和利润共享的合作模式，主要指通过总包、分包和联合竞标等多种方式取得第三方国家有关项目，并由双方或多方企业共同在第三方市场开展工程建设的合作。工程共建合作的范围比较广，包括基础设施建设、工业产业建设、民生工程建设等。这些工程合作不仅提高了第三方国家的经济建设能力和发展水平，也通过上岗培训、技能培训等提高了当地劳动力的素质和能力，并创造了大量的就业岗位，提高了当地人民的生活水平。

基础设施建设方面，这种合作模式目前主要运用于能源合作领域，具有代表性的项目有两个。一是埃塞俄比亚奥莫河的吉布三水电站项目。这是由中国东方电气和意大利 Salini – Impregilo 公司合作承建，通过联合竞标和分包的方式进行。意大利公司负责土木工程建设，中国公司负责成套设备的供货和服务。该合作项目有效缓解了埃塞俄比亚电力极度短缺的状况，改善了民生问题，为当地培养了大量紧缺的电力人才。二是迪拜太阳能发电项目。这是目前世界上规模最大的太阳能发电项目，由上海电气作为总包，并联合西班牙 EA 设计院、阿本戈公司和美国亮源公司共同承建。其投融资由沙特、阿联酋和中国联合提供。通过多边合作，该项目为参与国提供了互相切磋、激发技术创新的机会，也直接和间接创造了超过 14000 个就业岗位。

工业产业方面，该项目合作模式更多处于初探阶段。中国已和部分欧洲发达国家不断推进该合作模式在产业领域合作上的运用。现有的较为成功的案例有两个。一是孟加拉国的烧碱项目，该项目由中国化工和美国 IPP 公司、孟加拉国 SR 公司达成三方合作协议，由中国化工提供工厂总包服务，美国 IPP 公司负责金融融资，孟加拉国 SR 公司负责提供劳动力、法律及政策等。三国企业分别运用自身的比较优势，促进项目的实施。二是阿塞拜疆占贾市的钢铁生产综合体项目，这是由中国机械工业集团负责总承包，意大利达涅利集团提供技术合作，并负责部分装置和设备的设计和供货。双方合作不仅加快了钢铁生产综合体的建设速度，也有效提高了建设的质量，并为中国、意大利和阿塞拜疆的持续合作奠定了重要基础。该项目的建成将能满足阿塞拜疆国内的钢铁需求，也能增加其出口外汇，大幅提高当地的经济发展水平，并创造数以万计的工作岗位。

民生建设方面，该合作模式的推进情况较为良好。该合作模式在民生建设领域的推进具有较好的前景。随着第三方国家经济的不断发展，民众对民生性基础设施的需求越来越大，这为民生性第三方市场合作创造了机会，也将成为未来第三方市场合作的一大方向。其中具有代表性的项目是厄瓜多尔医院项目。厄瓜多尔政府对于提高国家学校教育、民生住房和医院医疗卫生建设水平等方面较为关切，因而积极推进有关医院项目。厄瓜多尔医院项目由中国电建和西班牙 Grupo Puentes 集团联合承建，该医院设立了非常全面的专科门诊，并提供体检、诊断、住院、手术、健康管理、医疗教学等一整套医疗服务体系，有效地缓解了当地医疗资源不足的状况。另一个具有代表性的是卡塔尔的卢塞尔体育场项目，该项目由澳大利亚 Aurocon 公司、中国铁建和英国 AFL 公司合作承建，澳大利亚 Aurocon 公司负责项目设计及咨询管理，中国铁建负责施工承建，英国 AFL 公司负责建筑分包。该体育场将作为 2022 年世界杯的主要场馆，因而在设计和建设方面提出了严要求和高标准。通过三国企业的优势互补和多方合作，该体育场正在有序建设中。在这个过程中，企业为当地也培养了大量相关设计和施工管理人才，大力提升了当地大量劳动力的专业技能和素质。

（三）投融资合作模式

投融资合作是一种股权投资与利润分成相结合的合作模式，主要指中国企业和外国企业通过合资、参股和并购等多种投资方式，在第三方市场展开共同投资、共担风险和共享利益的合作。这类合作是第三方市场合作的重要方式之一，目前已取得一定成效。这类合作主要分为三种方式。

第一种是由中国企业收购发达国家的某个企业或由发达国家的企业收购中国企业，以此来共同投资第三方国家的有关项目。这既可以是在不同第三方国家的同一类项目，也可以是在某一第三方国家不同地区的相关项目，以此形成规模效应。具有代表性的项目有两个。一个是招商局集团的招商港口公司收购了法国达飞轮船旗下 TL 码头公司 49% 的股份。两大集团利用双方的全球物流网络和港航资源，共同投资、建设并运营多个第三方国家的相关基础设施，码头公司也在这个过程中逐渐转型为码头运营商。目前，中法在港口开发、建设和运营方面已强强联合，投资了包括希腊塞萨洛尼基港在内的多个港口码头项目，并充分吸纳当地劳动力，打造出了环保绿色码头的品牌效应。另一个是中国国家电网于 2014 年收购了新能源澳洲电网 19.9% 的股权和新能源国际（澳洲）资产 60% 的股权。为了进一步提高双方的经营管理水平和业务能力，中国国家电网加强了和新加坡能源公司的紧密合作。为了满足澳大利亚的东部的能源需求，中澳新三国企业整合互补优势，实现了在澳大利亚能源网络建设上的通力合作。该项目目前已完成了北气东输一期工程，这是澳大利亚第一条和唯一一条北气运送管道。

第二种是根据第三方国家政府的有关需求，中外方企业和第三方国家达成共同投资合作协议或共识，并在此基础上形成一个或多个合作项目。以巴基斯坦为例，巴基斯坦多地电力紧缺，阻碍了地区经济发展水平的提高，为了改善能源短缺的状况，巴基斯坦政府和中国电建集团、卡塔尔 AMC 公司达成备忘录，共同投资开发多个燃煤电站项目。其中最具有代表性的是卡西姆港燃煤电站项目。该项目目前已基本完成并投入使用。燃煤电站的建成和实施改善了巴基斯坦的电源结构，满足了当地的电力需求，提高了当地基础设施建设和工业建设的能力和水平。该项目投资也大量吸纳了当地的劳动力，增加了当地居民收入，直接和间接创造了超过 13000 个工作岗位。

第三种是两个或两个以上不同国家的企业或融资机构共同投资某个或某类项目，整合各自的比较优势，合作完成第三方国家的有关项目。

目前第三方市场联合投资开发中规模最大的油气合作项目——俄罗斯的亚马尔液化天然气合作项目便是重要案例。该项目由中石油集团、俄罗斯诺瓦泰克公司、法国道达尔公司和丝路基金共同投资建设，根据各国企业的比较优势，由法国、日本有关企业负责工程总包，中海油工程公司负责核心工艺建造分包。多国企业分工协作不仅提前高效完成了建设，实现了生产线投产，还实现了欧洲领先的液化天然气技术和中国超高建造技术的深度融合，成为第三方市场合作的一大典范。该项目不仅提高了俄罗斯油气市场占有率，保守估计创造超过10万就业岗位，还带动了与之相关的其他行业的高速发展，为世界经济的发展和物流合作都带来了巨大收益。

（四）产融结合模式

产融结合模式是中国和发达国家的金融机构以联合融资、股权参与、银团贷款等多种方式参与第三方市场融资合作的模式。该模式以多样化的融资渠道为企业的投资合作提供充足保障，共担企业投资和金融融资风险，实现融合共生，共同繁荣。目前，金融机构已助力不少第三方市场合作项目的达成和推进落实。金融机构的合作主要有三个融资方向，具体如下。

一是按区域划分的投融资方向。中国信保、中国银行联合西班牙桑坦德银行，共同为开拓拉美第三方市场的中外企业提供融资，以满足拉美国家对基础设施的迫切需求。目前，最为成功的案例是中外金融机构合作为意大利国家电力公司提供融资，支持其在巴西的多个可再生能源项目。其中，中国信保为意大利公司融资了3.3亿美元，部分项目已投产，这不仅为当地民众带来了清洁能源，还为巴西的工业化建设提供了重要保障。这种"融资+项目"的第三方市场合作整合了各方优势，将中国较强的资金融资能力与产能优势、意大利企业的技术和经验优势以及拉美国家相应的劳动力优势相结合，形成了共担风险、共享利益的新型合作模式。这是中国融资和发达国家经验技术对接、共同开发不同地区和国家市场的重要蓝本，为其后的融资合作提供了良好典范。

二是按需求划分的投融资方向。随着经济的不断发展，加纳特马港的运输装载能力已无法满足其需求，急需扩建。为此，国际金融公司联合中国银行组成了银行融资联合体，为特马港扩建项目融资了 6.7 亿美元。其中，中国金融机构组成的银团，共提供了 4.7 亿美元融资贷款。特马港的扩建满足了当地经济发展的需求，促进了加纳经济的可持续发展。这也体现了中国较强的融资能力优势和较低的融资成本优势，为第三方国家的经济建设和发展提供了个性化融资渠道和融资方式，为第三方市场合作提供了重要的建设资金保障。

三是按融资共同体划分的投融资方向。较为典型的是，中国进出口银行和日本国际协力银行达成相关协议，建立信息共享机制和融资合作机制，共同为第三方市场合作提供多样化的融资服务。其中，越南海防火电站项目和巴布亚新几内亚的液化天然气一体化项目都是两者合作融资的成功案例。越南海防火电站项目是越南质量最可靠、运行和运营最安全稳定的火电站项目，该项目以越南国家电力公司为借款方，以中国进出口银行和日本协力银行做联合融资，并由中国四川东方电力公司与日本丸红会社共同承建。该火电站结合了中日两国在火电站建设上的优质资源和技术，为越南电力公司提供了稳定收益，带动了越南北方经济的持续发展。巴布亚新几内亚的天然气项目虽不由中国企业参与承建，但中国进出口银行作为融资机构之一，为其承贷 13 亿美元，为该合作项目提供了充足的资金支持。

（五）战略合作模式

战略合作模式是中国、发达国家和第三方国家从全球战略性合作发展的角度出发，以战略合作协议或战略合作联盟等方式在研发、产业、物流、基础设施工程、人才、资本等方面进行的宽领域、全方位合作。该模式以要素优势互补和资源信息共享为基础，为第三方市场创造了较大的发展空间和机遇。目前，战略性产业或战略性基础设施的第三方市场合作已形成了一定规模。加强战略性领域的第三方市场合作对合作参与国的经济乃至世界经济的平稳发展都有着非常重要的意义，是未来合作的重中之重。战略性合作覆盖的领域较多，包括海洋航运、能源电力、矿产资源、稀缺资源、核心基础设施、数字经济等多个领域。

一是海洋航运方面。21 世纪是海洋世纪，经济全球化的深入发展使海航的重要性越发凸显，高速、安全的海洋运输是完善全球供应链的战略性重点。为此，中法两国签署了协议，开启了海运合作。中国远洋海运集团和法国达飞轮船等多家海洋航运公司组成了"海洋联盟"，并在舱位、投船等多个方面进行了建设合作与联合运营。该联盟现已投入 314 艘船舶，标准箱运力实现了质的飞跃，运输范围覆盖了美国、英国、荷兰、埃及、印度尼西亚等世界各大地区经济强国的主要港口。中法航运公司的第三方市场合作推动了海运集装箱运营的联盟化，"海洋联盟"的成功运营不仅降低了运输成本，培养出了一批熟悉航运业务的高素质人才，也为优化升级全球供应链和充分挖掘企业的发展潜力铺平了道路，促进了国际航运的健康发展。

二是能源电力方面。能源是经济发展的动力和助燃器，没有充足的能源，国家将难以实现工业化和产业化。自 2013 年以来，由于中国机械工程公司在多个第三方市场的多个项目上与美国通用电气公司都展开了良好而密切的合作，双方签署了合作备忘录，以工程承包、共同融资、投资、咨询等多种形式加强第三方市场合作。至今，双方已在巴基斯坦、肯尼亚等亚洲和非洲多个国家开展了第三方市场合作，共同执行了多个电站项目的建设工作。在合作过程中，中美企业形成了较好的合作默契。中美企业在电力工程领域推进互补合作是"多赢"的，其有效缓解了第三方国家的电力紧缺状况，为当地培养了大量电力相关人才，提高了当地经济发展水平和民众生活水平。

三是矿产资源方面。矿产资源是经济发展的原材料，具有重要的战略性意义。几内亚的铝土矿占全球三分之二，但由于基础设施不齐全，一直没有得到有效开发。为此，中国宏桥集团、中国烟台港集团、几内亚 UMS 公司和新加坡韦立集团形成了三国联合体"赢联盟"，投资超过 5 亿美元，聚集三国四个公司的不同优势，共同打造稳定的铝矿供应链。2019 年 4 月，该项目第一期矿区及配套基础设施、博凯港区、第二期港区及基础设施均已顺利建成，出口铝土矿能力达每年 5000 万吨。三国组成的联盟严守国际开采业和环保相关标准，以共赢共享的方式，为世界铝业和当地经济发展打下了坚实的基础。

三 第三方市场合作的主要领域

第三方市场合作的适用领域与第三方市场的需求相关。由于第三方市场在多个领域均有不同程度的市场需求，中国与发达国家的第三方市场合作适用范围较广，具体如下。

（一）交通基础设施合作

信息技术和物流业的迅猛发展使世界各国之间的距离越来越近，也使人们的生产活动、生活方式发生了巨大变化，但这样的变化主要是发生在发达国家和新兴国家。还有很多发展中国家由于交通运输不便，物流难以通畅，导致其在全球价值链中发挥的作用受限，市场活力难以充分激发。越来越多的国家意识到运输和物流基础设施对国家经济长期发展的重要意义，建设良好的交通基础设施逐渐成为大多数第三方国家的发展共识。因而，改善第三方市场的交通物流网络，建设公路、铁路、空运、海运一体的交通运输网络，打造无障碍的物流贸易网络，实现城市之间的互联互通是第三方市场合作的重要内容之一。

（二）能源合作

经济的发展离不开能源，尤其对处于经济发展上升期的第三方市场国家而言，能源是其生命干线。然而，不少第三方市场国家存在能源短缺的现象，严重影响了国家的工业生产，也难以满足人们的生活需求，这也是第三方市场国家经济难以实现突破的重要因素。所以，能源类的基础设施建设也是第三方市场合作的重点。根据不同第三方国家的地理环境和气候特点，中国和发达国家投资了多样化的能源项目，力求在满足市场需求和提供更优质、安全和可持续的绿色能源之间取得平衡。从环境保护和能源可持续发展方面考虑，中国和发达国家在能源领域的第三方市场合作不仅包括建设火电站、水电站、油气运输管道之类的合作，也包括以高科技为主导的可再生能源上的投资合作，比如核能、可持续性清洁生态电池等。在加强对第三方市场的能源投资合作过程中，双方可以对绿色能源开展进一步的研究，共同促进新能源技术的发展。

（三）工业产业合作

工业产业合作包括各类产业的合作投资和工业产业园区的建设投资。

加强对第三方市场的产业投资合作是促进第三方市场经济增长的重要举措，也是使第三方市场融入全球产业链，促进市场经济繁荣，实现多方共赢的重要环节。根据第三方市场的发展需求和产业需求，中国和发达国家可以合作投资各类产业，打造第三方市场的产业链，激活市场活力。

（四）金融合作

投融资是第三方市场合作的重要内容，也是合作项目能顺利开展的重要保障。大型项目投资的资金需求巨大，由于不同第三方市场的投融资政策不一，因此做好第三方市场合作有关项目的金融服务是第三方市场合作的重点。除了加强参与国之间金融机构的合作外，也可以借助亚投行、丝路基金、世界银行等国际机构的力量，并引导私人资本的参与，发挥国际社会各界的资本力量，共同推动第三方市场合作的金融可持续发展。

（五）区域发展合作

区域发展合作主要是指以改善民生、促进社会发展为主的有关项目合作。这类合作致力于解决人的生存和发展问题，实现减贫消贫，促进社会整体增益。促进社会发展需要统筹多个地区的协同发展，充分发挥中心区的辐射作用，带动社会的整体发展。在这个过程中，人的发展对促进区域协同发展具有前瞻性意义。以发展中国家为主的第三方市场多数具有人口增长率高、人口素质整体偏低的特点。中国和发达国家可以加大在教育、培训、医疗、养老等民生和社会领域的项目投资，更广泛而有效地促进第三方市场的整体发展。

（六）国际市场安全合作

国际市场的安全稳定是全球经济稳健发展和第三方市场持续发展的基础和重要保障。当前，全球性问题日益增多，其复杂系数不断提高，影响范围越来越大。非传统安全问题是人类共同面临且无法逃避的问题。重视非传统安全问题的防治对于全球各个国家的经济持续发展都意义重大。因而，在推动第三方市场合作的过程中，中国和发达国家可以与第三方国家加强在金融安全、环境问题、海盗、海上石油泄漏、传染病、自然灾害等非传统安全问题上的深入合作，共同维护第三方市场的非传统安全，促进各参与国经济的稳健发展，共建人类命运共同体。

本章小结

第三方市场合作是在"一带一路"双边机制化建设发展到一定阶段后取得的突破性进展。当世界上大多数国家都和中国签署了"一带一路"合作协议后，发达国家也越来越积极地参与到"一带一路"建设下的第三方市场合作当中，与中国签署第三方市场合作协议的发达国家数量不断增加。这表明发达国家对第三方市场合作的认可度在不断上升。

目前，第三方市场合作机制初步形成了三个层次的合作机制平台。笔者从宏观、中观和微观三个层次阐述了现有的第三方市场合作平台机制化建设现状，并分析了三个层次合作平台之间的关系及其所发挥的作用。继续务实推动第三方市场合作的机制化建设，可以深耕三个层次的合作平台，充分发挥三个层次合作平台的联动性，多层次推进第三方市场合作机制化。加强第三方市场合作机制化建设有利于项目合作的有关规范、规则的建设，从而减少或避免合作过程中产生不必要的冲突。同时，第三方市场合作遵循包容开放、高效性和共同性的参与原则，这有利于充分调动发达国家的参与积极性，并吸引更多的发达国家参与第三方市场合作。

第三方市场合作作为新型国际合作模式，在其机制化建设下呈现五大特点，分别是市场合作的多边性、合作方的优势互补性、合作模式的灵活性、市场需求的多元性、合作利益的多赢性。

第三方市场合作的项目合作模式呈现出较大的灵活性。本章对第三方市场合作的项目合作模式进行了剖析，并展开阐述了现有的五种项目合作模式及其案例。这对有序推动企业间的项目合作具有重要作用。未来第三方市场合作将可能继续摸索出更多的合作形式，满足中外企业在第三方市场的大中小型项目合作需求。第三方市场合作的主要领域既包括交通、能源、产业园区等基础设施建设，也包括工业产业、金融、区域发展及非传统安全等。那么，如何更好地推进第三方市场合作，促进合作的顺利进行呢？下一章将主要分区域探讨推动第三方市场合作的推动路径。

第 四 章

职业教育的第三方市场合作
机制化建设路径分析

前面对第三方市场合作的机制化建设现状、发展逻辑和推进模式进行了系统而较为全面的分析，从中可以看到其机制化建设的方式是多样的。职业教育对于基础设施等相关领域建设具有先导性、基础性、前瞻性的作用，探索职业教育的第三方市场合作机制化建设路径不仅有利于推动"一带一路"建设的可持续发展，而且对于推动中国职业教育"走出去"、促进职业国际化水平和国际竞争力提升也具有战略性意义。因此，本章将探析职业教育的第三方市场合作机制化建设路径，以期为第三方市场合作机制建设在不同领域的推进提供一定参考。

近年来，国务院先后出台了《关于加快发展现代职业教育的决定》《推进共建"一带一路"教育行动》《关于做好新时期教育对外开放工作的若干意见》等重要文件，对职业教育体系进行了全面部署，并明确提出要"大力提升教育对外开放水平，完善教育对外开放布局，充分发挥教育在'一带一路'建设中的重要作用"，国家对职业教育改革和开放的重视程度前所未有，职业教育国际化迎来了历史性的发展机遇。此外，国务院《关于推进国际产能和装备制造合作的指导意见》也明确提出要健全和强化国际产能合作的服务保障，措施包括加快中国标准国际化推广、完善行业协会和中介机构作用、加快人才队伍建设等。

与此同时，2021 年，国务院出台了《新时代的中国国际发展合作》白皮书，其中提出要加强"一带一路"建设下的三方合作，与发达国家、国际组织在各领域探索优势互补、实现协同效应的具体合作路径，推动国际发展合作，并提出要"推动职业教育"，以职业教育促进发展中国家人口资源转化为人口红利。习近平主席也在 2021 年 9 月以视频方式出席的第七十六届联合国大会一般性辩论上发表了重要讲话，提出了全球发展倡议，坚持发展优先，构建更加平等均衡的全球发展伙伴关系，推动多边发展合作进程协同增效，加快落实联合国 2030 年可持续发展议程。[1]"一带一路"建设为中国教育对外开放创造了难得机遇，成为推动与沿线国家实现发展战略对接、人才共享、优势互补、利益共赢的主要联结桥梁。"一带一路"建设也离不开职业教育国际化技能人才的支持。因此，在职业教育国际化发展中，以职业教育三方合作引领"一带一路"沿线国家经济稳步增长、人才合理匹配、技术跨越发展，既有利于增强新时代职业教育的国际竞争力，也有利于推动"一带一路"建设。接下来，本书将以第三方市场合作的理论逻辑对职业教育的第三方市场合作机制化进行初步探索。

第一节 职业教育的三方身份界定和利益界定

一 身份界定

对于职业教育而言，其开展第三方市场合作的主要行为体是中国、发达国家和发展中国家的职业院校、跨国企业及相关政府部门。其中，中国和发达国家两者是为发展中国家提供职业技术教育的供给者，发展中国家是职业技术教育的需求者。供给者和需求者之间各取所需，由于全球经济的相互渗透和全球产业链中生产第一线对高素质劳动者的需求不断增长，发展中国家的职业教育需求越来越大，作为需求者的发展中国家希望能够得到职业技术支持，促进其各行业发展，而中国和发达国家则有条件为其提供职业技术教育，作为供给者的中国和发达国家希望在提供职业技术教育的同时取得相应的回报，这虽是一个讨价还价的过

---

① 《六个坚持，总书记提出全球发展倡议》，2021 年 9 月，求是网（http://www.qstheory.cn/zhuanqu/2021－09/23/c_1127891383.htm）。

程，但也是一个互利发展的过程。所以，需求者和供给者之间是互利关系。

供给者之间之所以在第三方市场上可能开展合作，是因为两者之间存在互补性。中国的职业教育所覆盖的行业较为全面，同时有较为充足的职业教育教师资源可以与发展中国家的职业教育需求进行对接，但在职业教育的技术含量、教学创新方式和教学能力上相对薄弱。发达国家的职业教育具有技术含量高、教学创新多的优势，但缺乏足够的教师资源开展教育对外合作。这样的互补优势恰好为中国和发达国家开展职业教育第三方市场合作创造了潜在空间。由于供给者之间的竞争并不利于各自利益的达成，反而可能会增加成本和风险，相比之下，合作则能补足短板、减少成本、降低风险并带来较好的收益，故在企业对外投资的利益交互和职业教育的互补性共同作用下，中国和发达国家更容易形成合作，以实现共赢。所以，供给者之间的主要关系是风险共担、利益共享的朋友关系。当然，这不是纯粹的朋友关系，两者之间并非没有竞争，而是在合作的基础上进行良性竞争，目的是在合作的过程中获得更多的利益。

二 利益界定

中国、发达国家和发展中国家在职业教育领域能开展第三方市场合作的前提是三方在合作中都有利可图，即可以在合作过程中得到相应的收益。2020 年，联合国发布的《工业化对世界人民福祉的重要意义》报告显示，受新冠疫情影响，最不发达国家的制造业增长近乎停滞，和已实现工业化的经济体相比，差距可能进一步拉大。[①] 工业化是一个国家经济发展的必由之路，是促进持久、包容和可持续的经济增长，实现生产性就业，提高就业规模的重要方式。发展职业教育对于推进工业化、现代化建设，培养高素质技能型人才是一项基础性工程。

对于发展中国家而言，加快基础设施建设，推动工业化发展才能更

---

① 《助力发展中国家工业化进程（命运与共·全球发展倡议系列综述）》，2020 年 4 月，人民日报（https://wap.peopleapp.com/article/6639572/6514804）。

好更快地推动国家的经济发展，增加就业，提高人民的生活水平。职业教育作为培养符合生产需求的技能型人才和高素质劳动者的重要手段，是发展中国家解决技能型劳动者短缺、劳动力素质低等问题，推动各项建设、增加就业、促进经济发展的重要途径。因此，对于作为第三方市场的发展中国家而言，推动职业教育发展，引进中国和发达国家的职业教育有助于实现发展中国家的发展利益，也有利于发展中国家参与到全球价值链中。

对于发达国家而言，其在发展中国家推进职业教育培训既是战略发展需要，也是教育输出获利的途径。一方面，由于不少发达国家都在发展中国家设有分支机构或生产部门，对其开展职业教育培训有助于为跨国企业发展提供足够的高素质劳动力，也有助于跨国企业的未来发展布局。另一方面，加强与发展中国家和中国的职业教育国际合作，可以进一步推动发达国家的职业院校国际化，传播其职业教育理念，扩大其职业教育的影响力和知名度，并参与各类职业行业的标准化建设，从而带来战略性收益和经济收益。

对于中国而言，推动职业教育"走出去"，不仅可以有效提高中国职业教育在国际社会的地位、知名度和认可度，推动中国职业教育的不断发展，也可以助力"一带一路"建设，加强和发展中国家的合作交流，为中国和发展中国家在基础设施建设和各类产业建设上的合作提供充足的劳动力。2021年9月，习近平主席在第七十六届联合国大会上提出了全球发展倡议：一是坚持发展优先；二是坚持以人民为中心；三是坚持普惠包容；四是坚持创新驱动；五是坚持人与自然和谐共生；六是坚持行动导向。习近平同志强调，发展是实现人民幸福的关键。面对新冠疫情带来的严重冲击，我们要共同推动全球发展迈向平衡协调包容的新阶段。在此倡议下，通过全球化、区域化的多边合作方式，推动中国职业教育"走出去"并参与职业教育国际合作，有助于为中国在发展中国家所投资的交通基础设施、能源、医疗卫生、工业等提供高素质的技能型劳动力，促进"一带一路"建设的可持续发展，并提升中国在国际职业行业标准上的话语权，降低职业院校的合作成本和合作风险，提升职业教育国际合作能力。

第二节　推动职业教育第三方市场合作的理论性探析

职业教育通过第三方市场合作这一新型合作方式实现"走出去"并与发达国家和发展中国家开展国际合作的可行性逻辑可以从国际无政府状态下的教育国际形势、职业教育的供需关系和国际职业教育的比较优势三个角度进行探讨。

一　国际无政府状态下的职业教育形势

国际社会的无政府状态使得职业教育在国际层面上没有较为明确的标准和模式。发达国家由于工业化发展阶段较为成熟，已经形成了一定的职业教育培养模式和技能标准规范定式。不少发展中国家由于工业化起步较晚或社会观念文化上对职业教育的不够重视，职业教育以学习或引进其他国家的职业教育体系为主。随着经济全球化的不断发展，各行各业都在国际交流、竞争与合作中不断发展完善，职业教育的国际化已然成为其发展中不可或缺的重要内容，这符合职业教育发展的现状和规律。同时，职业教育所涉及的行业标准或专业教学标准的制定在无政府状态下容易产生权力真空，若想争取话语权就要从行业相关的各个领域争取高地，职业教育作为行业发展的基础性、前瞻性工程，其重要性不言而喻。只有大力推进职业教育建设工作，形成一整套系统的职业教育培训体系，培养大批职业教育名师名家，并通过国际合作与交流等方式扩大影响力，才能在国际上更好地争取行业标准和专业教学标准制定的主动权和话语权，并在国际职业教育领域取得优势地位。

同时，国际合作和国际化是解决职业教育长远发展问题的重要途径。在全球化时代不断发展的今天，职业教育只有增强全球服务意识，以全球化发展的需要为抓手，不断创新、引进和实施最新最符合时代需求的国际化管理和教学教育，参与和深化国际合作和交流，才能更迅速高效地吸纳吸收国际职业教育领域的所有新思想、新技术、新方式、新知识，创新职业教育教学体系，并充分利用国际优质职业教育资源，不断提高职业教育的办学质量和水平，培养出兼具胸怀格局和国际视野的技能型创新人才。对于职业院校而言，建立长远的发展策略，积极参与"职业教育集团"建设，充分利用和整合在全球范围内可配置的资源来发展职业教育，能更好地解决高素质技能人才培养和资源紧缺之间的矛盾和职业教育发展所存在的困境。

就国家层面来说，对于中国而言，要想推动职业教育的高质量发展，不能闭门造车，也不能仅仅等着发达国家"走进来"与中国开展职业教育交流与合作，而是要主动加强与发达国家和发展中国家的职业教育国际合作与交流，把职业教育的资源充分盘活，形成国际合力，并积极参与国际职业教育标准的制定，参与全球教育治理，只有这样才能真正提升职业教育的国际影响力和职业教育标准的国际化水平。

对于发展中国家而言，国际社会的无政府状态对发展中国家的职业教育发展同样有着重要影响。由于发展中国家的职业教育尚处于学习引进和构建阶段，职业教育教学模式和课程体系尚未成型，同时教育本身具有一定的延续性，职业教育教学模式和课程体系一旦成型后，会在较长的一段时间内延续相应的模式并在这一框架下进行自我发展完善，所以在无政府状态下，这些发展中国家的职业教育发展路径与其所引进的职业教育教学标准和课程有着密切联系。在发展中国家职业教育秩序建立的过程中，无论是发达国家还是中国都有潜在意愿和能力参与发展中国家职业教育体系的建设，从而为后续的国际合作和企业跨国发展提供基础性保障。

二 职业教育的供需关系分析

1. 发展中国家的职业教育发展需求不断增大

全球价值链分工的深度演进为发展中国家带来了新的发展机遇[1]，随着全球价值链分工演进推动的重构，只要战略规划科学、各方条件齐备，发展中国家也能实现在开放中促发展，成为经济全球化的受益者。[2] 中国

---

[1] 张幼文：《重新定位对外开放——中国经济与世界经济关系的变化趋势》，《探索与争鸣》2020 年第 7 期。

[2] 戴翔、张雨：《全球价值链重构趋势下中国面临的挑战、机遇及对策》，《China Economist》2021 年第 5 期。

的改革开放就是重要例证。对于发展中国家而言，积极参与全球价值链的构建，推动工业化建设，是促进经济持续发展，提高国民生产生活水平的重要方式。

其中，加快职业教育建设对发展中国家推动社会经济发展、推进工业化建设具有重要作用。一个国家的职业教育发展和工业化发展有着相辅相成的关系。行业产业的形成和发展在一定程度上能带动相关行业产业领域职业教育的形成和发展，而职业教育的发展又能推动产业的不断升级和发展。随着全球产业链、物流链的调整升级，发展中国家逐渐参与到全球价值链和产业链当中，其各类行业产业都迎来了发展机遇。在全球价值链不断调整的浪潮中，发展中国家要想推动工业化建设，促进经济增长，就需要大力推动职业教育的发展，为工业化建设提供足够的职业技能型劳动力。

此外，发展中国家的职业技术从业者缺口巨大。无论是基础设施的建设，还是各类行业产业的建设和发展都需要大量的一线生产劳动者和技能型劳动力，这直接导致其职业教育发展需求的增大。然而，不少发展中国家在职业教育领域尚处于起步阶段，难以培养出大批符合市场需求的技能型劳动力，这也导致发展中国家在职业教育上需要加强和中国及发达国家的合作，以促进其职业教育的发展。

2. 中国和发达国家的供给合作动力增大

中国和发达国家开展职业教育第三方市场合作的动力主要有三点。

一是为海外项目投资提供符合行业发展需要的技能型劳动力。在全球价值链、产业链升级调整的过程中，发达国家和中国的跨国企业都在发展中国家开展了基础设施建设和生产经营投资，还有一些项目是由发达国家和中国的跨国企业共同开展实施的，这些跨国项目的推进都需要大量劳动力。所以，为海外项目的实施提供符合行业需求的劳动力，解决劳动力紧缺的问题，是中国和发达国家开展职业教育第三方市场合作的最直接动力。

二是推动职业教育第三方市场合作有助于带来稳定的经济利益并提高地区影响力。发展中国家的职业教育需求对于中国和发达国家来说都是职业教育国际合作发展的机遇。对于职业教育院校而言，开展海外职业教育院校建设和职业教育合作不仅可以促进职业教育的合作交流、扩大职业教育规模，也能提高在相关行业领域职业教育的国际影响力和知名度。对于企业而言，推进职业教育在发展中国家的发展能有效降低劳动力成本，提高生产效率，提升产能。但是，职业教育院校的建设不仅需要资金，也需要高素质的教师资源、生源渠道等，同时还可能出现政治、经济、法律等风险因素。所以，提升影响力，参与国际行业标准和行业教学标准的制定，降低成本和风险，实现互利共赢是开展职业教育第三方市场合作，共建发展中国家的职业院校和培训中心的重要动力。

三是加强职业教育第三方市场合作可以补充国际援助在教育领域的不足，参与教育国际公共产品供给。当前，全球教育开支仍非常有限，全球超过四分之一的国家的教育开支不足国内生产总值的4%和政府总支出的15%。① 而这四分之一的国家均为发展中国家。尽管中国和发达国家都有对发展中国家进行教育援助，但全球教育援助资金只占全球总支出额的0.3%。按照《全球教育监测报告》估计，2015—2030年，低收入和中低收入国家每年至少有390亿美元的资金缺口。② 其中，能投入发展中国家职业教育建设的资金则更为有限。职业教育的第三方市场合作能按照市场规律，根据三方的需求较为精准有效地推进发展中国家的职业教育国际合作，是现有国际教育援助不足的重要补充，也是整合多方资源、共同提供国际公共产品的重要方式。

三　国际职业教育的比较优势分析

在经济发展全球化和教育数字化迅猛发展的今天，中国和发达国家的职业教育在不同的土壤上逐步发展，现已各具优势。

发达国家的职业教育起步早，发展水平和教育质量高，产教融合水平高，已形成了一套系统化的校企合作、工学结合的教学培养模式，如德国的双元制、美国的合作教育、英国的三明治模式、日本的产学合作、

---

① 《全球教育监测报告》，联合国教科文组织官网（https：//www.education-progress.org/zh/articles/finance）。

② 《全球教育监测报告》，联合国教科文组织官网（https：//www.education-progress.org/zh/articles/finance）。

俄罗斯的教学生产联合体等。同时，发达国家具有资金优势，并对于职业教育如何提升人力资源管理运用和贡献度，如何培养能对接经济建设发展需求的技能型人才有较深入的研究，并建有较为成熟的职业教育相关法律法规。

中国的职业教育虽然起步比发达国家晚，但是近几十年在改革开放的浪潮中迅猛发展，现已基本形成了"产教融合、校企合作、工学结合、知行合一"的职业教育办学模式和育人模式。中国的职业院校覆盖行业广、数量多、教师数量多、学生基数大。同时，职业院校和有关企业正逐步形成有关技术专业相互合作相互培育人才的教学方式，学生就业率高。但是对于如何建立企业参与人才培养的激励机制，从而实现校企真正深度合作，如何改革职业院校的教育教学模式，从而培养出符合社会发展需求的创新型、应用型、技能型人才，如何建设高质量高水平的师资队伍等，仍处于动态发展的探索过程中。

上述可见，发达国家对国际职业教育的专业教学标准、教育国际通行标准、课程标准、相关法律法规等有较深入的研究，同时不同发达国家根据各自的产业发展需要，不断建强相关行业的职业教育体系，并根据生产链和技术升级情况不断调整升级教学课程，改进和创新职业技能技术教学方式，形成了较为成熟的职业教育培养模式。

但是，发达国家的职业教育"走出去"存在以下不足。一是发达国家的职业教育在行业覆盖面上没有中国的广。不同的发达国家在不同行业上各有所长，一些发达国家甚至缺失在某些行业领域的职业教育专业。二是发达国家的职业院校教师数量有限。人口老龄化使发达国家的职业院校教师资源难以在较短时间内扩大规模，职业生源也相对有限，难以组织足够的人力在发展中国家开展深度的职业教育国际合作。

相较而言，中国的职业教育行业覆盖面广，教师数量充足，学生基数大，正好能弥补发达国家的不足。也就是说，中国和发达国家在职业教育的国际合作上存在优势互补，有开展第三方市场合作的空间和潜力。第三方市场合作可以发挥中国和发达国家在职业教育上的优势互补，以相对少的资源撬动更大的收益，从而实现"共赢共享"。

第三节　职业教育的机制化路径探索

职业教育"走出去"可以在"一带一路"建设框架下通过第三方市场教育合作的方式实现。2021年1月，国务院新闻办公室发布的《新时代的中国国际发展合作》白皮书提到，职业教育能够将发展中国家人口资源转化为人口红利，是促进就业的重要途径，我们要推动职业教育国际发展合作，提升教育发展水平。

一　"一带一路"框架下职业教育国际合作现状

当前，中国开展职业教育国际合作以双边合作为主，多边合作尚处于初步探索阶段。

（一）职业教育双边合作

近年来，在中国政府的大力推动下，中国和发达国家之间的职业教育交流合作越来越多。具有代表性的是中国和英国、德国、法国的职业教育合作。2014年3月，广东省教育研究院与英国驻广州总领事馆文化教育处签署"中英职业教育（广东）现代学徒制试点合作备忘录"，寻求突破职业教育校企合作瓶颈问题的方案，借鉴英国学徒制的有关经验，选择7所广东职业院校和4所英国院校建立中高职院校联盟，在数控技术、汽车、旅游管理、计算机网络等专业试点现代学徒培养。[1] 在天津市政府的牵头下，从2017年开始，天津市第二商学校和英国合作学院开展密切合作，以"鲁班工坊"为依托，采用天津第二商学校研发的职业技术标准、学习资源，完成了符合英国教育标准的中餐烹饪职业技术资格证书的审批流程，为在世界范围内推广标准化的中餐职业技术技能奠定了基础。"中英鲁班工坊"合作项目以天津国家现代职业教育改革创新示范区的建设成果为基础，对接英国学历资格证书开发流程，创建了"英国鲁班工坊中餐烹饪艺术"学历标准，其中二、三、四级学历均已纳入

---

[1] 《广东与英国院校合作试点职业教育"现代学徒制"》，2014年3月，国务院新闻办公室官网（http://www.scio.gov.cn/dfbd/dfbd/Document/1367303/1367303.htm）。

英格兰国家普通和职业学历框架，实现了中国标准进入英国国家职业资格体系（NVQ），该项目于 2021 年 12 月在欧洲首家鲁班工坊——英国鲁班工坊验收评估会议上以优异的成绩通过评估验收。① 2021 年 7 月，中华职业教育社与英国技能优才中心签署合作备忘录，提出要建立"职业教育协作机制"的设想，尝试开展"职业教育评估评价体系"的研究，推进职业教育国际化合作，并充分发挥各自在"一带一路"沿线国家和地区的桥梁纽带作用，为各国各类职业教育机构赋能。② 2018 年 7 月，中德两国签署了《关于深化高等教育和职业教育领域合作的联合意向性声明》，提出要加强职业教育项目合作，并提出共同探讨开拓第三方市场，开展"工业 4.0"合作。③ 在 2019 年的全法留学工作会议上，中国提出未来将以职业教育作为中法教育交流与合作的重点领域，大力推进与法国的职业教育合作，推进 100 对中法友好城市和省区间开展技术和职业教育领域合作，以培养"中国制造"和发展现代服务业所需要的技术技能人才。④

在"一带一路"倡议的推动下，中国和其他发展中国家也积极开展职业教育发展合作。

一是援建职业技术学校和职业培训中心。中国为老挝、柬埔寨、尼泊尔、缅甸、巴基斯坦、阿富汗、卢旺达、乌干达、马拉维、埃及、苏丹、利比里亚、赤道几内亚、瓦努阿图等国援建了职业技术学校或职业培训中心，为阿塞拜疆、埃塞俄比亚、马达加斯加等国提供职业技术教育物资，帮助其改善职业教育质量。援苏丹恩图曼职业培训中心使其成为苏丹全国职业教育师资培养基地。在吉布提、埃及等国设立"鲁班工坊"，由中国职业教育学校对口建设，为当地青年提供实用的技术培训。

① 《欧洲首家鲁班工坊以优异成绩通过验收评估》，2021 年 12 月，人民网（http://world. people. com. cn/n1/2021/1216/c1002 - 32309870. html）。

② 《中华职业教育社与英国技能优才中心签署合作备忘录》，2021 年 7 月，中共中央统战部官网（http://www. zytzb. gov. cn/tzsx/357634. jhtml）。

③ 《第五轮中德政府磋商教育领域合作取得丰硕成果》，2018 年 7 月，教育部官网（http://www. moe. gov. cn/jyb_xwfb/gzdt_gzdt/moe_1485/201807/t20180712_342916. html）。

④ 《中国将大力推进与法国的职业教育合作》，2019 年 2 月，中华人民共和国国务院政府网，转引自新华社（http://www. gov. cn/guowuyuan/2019 - 02/24/content_5368117. htm）。

援布基纳法索职业培训中心技术援助项目激活了当地的职业教育市场。

二是搭建地区职业教育发展合作平台。中国—东盟开展了5届职业教育联展暨论坛推动了近20所职业院校协同中国企业与东盟国家职业院校合作办学，共享130余项职业教育课程教学标准，成立中国边境职业教育联盟和"中国—东盟金融与财税人才培训中心"等9个国家级东盟人才教育培训中心，为加快构建中国—东盟职业教育发展共同体、推进区域经济一体化进程发挥了积极作用。2021年的中国—东盟职业教育联展暨论坛，围绕职业教育服务现代农业、现代制造业、现代服务业、民族文化传承、乡村振兴、开放合作等议题，展示了中国—东盟职业教育的成果，探讨了高质量建设中国—东盟职业教育命运共同体的合作机制和路径。① 中非建立职业教育联合会推动职业教育合作，2022年5月11日，未来非洲—中非职业教育合作计划推进会暨中非职业教育联合会成立大会以线上线下形式举办，会议宣布成立中非职业教育联合会，建立中非长效合作机制，共同支持"未来非洲—中非职业教育合作计划"的实施，共同培养服务于先进制造业、数字经济等新兴产业的应用型技能人才，并深化在人才培养、师资培训、标准和课程共建等领域的合作。②

三是开展职业教育交流合作。为保障发展中国家可持续发展的人才支撑，组织开展农林牧渔、加工制造、建筑、科教文卫、手工技艺等领域的培训，为其他发展中国家培养更多具有一技之长的技术人才。2019年5月，举办了以"技能合作、共同发展"为主题的"一带一路"国际技能大赛，为有关发展中国家技能水平交流、促进就业创业搭建了有效平台。通过开展技术合作和培训，支持摩洛哥、埃塞俄比亚等国开展地球化学填图等工作，为有关国家矿业发展培养了一批人才。③ 中国也积极开展与拉美国家的职业教育合作，并搭建双多边交流对话平台。2022年2

---

① 《中国—东盟探讨高质量建设职业教育命运共同体》，2021年9月，中国新闻网（https：//www.chinanews.com.cn/gn/2021/09－28/9575556.shtml）。

② 《中非职业教育联合会宣告成立》，2022年5月，中非合作论坛官方网站，转引自中国日报（http：//focac.org.cn/chn/zfgx/rwjl/202205/t20220513_10685797.htm）。

③ 《新时代的中国国际发展合作白皮书》，2021年1月，国务院新闻办公室官网（http：//www.scio.gov.cn/zfbps/32832/Document/1696685/1696685.htm）。

月 18 日，中国和巴西举行了中国—巴西职业教育合作研讨会，中国、巴西两国行业组织、院校和企业代表分享与学习了金砖国家的职业教育发展经验，开展了学术交流与国际合作，并希望能开展职业教育深入合作，共同培养具有国际视野的创新型技术技能人才。[①]

（二）职业教育多边合作探索

中国在发展过程中积累了大量经验，本着相互尊重、相互借鉴、博采众长的精神，以开放务实的态度，稳步推进与发达国家及国际组织在国际发展领域的三方合作。

一是实施三方合作项目。中国与瑞士、葡萄牙、英国、美国、澳大利亚、新西兰、盖茨基金会等官方和非官方援助方开展三方合作，围绕农业、卫生等民生领域实施符合当地需求的合作项目。与葡萄牙在东帝汶举办中葡东三方合作海产养殖技术培训。与美国在非洲国家对卫生官员开展联合培训，并携手支持非洲国家抗击埃博拉疫情。与英国在乌干达、马拉维分别实施木薯和罗非鱼产业链合作试点项目。与澳大利亚在巴布亚新几内亚合作开展的疟疾防控项目，帮助巴布亚新几内亚新建立起了省级疟疾实验室网络，强化了常规疟疾诊断和监测能力。[②]

二是开展多边能力建设。中国积极同国际机构合作，支持其他发展中国家能力建设。同联合国设立统计能力开发信托基金，为 59 个发展中国家的近 900 名政府统计人员提供培训。中国还与非洲开发银行、西非开发银行、美洲开发银行、美洲国家组织等设立了能力建设基金、奖学金，通过联合研究报告、国际研讨会等方式，支持有关国家能力建设。使用南南合作援助基金同国际民航组织合作，为 105 个发展中国家的近 600 名中高级民航管理人员提供培训。与国际原子能机构合作，为 70 余个发展中国家培训和平利用核能与核技术领域从业人员 2000 余名。[③]

---

① 《中国—巴西职业教育合作研讨会成功举办》，2022 年 2 月，深圳职业技术学院官网（https：//www. szpt. edu. cn/info/1025/11189. htm）。

② 《新时代的中国国际发展合作白皮书》，2021 年 1 月，国务院新闻办公室官网（http：//www. scio. gov. cn/zfbps/32832/Document/1696685/1696685. htm）。

③ 《新时代的中国国际发展合作白皮书》，2021 年 1 月，国务院新闻办公室官网（http：//www. scio. gov. cn/zfbps/32832/Document/1696685/1696685. htm）。

中国与发达国家及国际组织的职业教育三方合作实践仍处于初探阶段。探索其机制化建设是第三方市场合作这一模式更好地推动职业教育"走出去"的重要路径。

二　职业教育多层次合作平台机制化建设

推动职业教育第三方市场合作应探讨各方促进优势互补、实现协同效应的具体合作路径，使各方能在合作中受益，并使受援国最大限度受益。由于职业教育三方合作涉及面广，各国开展职业教育合作的理念、模式和做法有所不同，各国职业院校和企业的需求需要协调推进，所以应本着循序渐进的原则，增进理解互信，为开展职业教育第三方市场合作奠定良好的基础。职业教育三方合作可以从宏观、中观和微观三个层次推进合作平台机制化建设。

一是推进以政府有关部门为主导的宏观合作平台建设。宏观合作平台主要是发挥政府在职业教育三方合作上的统筹作用，为合作搭建平台，共享信息，做足发展中国家职业教育需求等调研，促进合作形成。通过以政府间合作为引导的职业教育合作工作组、职业教育合作指导委员会、常态化合作工作机制等，促进中国与发达国家、其他发展中国家在政府层面的职业教育对接合作，宏观统筹职业教育合作所需要整合的职业院校、企业、金融机构等各种资源，并协同法律相关机构部门加强研判，以避免合作风险的出现。促进职业教育三方合作应加强职业教育合作领域的政策沟通，促进信息交流畅通，为合作提供政策支持和政策服务，并推进合作备忘录、合作清单等协议的签署，促使中国和发达国家达成合作共识，共同开展在发展中国家的职业教育合作。

二是推进以政府引导，职业院校、企业、金融机构为主体的中观合作平台建设。中观合作平台主要是运用政府、国际组织等有关部门搭建的交流合作平台，发挥职业院校、企业的能动性，积极与发达国家、发展中国家开展职业教育交流对接，促进三方合作项目的达成。根据发展中国家职业行业发展的需求，加强与发达国家职业院校和企业的对接合作，通过多种渠道组织有意向参与职业教育三方合作的发达国家和发展中国家政府部门及相关职业院校、企业开展职业教育国际合作论坛、研讨会等，以面对面交流协商的方式，促成三方合作项目。搭建信息中枢，整合现有的职业院校和企业相关的国际交流合作平台资源，开发符合职业教育三方合作需要的务实有效的交流合作平台，孵化合作项目，实现资源有效对接，共商职业教育教学体系标准、任务分配，共建职业教育三方合作体系，共享职业教育合作红利。

三是推进以服务职业教育三方合作的各类具体工作为目标的微观合作平台建设。微观合作平台是在具体落实层面做好各项协调工作的能力建设，以促进职业教育三方合作项目的落地落实。职业教育三方合作所涉及的行业、领域较多，而职业院校国际合作经验尚浅，因此在具体落实方面需加强筹划，避免出现潜在风险。宜建立职业教育语言沟通、跨文化交流、法律风险、金融风险等能力学习培训平台，提升职业院校和相关企业开展三方合作的合作能力、沟通能力和教育传播能力。

三　职业教育项目合作模式探索

按照 2019 年 8 月中国国家发展和改革委员会出台的《第三方市场合作指南和案例》所指出的产品服务类、工程合作类、投资合作类、产融结合类和战略合作类这五种合作类型①，职业教育第三方市场合作的潜在项目合作模式可以基于现有的五种合作类型开展，也可以根据各方的优势投资要素进行组合，发展出更适合职业教育三方合作的合作模式。

根据不同国家的比较优势，职业教育可以以现有的五种合作模式稳步推进。一是产品服务类方面，可以通过多种渠道主动对接发展中国家的职业教育需求，根据其项目需求，整合各方在相关服务要素上的比较优势，共同为第三方市场国家提供与职业教育相关的项目服务。二是工程合作类方面，可以在推进职业院校设施建设以及建筑、土木等工程类职业教育培训方面加强三方合作，通过总包、分包和联合竞标等多种方式取得合作，通过校舍建设、技能培训服务等工程的相关合作，实现股权投资和利润共享。三是投资合作类方面，可以通过国内外企业和职业

---

① 《第三方市场合作指南和案例》，2019 年 9 月，国家发展和改革委员会官网（https：//www. ndrc. gov. cn/xxgk/zcfb/tz/201909/W020190905514523737249. pdf）。

院校投资、参股、合资等多种投资方式，根据第三方国家政府和市场的需求，达成合作共识，在第三方市场开展合作办学，并依据不同地区发展中国家的需要，建立相应的职业教育教学课程体系，开拓实践教学。四是产融结合类方面，可以借助中国和发达国家的金融机构以联合融资、股权参与、银团贷款等多种方式，为职业教育合作项目融资，分区域按需求开拓职业教育第三方市场合作，以满足发展中国家对职业教育发展的迫切需求。五是战略合作类方面，可以通过中国、发达国家和第三方国家协商达成战略合作协议或职业教育合作联盟等方式，在职业教育领域开展战略性合作，如应用型人才联合培养、职业技能等级证书标准和国际认可、职业院校能力建设等，共建职业教育三方合作平台，共享合作成果。

此外，职业教育项目合作模式也可以根据项目所需要的投资要素在全球范围内整合优势互补资源，进行对接整合，探索出合作项目所需要的合作模式。如图 4 - 1 所示。

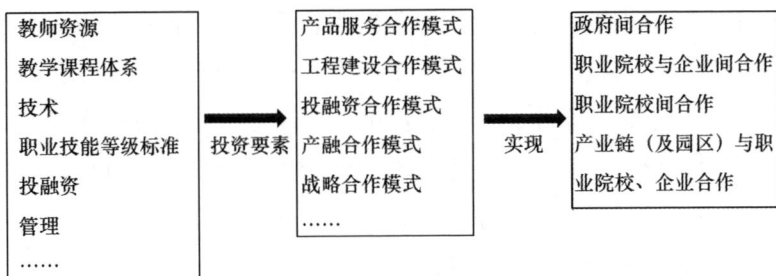

图 4 - 1 职业教育第三方市场合作模式拓展分析

本章小结

职业教育对于推动经济社会发展具有重要意义，尤其对于发展中国家的经济建设和工业化建设价值巨大。本章在对职业教育三方合作涉及的主要行为体进行身份界定和利益界定的基础上，探讨推进职业教育第三方市场合作的可能性和可行性，并探索如何推动职业教育三方合作的机制化建设。

从全球视角来看，职业教育受到国际社会无政府状态的影响，其发展并不均衡，但也因为无政府状态，在全球价值链、产业链不断交织发展的时代下，推动职业教育国际化发展和加强国际合作是使职业教育能够得到长远发展的重要途径。职业教育的发展需要在国际合作中不断吸收新思想、新技术、新知识，根据时代发展的需求不断更新教学课程，也需要在这个过程中制定出国际共同认可的相关教学标准、行业专业标准，加强职业教育三方合作对于中国和发达国家而言都具有重要意义。同时，发达国家由于工业化发展较为成熟，相关的教学标准和行业专业标准也较为完善，在职业教育的专业领域、资金等方面有较大优势，而中国的职业教育也在改革开放的浪潮中不断发展完善，形成了自身的独特优势，职业教育所涉行业覆盖面广，教师资源多，两者优势互补，可以对接发展中国家日益增长的职业教育发展需求，这正好为两者的合作奠定了基础。

职业教育三方合作的机制化建设可以从宏观、中观、微观三个层次推进，通过以政府有关部门为主导的宏观合作平台，促进交流、共享信息、推动合作；通过以职业院校和企业为主体的中观合作平台，加强对接、共商项目、促成合作；通过以促进各项职业教育三方合作落实落地为目标的微观合作平台，提升沟通与合作能力，降低合作风险。在合作模式方面，职业教育三方合作可以根据合作项目所需，发挥不同国家的优势互补，以多种合作模式实现合作对接。

第 五 章

分地域的第三方市场合作推动路径

　　"一带一路"建设下的第三方市场合作既具有整体性，也具有局部性。在具体推进第三方市场合作的过程中，不仅要注重整体统筹，把握合作建设在政策沟通、设施联通、资金融通、贸易畅通和民心相通五个方面的协调统一，也要有针对性，根据不同地域不同国家的关注点，探索与不同地区不同国家之间合作的务实推动模式。由于本书认为第三方市场合作是"一带一路"建设多边化的重要途径，所以在具体论证的过程中，主要侧重于探索推动中国与发达国家或其他新兴国家在第三方国家的合作路径。

　　第三方市场合作就其本质而言是多边合作。在经济全球化不断发展的今天，大部分国家的经济市场都不是独立存在的，往往相互渗透，受到一个或多个国家的影响。大多数第三方国家市场或多或少都有着一些具有长期影响力的投资国。这些投资国家在第三方国家市场或有悠久的投资历史，已建立较深厚的投资根基，或在第三方国家发展的过程中不断加大投资，并已形成一定的投资规模。所以，第三方市场并不是一个全新的市场，而是一个存在原生投资贸易的发展中市场或后成熟市场。第三方市场合作则是在第三方国家原有的经济市场上衍生出来的，由两个或多个投资国合作与第三方国家形成合力，以市场为主导的符合合作各方自身利益和共同利益的国家间多边合作模式。因此，在推进第三方市场合作的过程中，要充分考虑不同地域第三方市场中的原有投资国，与对相应第三方市场有共同投资意愿的发达国家共同探讨合作内容，寻求合作空间，真正实现共商共建共享的合作发展理念。

第一节　与欧洲国家开展在中东欧、非洲等地区的第三方市场合作

一　中欧开展第三方市场合作的可行性分析

欧洲国家人口约占世界总人口的 7.1%，而 GDP 约占世界经济的四分之一，是世界最大的发达国家经济体，也是最大的对外投资和贸易集团，FDI 的流入和流出均居世界第一。其中，欧洲发达经济体主要是英国、法国、德国、意大利、荷兰、丹麦、瑞士、芬兰、比利时、卢森堡、瑞典、西班牙、奥地利、挪威、冰岛、爱尔兰。

（一）欧盟可持续发展的政治目标方向

谈到欧洲国家的政治外交基本离不开欧盟，作为一个国家主权让渡最高的超国家机构，欧盟在欧洲国家中具有举足轻重的地位。当前，全球性问题不断激化，全球经济发展动力略显匮乏，同时美国、俄罗斯等大国带来的地缘压力较大，在这种情况下，欧盟越来越将欧洲国家拧成了一团，"主权"意识也在不断攀升。欧洲国家在复杂的内外局势当中，表现出了一种危机感。同时，欧洲国家对国际社会的认知也发生了深刻变化，不再认为美国是世界主导，而是认为国际秩序正在向大国竞争转变。尤其是在 2018 年，特朗普政府以关税作为维护"美国优先"和"美国安全"的利器，针对欧盟对美出口的优势产品征收高额关税后，欧盟虽然做出了反制行动，并取得了一定的成效，但迫于欧盟在对美博弈中的劣势地位，不到 2 个月时间就与美国达成了"三零"共识。然而，美国的这一举动和美欧关系的不确定性实际上也给欧洲国家打了预防针，使得欧盟越发强调"团结"。欧盟主席容克在欧美贸易摩擦后发表的演说中指出，"盟友可能会随时间而发生变化，昨天的盟友可能在明天就会发生变化"，欧洲不能继续做世界变化秩序中的"买家"，而要在国际关系和国际政治的变化过程中充当"玩家"。美国所施加的压力显然并没有使欧洲国家屈服，反而使其变得更为独立。同时，也使欧洲国家清楚地认识到，美国也许并不是值得依赖的盟友。在国际关系中并没有明确的朋友和敌人的界线，国家间关系也并不是一成不变的。这或许意味着欧盟

将在国际社会上进一步发挥积极作用，利用欧洲一体化所凝聚成的国际力量，沿袭平衡术的传统，在美国、俄罗斯、中国等大国之间寻求平衡和合作的空间，借以促进欧洲国家的经济发展，改善欧洲的社会环境，实现欧洲人民所追求的美好生活。

实际上，欧洲国家也在不同程度地探索欧洲发展之路。第一，欧盟虽然稳住了和美国之间的贸易关系，但也在积极扩大和其他国家之间的贸易投资，以免被美国扼住喉咙。虽然欧盟和美国已经达成"三零"共识，但该共识的有效性和有效期充满不确定性。对此，欧盟启动了一系列措施积极提升欧元的国际地位，并投入大量军费，提升欧洲的军事防御能力，以增强欧洲的经济独立性和军事独立性。德国外长马斯还提倡建设"多边主义联盟"以制衡美国。第二，采取双向平衡手段，在发达国家和中国之间寻求合作平衡，促进欧洲经济稳定可持续发展。一是继续保持和发展与发达国家之间的经济贸易投资。由于以美国为首的发达国家是欧洲的重要贸易国，故欧盟仍采取措施促进与美国等发达国家的经济发展。2018年欧美日三方会谈，欧盟与美国、日本洽谈开放市场、贸易合作和国内技术保护有关措施，并对部分国有企业可能不遵循市场规则的行为提出了反制措施。二是以开放的态度与中国加强合作对接。2018年欧盟与中国发表联合声明，表示愿共同促进多边主义，维护国际合作秩序。欧盟也在多个场合和协议中提及，中国与欧盟是有着共同目标的合作伙伴，中国是欧盟寻求利益平衡的关键伙伴，也是欧盟在谋求技术创新领导地位的竞争对手和经济合作伙伴，并希望在欧盟的框架和标准下，加强欧盟国家与中国之间的合作。中欧班列的运行和近几年欧盟支持中国和欧洲国家的第三方市场合作就是力证。

（二）中国与以欧盟为主的西欧国家

中国是欧盟第二大贸易伙伴，欧盟是中国最大的贸易伙伴，中国与欧盟国家之间是紧密联系在一起的。[①] 为此，欧盟委员会在与中国的合作

---

① 2017年，欧盟占中国商品进口额的13%（2170亿欧元），占中国商品出口额的16%（3320亿欧元）。同年，中国占欧盟商品出口份额的11%（1980亿欧元），占欧盟商品进口份额的20%（3750亿欧元）。2017年后，中国和欧盟之间的贸易越来越频繁，贸易份额逐年增长。

中提出了三个发展目标：一是深化与中国的合作，促进全球共同利益的发展。二是最大限度地寻求平衡、互惠的规则来规划和发展与中国的经济合作关系。三是欧盟国家应不断调整国内政策，强化自身各个产业的基础，适应变化中的经济合作发展，以谋求可持续的经济繁荣，保持自身的价值观和社会运行模式。这表明了欧盟对于与中国合作的态度是较为积极的。无论是中国和中东欧国家的"17＋1"合作，还是中国与法国、英国、意大利、比利时、西班牙等发达国家的第三方市场合作，这实际上都是欧盟国家探索与中国形成更为紧密的经济联系的积极举措。欧盟国家对于与中国合作的未来发展前景保持着乐观态度，并在多个领域积极寻求与中国开展经济合作的有关内容和机制建设。这是中国与欧洲发达国家加强在中东欧国家以及在非洲国家第三方市场合作的重要前提和基本条件。

欧洲国家的经济稳健发展需要加强与中国的第三方市场合作。2018年可以说是欧洲经济从2013年经济持续稳定以来的重大转折点。欧洲经济从2018年开始，增速不断放缓，至今没有获得稳健的增长动力。欧洲不同地区国家经济发展缓慢的原因虽不尽相同，但其经济增速放缓的共同原因有二：第一，欧洲发达国家经济发展放缓的主要外部原因是美国的单边贸易主义，美国对世界主要经济体的征税政策和贸易摩擦都不同程度地波及欧洲发达国家。美国是欧洲发达国家第一大直接投资国，美国经济贸易政策的不确定性将能直接影响到欧洲发达国家的经济投资，为欧洲发达国家的投资带来较大风险。同时，在美国单边主义盛行导致世界经济面对较多不确定因素的情况下，欧洲发达国家在其他地区的经济投资也同样包含着不确定因素。第二，经济增长放缓的主要内部原因是欧洲的新排放政策。新排放政策尤其对欧洲制造业的发展带来了较大影响。欧盟的新排放政策对相关产业的排放提出了较高要求，这就使得技术革新和部分产业的转移性投资成为经济调整升级的重点。内外因的共同作用驱使欧洲发达国家加大投资发展中经济体市场以及和中国开展第三方市场合作。

相比之下，与中国开展"17＋1"合作的中东欧国家是欧洲国家中增速最快的，大部分增速在3％以上，经济增长动力和潜力巨大。但是，中东欧国家也存在产业结构不合理，部分产业缺失或有短板、社会矛盾突出等问题，这是欧盟团结稳定发展的一个软肋，是欧洲国家经济有待发展的重点区域。因此，中东欧国家的未来经济发展仍有较大的资金、技术投资需求，其市场仍具备较大的开拓空间。中东欧国家的这些产业短板及结构调整升级的发展需求正是中国与欧洲发达国家可以开展在中东欧国家第三方市场合作的必要条件。

　　非洲国家虽然经济发展水平有限，但却具备着与其经济地位不太匹配的国际政治地位，有着一定的国际影响力，同时也是世界极具经济发展潜力和机遇的市场之一。经过近百年的发展和调整后，非洲的发展中国家慢慢形成了潜力巨大的国际市场。非洲市场的发展机遇在于其人口增长率高和人口年轻化并存的社会环境。高增长率的人口不仅带来了巨大的人口红利，也形成了颇具规模的消费市场。人口是非洲市场迎来较大发展潜力的重要原因。同时，非洲具备较为稳定的政治关系、经济关系，这都是非洲市场发展后劲充足的重要保障。近代以来，欧非关系经过了较为复杂而长期的历史变化过程，在几次重塑之后，如今又从援助关系转变成互利互惠的投资合作伙伴关系。关系的转变反映出西欧国家对非洲市场的日益重视。尤其是在 2018 年美国贸易单边主义引发一系列的经济连锁反应后，法国、德国等一些欧洲发达国家更深刻地意识到了分散投资的重要性，而非洲市场正好是投资的洼地。2019 年 2 月的慕尼黑会议上，默克尔提出要学习中国在非洲投资的有关经验，通过发展改善非洲产业结构，完善基础设施建设，创造就业岗位，进而获得更高的投资回报。[①] 欧洲大部分发达国家都重新审视了非洲市场的巨大潜力，期望在为非洲经济投资助力的过程中，实现自身利益。欧洲发达国家对于非洲市场投资的重视与"一带一路"建设不谋而合，这也是中国与欧洲发达国家可以在非洲地区加强第三方市场合作、共同投资非洲市场的重要原因。

---

　　① 任珂、张远：《默克尔点赞中国在非发展援助，称德国要学习经验方法》，中国科技新闻网，转引自新华社慕尼黑 2019 年 2 月 16 日电（https：//www.zghy.org.cn/item/117523612109332480）。

加强欧洲发达国家与中国在中东欧国家和非洲国家的第三方市场合作，既可以为欧洲发达国家扩展投资的地域范围，减少或避免因美国因素导致的经济不确定性，也可以增强欧洲国家经济的稳健增长，优化投资结构，并扩大在国际范围内的经济影响力。因此，两者的第三方市场合作具有很强的可行性和战略性意义。

二　中欧第三方市场合作的现状

目前，与中国签署第三方市场合作协议的发达国家中，欧洲国家是最多的，包括法国、英国、意大利、瑞士、奥地利、比利时、荷兰、葡萄牙、西班牙共9个国家。中国与欧洲国家的第三方市场合作大部分已进入具体实践和磨合阶段，少部分尚处于项目研讨和合作意向对接阶段，合作国都在不同程度地探索着第三方市场合作的具体方案和项目。中欧企业的第三方市场合作大体朝着积极开拓合作空间，形成优势合力，积极推动第三方市场合作的方向发展。

近几年来，中国在中东欧国家、巴尔干西部和非洲等第三方市场的各类基础设施建设、产业投资中已打下一定的基础。中国投资也为许多接受国的经济增长做出了建设性贡献，得到了众多接受国的认可。中国在第三方市场投资中所做的努力为中国和欧洲发达国家在第三方市场的基础设施投资合作做足了前期准备。根据第三方市场的需求情况，中国和欧洲合作国家创造性地开发出了产品服务、工程合作、投资合作、产融结合、战略合作五种合作模式，目前还在探索其他类型的合作模式。

其中，中国与法国最早开始进行第三方市场合作，并已取得初步成效。从2015年至今，中法两国已经签署了三轮中法第三方市场合作项目清单，并根据项目清单，整合资源，对第三方国家进行合作投资。其中，具有代表性的是，中法两国对希腊塞萨洛尼基港口等多个第三方国家港口的投资。中法两国多个航运公司联手组建了"海洋联盟"，整合航运资源，优化航运布局，降低运输成本，建立并规范航运市场规则，降低海运非传统安全风险。两国还共同投资了俄罗斯的LNG油气项目。目前，中法两国的第三方市场合作已日渐成熟，在政府间的宏观合作沟通、政企与企业之间的中观合作对接上积累了相当多的经验。这对中国与其他欧洲国家之间的合作具有一定的借鉴和范式意义。

中国与不少欧洲发达国家在第三方市场的企业合作在合作协议签署之前就已出现，签署合作协议可以说是合作实践发展到一定阶段而水到渠成的结果。中国和意大利早在 2014 年就已洽谈在黎巴嫩开展水隧道项目的合作，2018 年已基本竣工。中意合作的埃塞俄比亚的水电站项目在 2018 年已发电 150 亿度，有效缓解了埃塞俄比亚的电力压力，实现了三方共赢。这为 2018 年中意两国在阿塞拜疆钢铁生产综合体项目的合作打下了坚实基础，也最终成为中意两国在 2018 年 9 月签署第三方市场合作协议的重要驱动力。此后，中意两国创新性地探索"融资＋制造"的合作模式，将中国产能与意大利管理经验相融合，开拓拉美市场，为拉美国家提供高性价比的产能和基建开发项目。中国还与西班牙合建了厄多瓜尔全国最好的赛博医院，与英国共建了卡塔尔世界杯体育场项目，与德国合建了莫桑比克至南非的公路干线。这些都是中国与欧洲国家开展的具有代表性的第三方市场合作实践。此外，中国和欧洲国家的合作还包括一些服务民生与生产的中小型项目。包括为居民通水通电，修建学校、医院、运动场等公共设施，并因地制宜地发展第三方国家的各类产业。

但也有少部分欧洲发达国家与中国有合作之"实"，却尚未签署协议。如中国企业与德国企业在第三方市场上虽合作实践较多，互补优势较强，但还尚未签署第三方市场合作协议。尽管如此，随着中国与欧洲国家之间的合作实践不断增多，未来将可能有更多的合作实践以合作协议的方式确定下来。

三　中欧第三方市场合作面临的难点与挑战

中国和欧洲发达国家之间的合作已取得了显著成效，沟通合作机制基本形成，合作关系日益紧密。但在机制化建设和合作过程中仍存在一些困境和挑战，需要在之后的合作实践中妥善应对。

第一，信任度有待进一步提高。由于文化、价值观念、社会制度的不同，不同国家对第三方市场合作的解读有所不同。在部分欧洲发达国家看来，"一带一路"建设虽然主要是经济政策，以达到经济目的为主，但也不排除带有一定的政治目的，因而可能会担心出现中国在价值观、政治制度、规范和标准等方面的渗透，从而影响国家之间的信任度。但大部分欧洲发达国家对与中国形成更紧密的经济联系是持积极态度的。不少欧洲发达国家不仅希望加强与中国之间的投资合作，同时也希望共同开拓双方在第三方市场上的投资合作，这是不少欧洲国家与中国签署合作协议的原因。欧洲发达国家对于中国与中东欧国家的经济合作，以及欧洲发达国家与中国在中东欧国家形成第三方市场合作本身并不反感，也并不希望与中国脱钩。相反，欧洲发达国家也期望在与中国加强第三方市场合作的过程中，真正实现"共赢"，在促进第三方国家市场发展的同时，实现更大的利益。

第二，透明度不足。透明度缺乏、招标信息公开不足是第三方市场合作的限制因素之一。欧洲发达国家企业较难找到有关项目参与竞标。从承包、分包到采购等，不少欧洲中小企业缺乏参与第三方市场合作项目的途径。大多数欧洲合作企业是由中国或第三方市场国家直接联系，或与中国是合作伙伴公司而参与到第三方市场合作中的。根据中国欧盟商会的有关问卷调查，只有15%的欧洲企业是通过公开招标渠道参与到合作当中的，且主要行业分布在金融服务、物流、机械等领域，建筑、能源类领域合作几乎没有。

第三，合作实践中存在一些障碍。合作实践中的障碍主要来自两个方面。一是由于中国和欧洲发达国家的企业文化不同，在对待具体事务上的思路和处理办法可能有一定差异。比如中国企业在一些具体事务的处理上比较灵活，但这在一些欧洲企业看来则是过于随性。而欧洲企业对规则的遵守较为严苛，更注重流程化，这在一些中国企业看来则可能是过于古板。这些都需要合作企业之间不断磨合，从而达到更好的合作效果。二是中东欧、非洲、拉美的一些国家文明交汇、社会制度不一、政权稳定程度不一、相互信任度不一，这可能给中欧国家的第三方市场合作实践带来一定的阻碍，影响合作的广度。

四 中欧推进第三方市场合作的布局建议

中国与欧洲发达国家具有较强的合作潜力和合作意愿，虽然存在一些挑战，但仍可以针对中欧第三方市场合作过程中面临的难点，从以下四个方面开展有关工作。

第一，加强信任建设，继续优化宏观合作平台。要健全政府间合作工作机制，完善第三方市场合作论坛、第三方市场合作对话等政企合作平台建设，把常态化机制和机动性机制相结合，促进通达的政策沟通。在重大战略合作和国际发展合作上，加强对话沟通，合理制定中国与欧洲发达国家之间的第三方市场合作发展目标和清单。在第三方市场合作过程中，要充分考虑各方的需求，提高透明度，用实际行动展示合作的诚意。同时，建立多样化、多层次的第三方市场合作宣传渠道，强调第三方市场合作的公开性、透明度。要加强对外宣传工作，树立第三方市场合作典范，让更多发达国家认识到第三方市场合作对实现共同利益的重要作用，让更多第三方国家认识到合作所能为其带来的巨大利益，从而提升合作参与国之间的合作驱动力和信任度。

第二，优化合作机制建设，在合作机制框架下细化不同领域的合作平台建设。在基础设施建设方面，根据中东欧国家和非洲国家市场的基础设施需求，可以建立交通基础设施、产业基础设施、数字网络基础设施三个板块的项目合作交流平台，发展基础设施建设企业联盟，共同搭建完善的海陆空一体交通运输网络，为中欧企业开拓各区域市场整合更多资源。在能源合作方面，加强中欧国家之间的能源合作，发挥现有平台作用。可以鼓励中外企业形成合作联盟，共同探索新型能源和可再生能源的技术开发和效能提升方法，建立聚变能研究、核安全、核循环、核废料管理等的战略性合作伙伴关系，并开展试点项目合作。在产业合作方面，建立集群式产业合作机制。以可持续发展为目标，以工业建设促进城市化发展，加强企业在各类工业、农业、信息通信、生物技术等多个领域的协同合作。

第三，与现有国际组织和地区组织加强第三方市场合作，发挥其对非洲市场、中东欧市场等第三方市场的独特作用，促进第三方市场合作的顺利进行。从非洲国家角度来看，非洲国家是不少国际组织扶贫和援助的重点之一，也是中欧国家第三方市场合作的重点。因而，中外企业和国际组织存在较大的合作空间，可以共同助力非洲国家减贫脱贫，并实现更稳健发展。从中东欧角度来看，中东欧地区经济水平相对弱是欧盟一体化过程中长期存在的问题之一，也是欧盟期望解决的问题。中欧第三方市场合作正好可以满足欧盟及欧洲国家的发展利益，实现共赢。世界银行、国际货币基金组织、亚投行等国际组织和欧盟、非盟等地区组织在非洲、中东欧等地区影响力较大。与这些国际组织和地区组织加强合作，可以更好更快地达成合作共识，在当地建立起合作体系，并开发更多种类的合作项目。这也有助于减少项目开展过程中的阻碍，为在该地区国家开展第三方市场合作铺平道路。

　　第四，加强中国和欧盟在亚非欧地区的非传统安全合作，为第三方市场合作保驾护航。气候变化是非传统安全问题的重点议题之一。若以高能耗低效率的模式推进经济建设，不符合应对气候变化的初衷。但片面强调节能减排也不符合发展中国家的利益，容易导致项目难以真正落实。加强中欧在节能减排方面的合作，以中国和欧洲发达国家的互补优势促进发展中国家的绿色发展也许是化解城市经济发展和绿色减排之间所存矛盾的重要法宝。此外，海洋综合管理对中欧国家的第三方市场合作具有战略性意义。加强海域安全合作，采取措施，联合反制海盗对提升有关国家和地区的航运安全意义重大。宜进一步发挥海洋联盟的作用，扩大海洋联盟的成员及适用领域，加强相关企业在海洋科技、海洋监测、水质管理、海洋能源利用、海上运输安全等海上非传统安全方面的合作。

第二节　与日本、新加坡等亚洲发达
国家开展多区域第三方市场合作

一　中国与亚洲发达国家开展第三方市场合作的可行性分析

　　亚洲地区的发达国家不多，主要集中在东亚地区。亚洲是世界经济增长最快的地区之一，是世界经济的重要引擎。亚洲地区经济发展较快的国家其优势领域各不相同，比如日本在高新技术、生产管理方面有较大优势，新加坡在金融方面优势突出等。这些国家有一个共同点，即对外投资资金占比较大，非常关注国外市场，对外投资参与热情较高。东亚地区的发达国家中，主要有三个国家对第三方市场合作表示出强烈的意愿，分别是日本、新加坡和韩国，三国均已同中国签署了第三方市场合作协议，并开展了有关项目合作。

（一）日本的考量

自2018年以来，虽然日本经济仍处上升之势，但增长势头明显放缓，经济增长动力不足。2018年实际GDP增长0.7%，比2017年实际GDP减少了1%。日本的经济发展面临内外的风险。就国内政治经济而言，国内市场已接近饱和，消费较为疲软。近两年日本经济增长主要依靠内需。其中，中国游客又是其内需带动经济增长的重要贡献者。然而，日本经济的基本格局没变，经济拉动仍主要依靠外需，故外需的下降会直接影响到日本经济。对此，日本不断加大对发展中经济体的投资，期望促进发展中经济体的可持续发展，进而促进日本外需的稳步增长。但在对外投资中，设备投资已逐渐接近饱和，原本投资规模和投资回报率均较大的制造业、机电产品、石化产业等产业的需求明显下降，通讯产业、建筑产业的需求虽有增长，但目前还不足以成为拉动外需的主要动力，外需对经济的拉动力面临困境。在内需接近饱和的情况下，日本经济的可持续发展需要刺激外需增加。

国际方面，第一，自2018年以来，全球经济增速放缓，世界政治经济面临的不确定性增加。国际力量的变化带来了百年未有之大变局，新兴力量的崛起是大势所趋。第二，美国的压力是中日第三方市场合作的契机。美国推行贸易单边主义，强调"美国优先"，对多国增加关税，以减少部分国家对美贸易的顺差，日本也难以避免。2019年4月美日贸易谈判的目的就是以谈判的形式减少日本对美贸易顺差，该谈判结果将对日本经济造成一定程度的影响。同时，美国与中国之间的贸易摩擦不仅给世界经济带来了较大影响，对日本也产生了无法估量的波及效应。日本虽然在安全上依靠美国，但谋求经济发展方面显然无法完全依靠美国。为警惕美国对外政策对日本经济造成的潜在负面影响，也为避免出现完全"选边站"的状态，与中国加强经济合作就成为符合日本政治利益和经济利益的选择。

中日两国在国际经济和投资上具有较大的合作契合点。第一，中日两国都有对基础设施投资的强烈意愿。近几年，中日两国在基础设施领域的投资排在世界国家的前两位。由于投资的目标地区有不少重合之处，中日两国曾因基础设施投资竞争而导致两败俱伤的局面，如印尼高铁项目。第二，中日两国都有加强对外产业投资的意愿。实际上，中日两国在东南亚地区的制造业投资竞争也很激烈，涉及范围更广。日本对东南亚国家的投资中，制造业比重超过50%。中国对东南亚国家制造业的投资比重同样稳步上升。由于投资的地域和领域有较大重合之处，在前期投资过程中，难免出现竞争。判断竞争获胜的标准有二，一是彻底打退对方，使之在竞争市场消失，二是绝对性削弱对方在竞争市场中的优势，使之完全无法形成抗衡力量。显然，无论是日本还是中国都无法在竞争市场上获得绝对性胜利。而且第三方市场并非垄断性市场，而是开放性市场，你死我活式的竞争难以取得成正比的收获，也难以使自身在该市场上立于不败之地。相比之下，合作则是在综合各方面因素情况下的最优选择。近几年，中日关系正朝着更稳健的友好关系发展，双方经济依存度高且不断上升，在全球价值链、全球生产链和供应链上日益融合，这为中日两国的经济合作务实了基础，并逐渐形成了较强的合作共识。所以，摆在中日两国之间的问题，并不是在存在竞争关系的领域是否要进行合作，而是通过什么样的协商合作模式，如何进行合作才能更有效地实现共同利益。

在这样的内外环境之下，为了促进经济的可持续发展，并在国际社会中立于不败之地，日本需要做出更为长期的对外投资布局，以持续拉动外需的增长。与中国开展第三方市场合作正好可以满足日本的政治经济需求，一是通过平衡术战略，加强与中国的经济合作，以减少美国对日本经济的影响。在中美两国之间达成不同领域的合作，是谋求日本政治、经济的最优发展方案。二是通过与中国的合作，共同参与国际投资规则的制定，日本可以更好地融入发展变化中的全球价值链，乘着发展中国家经济增长的东风，实现日本经济的持续增长。三是日本对第三方市场合作的合作区域和合作领域定位在不断调整。东南亚地区的投资合作是中日两国开展第三方市场合作的主要利益交汇点，是当前合作的重点。若两国在东南亚地区的投资合作能顺利打下坚实基础，未来中日两国之间的合作将可能延伸到更多地区和领域。由于日本对不发达地区的国际援助与第三方市场合作项目有部分相似之处，合作投资的形式也许能更有效地激发市场活力。日本的部分对外援助可能会以合作投资的形式进行，以便更好地促进发展中国家的稳健发展。

（二）新加坡的考量

新加坡经济发展水平处于世界前列，但经济弹性较大，国内市场有限，经济敏感性大，容易受外部经济市场的影响。当前，由于世界经济不稳定性增加，新加坡的经济发展情况晴雨不定，世界金融中心地位受到一定程度的影响。近几年来，新加坡经济增速不断放缓，2019年新加坡经济增速更是出现新低，制造业也呈萎缩之势。与中国开展第三方市场合作不仅有助于提升新加坡作为国际金融中心的影响力，也可以促进新加坡对外产业的稳健发展。因而，参与第三方市场合作是新加坡的重要发展机遇。

中国与新加坡的经济互补性较强，加强合作有利于实现互利共赢。第一，中新两国在数字经济上具有互补优势。《数字社会指数2019：数字世界中的人类需求》显示，新加坡在数字经济发展中排名第一[①]，新加坡在区位优势、高素质技术人才、数字基础设施和政府治理上都具备数字经济的发展优势。数字经济是有效融合金融业、各类制造业、基础设施、社会民生服务等的重要载体，有助于激活第三方市场的发展活力。而中国在推进经济市场发展方面具有丰富经验，在产业数字化的发展模式上也具有较强的创新能力，两者合作将能够有效补充新加坡在这些方面的不足。第二，中新两国在企业数字化转型方面具有互补优势。新加坡的信息基础设施建设位居世界前列，在数字化国家治理、交通智能、安全治理等方面优势明显。但在企业数字化建设方面与中国相比较为薄弱。产业数字化的竞争力不足制约了新加坡的经济发展。与中国开展第三方市场合作正好可以弥补新加坡在这方面的短板，更好地进军发展中国家市场。第三，新加坡在金融方面的优势可以助力第三方市场合作。新加坡作为世界金融中心之一，融资能力较强，在风险控制方面也有较强的

---

① 电通安吉斯集团、牛津经济研究院：《数字社会指数2019：数字世界中的人类需求》（http://cn.dailyeconomic.com/ business/2019/04/09/4815.html）。

管理能力和应急能力。第三方市场合作的项目大多为大中型项目，这需要不断拓宽融资渠道和提高融资能力以保证项目顺利进行。

（三）韩国的考量

韩国是一个经济对外依存度非常高的国家，因而高度重视经贸领域的对外扩展与合作。自从中国提出"一带一路"倡议以来，韩国便积极响应，先后提出了欧亚倡议、新经济构想、新北方政策、新南方政策，以期拓展韩国的对外投资和贸易，对接"一带一路"合作倡议。

韩国积极与中国加强第三方市场合作主要有以下几点考虑。

一是美国的压力。美国的单边主义贸易政策在一定程度上影响了韩国的经济。由于安全上依赖美国，在2018年3月的韩美自由贸易协定修改上，韩国政府作出较大妥协，比如限制对美国出口钢铁产品的额度，并降低美国汽车进口关税等。韩国对美国经贸红利的削减使得韩国考虑以拓展和其他国家或地区的经贸合作作为经济增长的突破口。通过推动韩国与其他国家之间的经贸往来，可以减少美国方面对韩国经济的冲击，维持韩国经济的可持续增长。

二是韩国经济利益的考量。目前，世界经济发展的难题不断增加，一些国家的贸易保护主义不断抬头，这对以对外贸易为主要经济命脉的韩国而言将是较大的挑战。受韩日贸易摩擦和中美贸易摩擦的影响，2019年韩国经济增速仅为2%，经济下行压力仍然较大。中国是韩国第一大贸易国，但是近几年由于萨德问题，中韩两国之间的贸易连年下降，这对韩国经济而言也是一大冲击。在当前形势下，发展更稳定的地区经济投资和合作关系，对促进韩国经济的持续增长以及产业的更新升级具有重大意义。故与中国加强第三方市场合作是韩国恢复与中国的经济往来并重振经济的一大机遇。

三是韩国扩大与东南亚国家经贸合作和格局转型的需要。东南亚市场一直是韩国对外贸易的重点区域。由于东南亚地区经济投资环境较好，近几年韩国不断加大对东南亚地区的投资力度。2018年，韩国对东盟投资占对亚洲投资的45%。时任总统文在寅也在积极推进其"新南方政策"。2019年11月，在文在寅的推动下，韩国举办了文在寅在任以来最大规模的国际会议韩国—东盟国家系列峰会，并协商签订

《区域经济伙伴关系协定》。① 韩国对东南亚的投资金额不断增加，投资方向也在转型期，正从单一格局向多元化产业发展转变，以优化韩国在东南亚地区的产业链。与中国开展第三方市场合作正好可以强强联合，弥补韩国在深化开拓东南亚市场上的不足。

四是更务实地参与"一带一路"建设。近几年来，韩国虽多次表达出参与"一带一路"建设的意愿，积极对接"一带一路"，但在具体实践中的合作尚少，仍有较大的合作空间。时任总统文在寅在 2017 年访华时就提出希望利用两国各自的比较优势，强强联手，共同开发第三方市场。2020 年文在寅在新年致辞中再次特意强调要开拓新的经济发展模式，以互利共赢为发展目标，实现保质保量的经济发展。韩国在汽车、电子、船舶等方面产业优势较明显，而中国也有很多韩国所不具备的比较优势，加强两国企业的对接合作是韩国更务实参与"一带一路"建设的重要途径。加强第三方市场合作为韩国务实对接"一带一路"建设提供了良好平台。

二　中国与亚洲发达国家的第三方市场合作现状

目前，与中国签署第三方市场合作协议的东亚发达国家有日本、新加坡和韩国。中国与这些国家之间的第三方市场合作虽然起步较晚，但发展迅速，合作意愿和行动力后劲十足。

中国与日本于 2018 年 5 月签署了第三方市场合作备忘录，并设立了部门间工作机制。同年 10 月，中日两国举行了第三方市场合作论坛，共签署了 52 项合作协议，投入金额不少于 180 亿美元。中日之间的第三方市场合作进展顺利，合作意愿强，合作潜力大，这将是中日两国开展实质性合作的重要基础。中日两国正在推动第三方国别项目数据库建设，明确合作重点区域和领域，通过建立政府、金融机构、各类商会、企业、智库、使领馆等多位一体的有效对接网络，共享第三方市场的政策、项

---

① 《韩国推"新南方政策"争取东盟支持半岛对话》，2019 年 11 月，澎湃新闻（https：// news. sina. com. cn/w/2019 - 11 - 28/doc - iihnzahi3794949. shtml？ cre = tianyi&r = 0&tj = none&tr = 12）。

目、法律、社会情况等各类信息，以便更好地落实项目合作计划。中日之间的第三方市场合作项目众多。其中，中国进出口银行和日本国际协力银行为第三方市场的各类项目提供了大量融资服务，包括新几内亚的天然气项目、越南海防火电站项目等。中日两国的金融第三方市场合作有效促进了各类项目的运行，为项目提供了重要的资金支持。中日两国企业还共同为印度尼西亚承建煤电站、修建了多条通村公路等。

中国与新加坡于2018年4月签署了第三方市场合作备忘录。根据备忘录，中新两国组建了第三方市场合作工作小组，明确了合作领域和开发的目标市场，并将合作论坛和企业配对活动作为推动中新两国合作的载体。同年9月，中新两国举行了第一届中新"一带一路"投资合作论坛，论坛强调第三方市场合作是中新两国共建"一带一路"的重要内容，论坛为两国企业在第三方市场开展的项目合作进行了需求策划，并探讨了政策性银行、商业银行、金融机构以及保险公司的融资合作及与项目需求的具体对接。目前，中新两国最具代表性的合作项目有两个。一是在澳大利亚的SPI能源网络项目。通过中国国家电网和新加坡能源公司对澳大利亚电网公司（股份占比19.9%）和资产公司（股份占比60%）的合作投资，优化管理，提高澳大利亚的能源供应和能源服务质量。现已建成北气东输管道，极大优化了澳大利亚的能源配置。二是几内亚的"赢联盟"项目。中国、新加坡和几内亚三国的四个企业共同投资开发几内亚铝土矿。三国企业分工合作，现已形成较大规模，2018年出矿量达4200万吨。2019年，在原有的基础上，"赢联盟"又引进了各类资本参与，健全了几内亚运矿海陆空一体化交通基础设施。后续共投资了超5亿美元，大幅提升了铝土矿的出口能力，并突破了运输瓶颈，完善了铝土矿国际供应链。同时，三国企业还培养了一批矿业人才，创建了第三方市场矿业开发的多方合作新模式，共同把铝土矿资源供应到世界各地，促进国际铝业的发展。

中国和韩国在2015年10月便提出要共同开拓第三方市场，构建第三方市场合作平台，加强在经贸、制造业、高新技术领域的合作，并签署了第三方市场合作协议。① 中国与韩国已建立第三方市场合作联合工作组，为两国的第三方市场合作提供了良好的合作平台。中韩企业已有一定的第三方市场合作基础。其中具有代表性的是秘鲁首都利马的地铁项目。该项目创新性地采用了"N＋N"的合作模式进行，由意大利、西班牙和秘鲁公司负责设计和运营，由中国铁建、韩国 Dohwa 公司和秘鲁公司提供监理服务，监造机车、施工等。这为中韩两国在第三方市场的合作提供了有效参考和典范。

三　中国与亚洲发达国家推进第三方市场合作的难点与挑战

目前，中国和东亚发达国家已形成第三方市场合作共识，都将第三方市场合作视为各自海外投资的重要机遇，并积极开展有关合作。但是，在合作开展的过程中，仍存在一些障碍，需要在之后的合作过程中不断化解和克服。

第一，国际局势的变化及美国的介入。东亚地区的较发达国家大多与美国保持紧密联系或是盟友关系，在政治方面一定程度上受到美国的影响。美国 2018 年提出了印太投资计划，其实践路径和第三方市场合作有异曲同工之处，该投资计划虽然雷大雨小，但仍有部分发达国家响应。这从侧面反映出美国也认同"一带一路"建设的价值和意义，也认为第三方市场合作是多方共赢的。但美国的拉拢可能会使东亚国家产生摇摆。

第二，中国和亚洲国家在第三方市场合作过程中可能存在潜在争议。一是项目建设的标准和规则问题。中国和东亚较发达国家的第三方市场合作涉及地区和领域较广，投资项目具体采用哪个国家的标准，能否寻找到对双方或多方都有利的标准，在合作过程中如何协调不同的规则等，这都是其在项目合作过程的潜在问题。二是投融资偏向方面的潜在争议。由于资金的有限性，对于是投资大型企业和国有控股企业抑或是兼顾投资中小私有企业，是偏向于投资大型项目抑或是兼顾中小型项目以及倾向于投资哪些基础设施领域等具体事项，可能存在一定的争议。现有的

---

① 《李克强与朴槿惠举行会谈"参鸡汤"上榜中韩协议》，2015 年 11 月，中央政府门户网（http://www.gov.cn/xinwen/2015 – 11/01/content_2957710.htm）。

国际性金融机构及第三方市场合作专门设立的投融资资金主要支持大型企业的基建项目，对中小型私营企业的支持力度较为有限。这在一定程度上限制了私有企业参与第三方市场合作的渠道和参与度，抑制了其投资活力。

第三，地缘政治因素。第三方市场合作虽然有助于大大提升"一带一路"的互联互通，但也有部分外国学者担心和中国的深耕合作可能会削弱部分国家的地区影响力。比如新加坡学者担心马六甲海峡的贸易港若投入运营，可能会影响新加坡的航运业务等。部分韩国学者也出于历史原因，担忧这样的合作有类似新大东亚共荣圈之嫌，这导致在合作过程中束缚了手脚。还有部分韩国学者担心企业间的合作流于形式，对投入和利润分配存在疑虑。

第四，中国和东亚国家的主要目标市场具有其不稳定性，合作投资具有一定风险。不少东南亚国家仍存在政治和社会问题，如泰国军人统治政权更迭，印尼宗教冲突时有发生，缅甸、柬埔寨的经济体制不健全，经济政策对海外投资保护力度不足等。还有一些东南亚国家经济稳定性不足等，易受外部势力影响。这将是中国和东亚国家在第三方市场合作中需要面对的潜在风险。

四 中国与亚洲发达国家推进第三方市场合作的布局建议

中国和东亚国家之间的第三方市场合作具有广阔的发展前景，各方合作动力较足，宜充分挖掘合作空间和合作潜力，积极推动中国和东亚国家之间的第三方市场合作。具体如下。

第一，继续健全和完善第三方市场合作对话机制，为企业间的项目对接和融资提供良好平台。不仅可以建立定期对话合作平台，还可以设立全天候企业对接网络平台，使中国和东亚国家企业之间可以及时对接有关工作。定期对东南亚市场的发展需求进行调研，并做好信息传递工作。做好合作国家意向企业对接调研工作，了解各类企业的项目需求，根据需要设立专项领域对接平台。

第二，加强全球价值链和产业链合作，优化全球价值链。中国、日本、韩国、新加坡四国各有各的价值链优势，中国处于价值链的中下游，日本处于上游，韩国处于中上游，新加坡在金融领域优势较为突出。四个国家之间的产业结构各不相同，具有较强的互补性。在第三方市场合作的过程中，可以充分挖掘各国的产业优势，促进产业链的深度融合，从而实现上中下游价值链的优化发展。此外，还可以与新加坡、日本在第三方市场发展数字经济合作，促进全球市场的数字化联通，提供更便捷的市场服务。

第三，加强金融领域合作，为合作项目提供充足资金。可以充分利用现有金融机构、保险机构、国际性金融组织为第三方市场合作项目提供资金保障。健全第三方市场合作基金，发挥丝路基金在第三方市场合作上的作用。还可以发挥社会各界力量，充分调动中国与东亚发达国家的金融机构投融资合作，为大型项目提供充足的金融服务保障。适当引进中小型金融机构参与融资，形成多元化的投融资模式。

第四，加强企业合作对接。项目合作需明确项目合作各方的具体职责，形成高质量、高水平的合作，并维护良好的企业海外形象。对基础设施类、能源类、民生类等各类合作项目作具体规划，根据项目类型和规模，拓展多种合作模式。针对大型项目，可以设立中日韩新多方对接平台，通过多国合作降低投资风险，实现利益最大化。针对中小型项目则可以根据各方优势开展企业合作。不同国家的企业具有不同的经营管理模式和企业文化，宜保持有效沟通，避免因企业管理文化的差异而产生误解，适时根据不同项目的需要与合作方进行调和与沟通。

第三节　与澳大利亚加强在南太平洋岛国的第三方市场合作

2017年9月，中国与澳大利亚在中澳战略经济对话期间签署了第三方市场合作谅解备忘录。根据备忘录，中澳两国将支持两国企业在基础设施建设、能源、制造业等多个领域的第三方市场合作。

一　中澳两国在南太平洋岛国开展第三方市场合作的可行性分析

南太平洋岛国作为中澳两国都非常关注的投资地区，可以作为中澳两国开展第三方市场合作的重点区域。

南太平洋岛国的经济建设受多种因素影响，其地区发展具有特殊性。政治方面，由于该地区地理位置具有战略性意义，常常成为地区大国和霸权国争相投资的重要地区。而南太平洋岛国经济的不独立也导致部分这类国家政治自主性缺失，甚至依附于澳大利亚、新西兰或美国。自然环境方面，由于南太平洋岛国地理位置偏远、面积狭小而分散、自然灾害和人为灾害承受力弱，因而生存空间和经济发展空间均受到一定的限制。对南太平洋岛国而言，生存利益是最基本的，也是最重要的。在2019年8月的太平洋岛国论坛上，斐济总理就提出了所有南太平洋岛国所关切的问题：希望澳大利亚尽一切努力，削减煤炭能源的使用，实现清洁能源转型，以缓解气候变暖所带来的岛国生存威胁。图瓦卢总理甚至直言，如果澳大利亚不尊重岛国的生存利益，那么"积极的伙伴关系"将不复存在。经济发展方面，南太平洋岛国多为小岛屿型发展中国家，经济发展水平差异大。由于人力物力资源匮乏、经济结构单一等，大部分岛国经济较为落后，长期依赖国际投资、援助、技术等来实现发展。但该地区海洋资源和自然资源均非常丰富，有较大的经济发展潜力。同时，该地区基础设施的不足也限制了其经济的可持续发展。故完善南太平洋岛国基础设施建设，对于地区经济发展意义重大。然而，这是一项大工程，单凭自身力量或靠某一个援助国难以实现。整合中澳两国对该地区的投资资源，以合作的形式共同建设和开发岛国将有助于更好地促进该地区的经济增长，实现共赢。

澳大利亚在南太平洋岛国的主要利益诉求是维护地区稳定，提升经济利益。澳大利亚在2013年《国家战略报告》中指出，澳大利亚在南太平洋岛国的利益主要有二：一是维护地区安全和稳定，二是维护澳大利亚在该地区的经济利益。所以，符合澳大利亚国家利益的做法是完善基础设施建设，促进地区经济发展，缓解气候变暖。为此，2019年2月，澳大利亚宣布启动"南太平洋岛国援助计划"，投入15亿美元赠款和长期贷款，助力该地区的基础设施、能源、运输、电信网络等项目，促进该地区的经济增长。澳大利亚推进"南太平洋岛国援助计划"的目的是完善南太平洋岛国基础设施，促进地区经济繁荣。澳大利亚在南太平洋岛国长期处于领导地位，是该地区安全稳定和经济发展的重要支撑。澳大利亚在南太平洋岛国的影响力和地位是毋庸置疑的，中国也无意与澳大利亚争夺在该地区的领导地位，两国在这方面并没有真正意义上的冲突。

与中国加强第三方市场合作符合澳大利亚在该地区的有关利益。"一带一路"倡议的主要内容与澳大利亚在该地区的计划行动有相似之处，都是加强基础设施建设，促进合作共赢。因而，中澳两国可以加强对接合作，共同促进南太平洋岛国的基础设施建设和经济发展。加强第三方市场合作是推进"一带一路"倡议对接澳大利亚在该地区实施计划的重要途径。第三方市场合作以企业合作为抓手，以开展经济合作和基础设施建设合作为主要内容，充分尊重了澳大利亚在该地区的政治和经济利益。

在南太平洋岛国的建设问题上，中国和澳大利亚的目标是一致的，有着共同利益。目前，澳大利亚是南太平洋岛国的最大投资国和援助国。对大部分岛国的投资都排在前 3 位。中国也是该地区的主要投资国和援助国。尤其在"一带一路"倡议提出后，中国对该地区的基础设施建设投资越来越多，在部分岛国的投资和援助甚至超过了澳大利亚。若中澳两国可以在南太平洋岛国的交通、能源、网络等各类基础设施建设和产业开发领域加强合作，将能形成合力，更好更有效地促进南太平洋岛国与世界各国的互联互通，实现地区经济的发展，使岛国发挥其应有的价值。

二　中澳开展第三方市场合作的现状

中国虽与澳大利亚签署合作协议的时间不短，但主要停留在高层经济对话上，企业之间的合作实践并不多。2018 年，澳大利亚总理莫里森对与中国开展第三方市场合作积极表态，希望借澳大利亚的一揽子计划，与中国在亚太地区共同投资基础设施项目。澳大利亚的维多利亚州则与中国签署了有关基础设施项目合作协议，积极推动维多利亚州企业与中国企业的项目合作，促进两国企业投资和贸易的互利共赢。

目前，中澳两国具有代表性的合作是中澳企业共同参与建设的卢塞尔体育场项目。该项目是目前卡塔尔最大的体育场。中国企业主要负责施工承建总包，承担场馆设计、施工、采购等。澳大利亚企业则负责设计总包，承担项目的设计、管理和咨询工作。中澳两国企业发挥各自优势，强强联手，以相对低的成本建成了高质量的体育馆，真正实现了多方共赢。

虽然目前中澳两国的第三方市场合作项目较少，但由于中澳两国都对南太平洋岛国的开发建设有着共同的兴趣，两国企业在对外投资建设中又具有相对明显的互补优势，所以，未来中澳两国在加强岛国基础设施建设、改善民生等方面具有较大的第三方市场合作潜力。

三　中澳推进第三方市场合作的难点与挑战

中国和澳大利亚在亚太地区具有较大的第三方市场合作空间。推动中澳第三方市场合作也是两国企业的重要发展机遇。但在推进过程中，仍存在一定的挑战。

第一，澳大利亚在安全领域与美国、日本等传统西方盟友同盟关系牢固，对与中国资本合作投资其本土或太平洋相关重要港口、机场、铁路保持安全方面的警惕。澳大利亚与美日两国的同盟关系较为稳定，2018年，澳大利亚还与美国、日本签署了三方合作协议，推动三国在技术密集型基础设施建设上的合作。相比之下，澳大利亚对与中国开展涉及安全方面的基础设施投资合作仍有所保留，这将是中澳合作的一大挑战。

第二，文化观念对两国推进第三方市场合作有一定的影响。一方面，澳大利亚民粹主义有所抬头，"白澳"种族主义观念泛起，部分澳大利亚人排斥中国人和中国投资的事件时有发生。同时，由于澳大利亚矿产资源丰富，而中国是其最大买家，因此双方在价格方面博弈激烈。澳大利亚一些怀疑中国试图控制其矿产的言论甚嚣尘上，中国国内也时有澳大利亚企图掐住中国钢铁行业脖子的声音。这些舆论都在一定程度上影响了中澳第三方市场合作的顺利进行。

第三，澳大利亚对与域外国家深度推进南太平洋岛国的经济建设合作的态度是有限度、有条件的。澳大利亚以南太平洋地区主导国家自居，企图主导整个南太平洋地区，其虽对与中国开展基础设施投资合作持积极态度，但对与中国在一些重要支点基础设施建设上的合作仍持保留态度。

四　中澳推进第三方市场合作的建议

推动中澳第三方市场合作需循序渐进，以共同关注的问题和共同利益为切入点，以中澳企业合作为基点，逐步推进中澳在能源、基础设施、产业链等多领域的合作。

第一，达成共识，根据不同岛国的发展状况制定不同的合作计划和措施。南太平洋岛国在自然资源、经济规模、人口规模、国土面积等方面差别迥异。中澳两国可以根据不同国家的具体情况进行合理规划，设立并投资不同的基础设施项目，合理发展有关产业，拉动地区经济增长。

第二，关切南太平洋岛国关心的气候问题，完善岛国清洁能源设施建设。能源是地区经济发展的动力，充足的能源供应是南太平洋岛国创造经济增长的基础。中澳两国企业可以综合发挥双方在清洁能源设施方面的技术优势，因地制宜地利用潮汐能、风能、太阳能等资源，完善岛国清洁能源基础设施建设，保障南太平洋岛国的能源供应。

第三，明确发展资金的形式，共商有利于各方利益的合作方案。从市场合作的角度考虑对南太平洋岛国的投资，宜明晰每一个项目的具体款项，每个企业投资方具体分工，收益分配比重等。可以借助世界银行、亚投行、第三方市场合作基金等国际性金融机构进行融资，并充分利用南太平洋岛国原有的援助、贷款等，共同致力于基础设施项目的建设。

第四，中澳企业可以注重枢纽基础设施建设，促进互联互通。一是合作投资机场建设，开通多条空中航线，方便人员流动。二是合作建设港口，改善码头及登陆设施，开发规划多条海洋航线，实现无障碍物流运输，减低贸易成本，增加贸易往来。三是铺设公路，方便岛上人员流动和物资运输。四是完善医疗设施建设，服务岛国民生建设。五是培养当地人才，加强职业培训，提高当地就业率，改善生活水平。

第五，大力发展南太平洋岛国各类产业和业务，助力实现经济繁荣。大部分南太平洋岛国具有丰富的渔业资源、旅游资源，部分国家具有丰富的石油、天然气及黄金矿石等自然资源。中澳两国企业可以在产业投资方面加强在南太平洋岛国的第三方市场合作，完善地区产业链、物流链的建设。同时，因地制宜地推进岛国工业化建设，活用当地的自然资源，以带动岛国经济持续发展。在服务业方面，可以加强中澳旅游业的合作，开发旅游资源，规划旅游线路，建设多条旅游航线。

第四节　探索与俄罗斯在中亚地区开展第三方市场合作的可能

中俄两国是全面战略协作伙伴关系，互为重要的贸易伙伴，两国之间的经贸合作日益深化，在能源、交通等多个领域展开了深入合作，并取得了丰硕成果。中俄两国政治互信不断增强，发展利益日益融合，这为中俄第三方市场合作打下了一定基础。

一　中俄在中亚地区开展第三方市场合作的可能性分析

虽然中国和俄罗斯尚未就第三方市场合作签署有关协议，但对俄罗斯而言，与中国开展第三方市场合作符合俄罗斯的地缘政治利益和地缘经济利益，两国具有较大的合作驱动力。具体分析如下。

（一）中俄经贸合作发展迅猛，互信度不断增强

近年来，俄罗斯与中国的经贸合作发展速度迅猛，中国是俄罗斯最大的贸易伙伴。2018年的双边贸易额已突破1000亿美元，2019年两国贸易增速仍保持良好势头。中俄两国的经济合作不断增强，投资金额不断增加，经贸合作质量不断提升。合作领域从能源、农业逐渐向各类制造业、加工业延伸，贸易和投资的互补性逐渐显现。这为中俄两国在中亚地区开展第三方市场合作打下了坚实的基础。加强中俄两国企业在中亚地区的互补性合作，将有利于提升两国在中亚地区的经济利益。

中俄两国在开展第三方市场合作方面具有巨大的合作空间和合作潜力。俄罗斯在能源上中下游产业的开发和技术等领域上具有较大优势，中国在基建、农业、制造业等方面具有较大优势。中俄两国企业整合各方资源，共同融资，投资中亚国家市场将有利于进一步提升两国的市场

合作，实现共赢。

（二）中亚国家对独立性和经济发展的双重追求

中亚国家建国时间较短，对于独立性问题较为敏感。中亚国家大都担心被某一个地区大国或霸权国支配，对外不断强调其独立性，哈萨克斯坦等中亚国家愿意与美国进行"C5＋1"机制会谈、加入中国提出的"一带一路"倡议实际上都反映出其对潜在支配者的担忧，并希望通过多元整合的方式，使国家能融入世界。所以，中亚国家大都欢迎投资项目的落地及项目之间的竞争。因为这既有利于促进中亚国家的经济发展，又有助于保持独立性。作为内陆国，中亚国家希望通过多元合作，打通产业链、物流链，提高基础设施水平，促进国家经济的持续增长。

中亚国家对这两者的双重追求正好为中俄第三方市场合作创造了重要机遇。以第三方市场合作的形式对中亚国家进行合作投资有两个好处。一是可以减少中亚国家的担忧，并助其更好地融入世界市场。二是满足中俄两国在中亚地区的经济利益。根据市场需求推进企业之间的互补合作，可以减少投资风险，提升项目投资的整体回报率，有效促进项目的实施和顺利开展。中俄两国企业在中亚地区的投资贸易上具有较大互补性，其合作投资有利于增加两国的投资利益，促进经济融合，带动地区经济稳健发展。

（三）域外大国的介入

以往，中亚地区并非美国在亚太地区政策的重点，但这次美国推行"印太战略"重返亚太后，对中亚地区格外重视。2020年2月，蓬佩奥访问了中亚地区最大的国家哈萨克斯坦和经济实力最强的国家乌兹别克斯坦，并与中亚五国进行了"C5＋1"会谈。蓬佩奥提出了美国的新中亚战略，表示将在中亚地区加大对石油开采、交通运输等共同关注领域的投资力度，扩大区域合作，提高对中亚国家的技术援助和财政援助金额，刺激中亚国家经济改革，助力中亚国家融入国际贸易体系。而中亚国家也表示希望可以与美国加强合作以带动国家产业改革和发展。除了经贸合作，蓬佩奥还特别强调了加强安全合作，并支持中亚国家的独立与主权。可以说，美国越来越重视中亚国家，期望通过与中亚国家加强战略合作，以此来牵制中俄两国。

在这样的情况下，中俄两国加强在中亚地区的投资合作，可以在一定程度上牵制美国。目前，美国的中亚新战略虽尚未有实质性行动，但美国已逐渐加大对中亚国家的能源和产业投资。在这样的情况下，加快中俄第三方市场投资合作，在中亚国家市场开发上抢占先机，促进中俄两国和中亚国家经济的深度融合，将有助于缓解美国在该地区影响力的进一步扩大。

（四）欧亚经济联盟面临转型压力

俄罗斯与中亚国家于2015年启动的欧亚经济联盟没有达到预期目标。原本俄罗斯建立欧亚经济联盟的目的是加强地区经济联系，促进国家间能源、工业、交通等领域的合作，实现地区经济发展。但近年来，受全球经济增长疲软、美国经济制裁等因素的影响，俄罗斯经济增速不断放缓，对外贸易总体出现下降趋势，俄罗斯在中亚地区的经济影响力也在不断下降。虽然俄罗斯加大了对外经济扩张，但由于在制造业等领域上处于相对劣势，使得俄罗斯企业的利润增速大幅下滑。这直接影响了俄罗斯对中亚国家的经济投资。此外，由于俄罗斯经济结构单一，对能源领域相关产业依赖性强，其他产业发展较缓慢且不均衡，因而投资中亚国家并不占太多优势。这些都直接导致俄罗斯在中亚地区的经济影响力不断下降。同时，由于俄罗斯和中亚国家之间存在一些分歧，难以达成共识，以致欧亚经济联盟内部凝聚力下降，结果俄罗斯及中亚国家都难以通过该联盟的合作取得相应利益。如何对该经济联盟进行转型，使该联盟成员国能获得经济利益将是俄罗斯面临的巨大挑战。

（五）积极对接"一带一路"建设有利于欧亚经济联盟的发展

早在2015年，中俄两国就签署了《丝绸之路经济带建设和欧亚经济联盟建设对接合作的联合声明》①，表示两国将共同致力于中亚地区的基础设施建设，促进地区经济增长。俄罗斯一直欢迎和支持"一带一路"倡议，希望"一带一路"倡议能完善欧亚地区的供应链和产业链，带动

---

①《中华人民共和国与俄罗斯联邦关于丝绸之路经济带建设和欧亚经济联盟建设对接合作的联合声明》，2015 年 5 月，新华网（http://www.xinhuanet.com/world/2015 - 05/09/c_127780866. htm）。

经济发展。

"一带一路"建设对接俄罗斯的经济联盟倡议有利于中亚各国及俄罗斯的经济发展。"一带一路"建设是以投资建设基础设施，促进政策沟通和地区经济合作，进而实现互联互通，带动经济发展。"一带一路"建设已经有效促进了中亚国家的产业发展，促进了中亚地区与世界的经济融合，也间接提升了俄罗斯在中亚的经济利益，使中亚国家和中俄两国均有所获益。但中俄两国在如何进行对接、在哪些项目上进行对接不甚明确。第三方市场合作正好是两者对接的重要途径。以第三方市场合作的方式，加大中俄企业在中亚地区的项目投资合作，能更好地提升俄罗斯在中亚地区的经济利益，增加俄罗斯在中亚地区的经济、政治影响力，促进其欧亚经济联盟的稳定性。

二　中俄开展第三方市场合作的现状

俄罗斯是对对接"一带一路"建设的态度最为积极的大国之一。目前，中俄两国虽尚未签署第三方市场合作有关协议，但俄罗斯对与中国开展第三方市场合作也持积极态度，而且，俄罗斯实际上已经在第三方市场合作项目的参与过程中获取了一定的经济利益。亚马尔 LNG 项目是第三方市场合作中的最大油气合作项目，该项目由俄罗斯、中国、法国多家企业和基金共同投资，并由多国企业联合承包建设。该项目有效提高了俄罗斯的就业率，拉动了俄罗斯的经济增长，带动了俄罗斯航运、油气、金融等多个行业的发展，并促进了北极航道的开发和利用。

在俄罗斯本土开展的第三方市场合作为俄罗斯带来了巨大的经济利益，这在一定程度上加深了俄罗斯对第三方市场合作的认识。这也使俄罗斯企业对如何与中国企业开展第三方市场合作有了深入了解，为中俄企业的第三方市场合作打下了坚实基础。

三　中俄推进第三方市场合作的难点与挑战

中国与俄罗斯具有较强的第三方市场合作动力，但推进第三方市场合作仍存在一些挑战。

第一，后普京时代的俄罗斯政局不稳定因素有所增加，不确定性较强。尽管目前俄罗斯仍保持着相对稳定，但经济发展疲软和一系列社会政治矛盾都会增加两国推进第三方市场合作的不确定性。这是中俄推进第三方市场合作的一大挑战。

第二，随着美俄矛盾、俄欧矛盾的日渐激烈以及俄乌冲突的持续，俄罗斯遭受来自西方国家的制裁，同时中东欧地区、中亚地区各方势力博弈激烈，与俄罗斯在这些地区开展第三方市场合作存在被卷入地区冲突的可能。因而，与俄罗斯推进合作可能会受到一定限制。

第三，由于俄罗斯与美国、中东产油国在石油市场上分歧日渐严重，时而打产量战、价格战，从长期来看并不利于俄罗斯的经济发展和金融稳定。因而，俄罗斯存在卢布大幅贬值的潜在可能。故与俄罗斯开展第三方市场合作有俄方单方面撤资的风险。

第四，中俄两国在优先就哪些领域推进第三方市场合作可能存在一定分歧。俄罗斯对与中国开展市场合作是既支持又留有余地的，其可能更倾向于积极推进与中国在有限领域的投资合作。故与俄罗斯开展第三方市场合作需不断摸索两国的利益交汇点，在共同感兴趣的领域推进合作。

四 中俄推进第三方市场合作的探索

中俄推进第三方市场合作宜发挥政府在推进合作过程中的重要作用，形成合作互信，明确合作机制，在一定的机制基础上推动企业间合作，以免部分企业出现"吃独食"等可能导致合作难以推进的现象。

第一，加强统筹规划，建立合作机制，形成第三方市场合作的信任关系。中俄两国宜加强在中亚地区的合作共识，建立第三方市场合作机制，为两国企业创造良好的投资平台，促进企业之间的相互了解，更好地对接各类项目。制定合作有关的各项标准和制度，完善中亚地区第三方市场合作的投资机制，避免产生分歧。从小到大，由点及面地开展中俄两国在中亚国家的第三方市场合作。先从较小的项目着实开展合作，逐步建立两国企业在市场投资合作中的信任关系，再逐步开展大型项目合作。前期宜注重对项目融资和利益分配的有关规划，中后期则着重强调项目风险控制及具体运营。

第二，改善地区经济结构，健全区域供应链和物流链。中俄两国企业可以合作调研中亚国家产业发展状况及市场情况，根据中亚国家的市场需求和经济资源，抓住中亚地区经济增长最具优势的领域进行投资合作，有步骤地投资汽车、石油化工、矿产、食品等各类产业，促进中亚国家市场的稳健发展。同时，改善地区基础设施，打造中国、中亚和俄罗斯互联互通的物流链，带动沿线所有产业的更新换代和发展。

第三，抓好中亚地区经济发展最薄弱的民生领域开展投资合作，带动经济增长。一是水资源系统工程及再利用项目。该地区经济建设最薄弱的环节之一是水资源纠纷，这不仅是影响国家间安全稳定的重要因素，也是影响地区经济发展的一大因素。中俄两国可以合作改造地区水利系统，结合两国在水资源管理和再利用方面的建设优势，开展水利工程建设，改善中亚地区的水资源供应。二是农业合作项目。中亚国家土地广阔，土地、气候适宜发展农业。中俄两国可以合作投资发展现代农业，优化农作物、经济作物的种植技术，因地制宜地发展中亚国家农业，提升农业贸易水平。这些都有利于提高中亚国家的经济水平，也符合中俄两国的经济利益。

第四，打造自由贸易区，建立经济产业园区。可以深化第三方市场合作和欧亚经济联盟的对接，协商推进自由贸易区建设，充分发挥各国的比较优势，提升地区经济贸易潜力，使参与国都能在经济合作和畅通贸易中受益。通过降低或减免关税，助推更多产业参与第三方市场的投资合作，使地区经贸往来更好更快地增长。中俄两国企业可以在中亚国家试点建立经济合作园区，以经济合作园区作为企业进一步深化交流和合作的平台，发挥产业集群效应，整合人力、物力和企业资源，加强各类产业的合作力度，更广泛地提升参与国的经济效益。

第五节　探索与印度在南亚地区开展第三方市场合作的可能

印度是当前世界经济发展速度最快的大国。2019年，印度成为世界第五大经济体，超过了英国、法国，仅次于美、中、日、德四国。印度国外人口散居世界各国，国外汇款金额庞大，国内人口数量大，城市化发展速度加快，在 IT、金融等领域占据优势，对外贸易额高达 42%。印度政府正大力发展基础设施，印度企业也大量投资越南、南苏丹等地的能源设施。可以说，印度未来经济增长潜力巨大，不容小觑。

探索与印度开展第三方市场合作具有重要意义。一是与印度加强在南亚市场的合作将能更好地实现基础设施连接，极大地促进地区经济发展。印度洋是中国重要的海上贸易通道和能源通道，与印度洋沿线国家保持安全稳定的关系对维持中国经济贸易安全和能源安全具有重要战略意义。南亚地区是"一带一路"建设的重点区域，经济发展和市场需求潜力巨大，但开展合作所面临的障碍也较大。其中，中印关系是中国与南亚国家合作所面临的一大挑战。但反过来看，中印两国如果能实现第三方市场合作，那么中印两国合作在南亚地区所能释放出的经济红利也将是巨大的。二是与印度合作有利于降低中国在南亚国家项目投资的风险成本。由于印度对中国在南亚国家投资基础设施存在担忧，印度曾对一些南亚国家施压，使得中国企业在南亚地区的项目时有反复，甚至停建，比如科伦坡港口城项目，迪阿莫巴沙大坝项目等，这大大增加了中国企业在南亚投资的风险。与印度开展第三方市场合作可以有效消除印度的担忧，实现互利共赢，也可以减少南亚地区项目投资的非经济风险。

第三方市场合作虽服务于"一带一路"建设，但其合作模式主要以企业合作为主，以经济利益的多赢为目的，这在一定程度上可以减少印度的过度敏感。探索与印度开展第三方市场合作的可能对在南亚地区的发展具有重要意义。

一　中印开展第三方市场合作的可能性分析

(一) 印度的实用主义经济外交为合作提供了可能

实用主义是印度经济外交的标准。印度有限度地参与美国的"印太投资计划"，打造"美日印澳联盟"是为了利用美国的资源，以发展地区经济，巩固其地区大国地位。印度与日本建设"亚非增长走廊"，投资走廊国家的基础设施建设也是为了带动走廊国家的经济往来，促进互联互通。印度提出"季风计划""邻国优先""香料之路"等倡议，扩大对南亚国家基础设施项目、各类产业的投资，通过援助、安全等手段要求大部分南亚国家在与别国开展项目时必须对印度同样对待。这些都是为了维护其在南亚地区的地位和影响力。无论是与美国、欧洲国家、日本等发展经济合作，还是在南亚增加经济投资，扩大产能合作，印度的目的都是调动一切资源实现自身利益的最大化。也就是说，印度对外经济政策所追求的是维护印度在南亚地区的经济利益，促进印度经济增长，维持地区大国地位。

与中国加强合作有利于印度经济外交计划的实施，也有利于其经济利益的增长。尽管印度目前经济保持快速增长，但其也面临着经济发展挑战。印度国内投资低迷，融资环境恶化，企业盈利下滑，未来经济市场信心不足。印度用于民生发展建设的投资力度不足，也在一定程度上限制了印度未来的社会发展。印度自身经济发展面临的压力使其在对外经济政策上更倾向于利用外力，通过实用主义的经济外交实现自身利益最大化。此外，南亚地区基础设施建设相对不足也制约着印度经济发展的上限，影响了印度在南亚地区的经济利益。但美国对南亚地区投资较为有限，日本的投资还不足以整体提升南亚地区基础设施水平。而中国既有能力也有意愿与印度在南亚地区开展投资合作。实际上，中国在南亚国家的投资和所建的基础设施也间接带动了印度在南亚地区经济利益的增长。所以，与中国合作符合印度实用主义经济外交的原则，也符合其经济利益。

（二）基础设施建设是中印合作的重要动力

印度对"一带一路"倡议是政治战略还是经济倡议一直存疑，甚至有部分印度学者将其视为印度在次区域保持领导地位的威胁。虽然经过几年的实践，印度对"一带一路"倡议已有一定改观，但是尚未加入"一带一路"倡议。尽管如此，印度还是推出了多个与基础设施建设相关的战略计划，以期推进南亚地区的基础设施投资建设。印度的"季风计划""邻国优先""东向行动"等地区建设计划的主要目的均是提高地区基础设施水平，促进印度与周边国家之间的互联互通。这与"一带一路"建设的南亚地区建设在投资领域上和地区上都有较大程度的重叠。从这个意义上来看，中印两国在南亚地区投资基础设施的实践是相通的。

虽然印度提出了这些地区经济发展计划，但是由于种种因素难以取得实质性进展。一是由于"季风计划""邻国优先""东向行动"等倡议的模糊性。印度的地区计划缺乏明确的统筹规划，没有明确的合作重点领域和区域，也没有形成定期有效的机制以促进计划和项目的落实。二是印度在推动基础设施互联互通建设方面的能力有所欠缺。印度在南亚投资的基础设施项目建设进展缓慢，建设耗时较长，建设成本较大，影响了"印度版"基础设施建设计划的持续推进。三是南亚其他国家对印度的战略计划参与意愿不强。不少南亚国家抱着"搭便车"的心态，在"一带一路"建设和印度有关计划中左右逢源，坐收渔利。与印度在南亚国家进展缓慢的项目相比，中国在南亚国家的基础设施建设项目推进成效显著，这在一定程度上影响了印度邻国对印度项目的积极性。

中印两国在促进地区互联互通上存在利益重叠。建立畅通的物流网络，实现互联互通，从而更充分地释放地区经济活力，激发市场活力，这是中印两国的共同目标。在这样的情况下，与中国开展第三方市场合作，共同推进区域互联互通，引擎经济增长是中印双方互利共赢的选择，也符合提升整体经济利益的需要。中印两国的合作甚至可能外溢到产业、服务业等领域，逐渐扩大两国在该地区的共同利益。反之，如果相互设置障碍，将可能拖慢建设进程，甚至两败俱伤。尽管两国暂时未能实现计划之间的对接，但也可以尝试通过其他"低政治"的方式实现企业间合作，比如第三方市场合作。

（三）中印两国都具有合作需求和合作意愿

中印两国在基础设施建设、产业投资等领域具有较大的合作需求。对于经济增速虽快但稳定性不足的印度而言，投资基础设施、能源、采矿等大型项目所需资金巨大，耗时较长，回报率和回报速度难以估量，投资风险偏高，因而企业投资意愿不足。而与中国在大型项目上加强互补合作，可以有效减低投资风险，提高印度企业的投资意愿，并扩大印度在南亚地区的经济利益。对于中国而言，中国在南亚地区投资也面临着政治等因素导致的项目投资风险，部分项目在建设过程中出现了暂停等现象。实际上，中国在设施及产业化建设、资金融资及运营、政府协调能力上具有较大优势，印度在南亚国家投资经验、软件设施、地区影响力等方面具有较大优势，两国在地区设施建设、产业发展等领域具有较大的合作空间和合作潜力。

此外，与中国加强合作可以有效帮助印度改善经济发展的瓶颈问题。地区基础设施不足是印度经济保持增长的难点。与中国加强第三方市场合作可以借助中国的基础设施建设和投资力量，缓解其对南亚地区投资的经济压力并从中获益。同时，中印两国面临着类似的发展问题，包括发展不均衡、教育资源不均、城镇化问题、环境保护等。这些共同问题一定程度上扩大了中印两国的合作空间，加强交流和合作有利于两国更好地解决发展过程中的共同问题。可以说，与中国开展第三方市场合作是改善地区经济发展环境，促进中印两国经贸合作的重要机遇。

中印两国并不缺乏合作意愿。中国一直积极欢迎印度参与"一带一路"建设，并积极推进"一带一路"倡议与印度有关倡议对接。中国也通过亚投行和金砖国家发展银行等合作平台，积极促进中印两国的经济合作。印度方面，从印度积极与中国开展孟中印缅经济走廊、中国—印度—尼泊尔经济走廊建设以及低调处理中印民间经贸纷争等迹象可见，印度并不缺乏和中国开展合作的意愿，只要符合印度的经济利益，中印开展合作是可能的。

二　中印推进第三方市场合作的现状

中国与印度虽尚未签署第三方市场合作协议，但两国具有一定的互补优势，若能开展第三方市场合作，将能释放出较强的经济效应。目前，中印两国主要在企业层面推进有关合作。其中最具有代表性的是印度阿达尼集团和中国电建于2018年签署了战略合作备忘录以及共同建设印度Godda燃煤电站项目的合同。两国企业以此为契机，就推动企业在能源、农业、物流等多个领域的合作达成了合作共识。[1] 此外，印度也参与了中国空间站有关项目的建设。中印两国企业正在不断寻找和扩大两国的合作空间，这为未来推进第三方市场合作奠定了一定的基础。

---

[1] 《中国电建与印度阿达尼集团达成战略合作》，2018年5月，中国电力新闻网（http://www.cpnn.com.cn/qydt/201805/t20180507_1068148.html）。

三　中印推进第三方市场合作的难点与挑战

中印两国虽有一定的合作意愿和较大的合作潜力，但发展第三方市场合作关系仍存在以下困境和挑战。

第一，受西方国家"误导性"的言论渲染，导致出现矛盾心理。由于以美国为代表的部分西方国家对"印度发展将赶超中国"等类似预测舆论别有用心的利用，放大了印度对自身实力的预期，也将中国妄称为其实现大国抱负的潜在"威胁"。同时，美国为了达到其目的，积极拉拢印度，并对印度的经济发展给予极大的精神鼓吹，表示出美国对"印度崛起"的欢迎。这使得印度将中国视为竞争对手，而没有意识到中国的发展并不会影响到印度的发展，与中国加强合作反而可以更有效地促进印度与世界的互联互通，带动经济发展。同时，正如印度无法阻止美国、日本与南亚国家加强经贸合作一样，印度也无法阻止中国与南亚国家之间日益增长的合作。但是，印度虽不排斥与日本加强"亚非增长走廊"的合作，与美国形成"美日印澳经济联盟"，却还没有在与中国加强战略合作上有实质性突破，甚至将之视为"威胁"。

第二，对"一带一路"倡议的过度解读。虽然印度学者对"一带一路"倡议的价值和意义有较大改观，但仍有不少学者将"一带一路"倡议解读为出于经济、政治、战略、安全等多个诉求所形成的合作倡议。印度长期以来受美国军事家马汉的"海权论"及其地缘政治想象的影响[1]，对印度洋和南亚地区有较大的控制欲，对周边国家的经济政治发展较为敏感。中国由于在地理位置上与印度相邻，又是印度的假想竞争对手，印度部分学者将"一带一路"建设的推进过程易误解为战略扩张，进而采取防守措施。这种认知的错位和误解是双方转向合作的障碍之一。

第三，域外大国的介入。近年来，美国为推行其"印太战略"，不断拉拢印度，把印度、日本和澳大利亚描述为志同道合的民主合作伙伴，

---

[1]　朱翠萍：《印度的地缘政治想象对中印关系的影响》，《印度洋经济体研究》2016 年第 4 期。

并将中国描述成"威胁",称"……有时会破坏基于国际规则的秩序,即使是印度也会在国际秩序框架内捍卫别国主权"。[①] 为拉拢印度,美国还提出希望印度成为印太地区的网络安全提供者。[②] 美国国务卿蒂勒森还将中国与共建国家之间的合作渲染成对发展中国家自由和主权的破坏,为其"印太战略"提供"合法性",称为"可替代性融资机制"。虽然美国愿意在印度或南亚地区进行的投资实际金额非常有限,雷大雨小,但也得到了印度方面的积极响应。为对冲中国在南亚地区影响力的扩大,印度也积极和日本加强对接合作。这些都在一定程度上影响了印度与中国开展合作的积极性。

四　中印推进第三方市场合作的探索

中印两国开展第三方市场合作对双方而言都是低风险、高回报的。由于存在上述阻碍,谋求中印合作的重点是探索一种低政治性、低战略性的合作模式。第三方市场合作作为一种灵活性高的合作模式,是中印两国开展合作较为理想的合作方式。

第一,以柔和的方式推进第三方市场合作。鉴于印度对有关倡议的敏感性,与印度推进第三方市场合作时,宜强调合作的经济性和互利共赢,以互联互通合作和经济融合发展作为合作基础。对印度淡化"一带一路"倡议,从互联互通、共同发展的角度出发,追求更实质性的发展合作。可以对印度的跨国企业做充分调研,了解印度企业的优劣势,寻找合作突破口,以企业之间的互补合作作为中印合作的基础。宜由某个符合共同利益的投资领域作为切入点,灵活运用多种合作模式,加强中印企业在南亚地区的第三方市场项目合作。为减少印度的过度戒心,并降低中国在南亚地区投资的风险,可以开展中印日、中印欧等多国企业

---

① Rex W. Tillerson, "Remarks on 'Defining Our Relationship with India for the Next Century'", *Center for Strategic & International Studies Washington*, DC(https://2017–2021. state. gov/remarks – on – defining – our – relationship – with – india – for – the – next – century/index. html).

② Lalit K. Jha, "Need India to Be A Net Security Provider in Indo – Pacific: Trump Admin", (http://www. rediff. com/news/report/defence – ties – with – india – vital – trump – admin – to – congress/20170907. htm).

参与的第三方市场合作项目。此外，鉴于中日两国已经建立起第三方市场合作关系，中国企业甚至可以寻找机会参与日印两国在南亚国家的合作项目，以扩大和印度企业的对接合作机遇。

第二，以经济走廊建设作为中印第三方市场合作的合作契机。从中印两国开展第三方市场合作的思路入手，积极推进孟中印缅经济走廊、中国—印度—尼泊尔经济走廊建设，以经济走廊的基础设施项目作为第三方市场合作的初步尝试。目前，印度虽对"一带一路"倡议疑虑未消，但印度对孟中印缅经济走廊建设和中国—印度—尼泊尔经济走廊建设持支持态度，并积极推动两条经济走廊上的基础设施互联互通建设。这是中印两国开展合作的机遇。可以先就 2 到 3 个项目进行企业合作对接，作为中印第三方市场合作的示范项目。通过基础设施项目的合作，建立中印企业的互信合作关系，增进国家之间及企业之间的了解，以合作实践推动合作需求，进而形成合作机制。再以基础设施建设合作带动中印企业在其他产业的合作，从而充分发挥经济走廊的价值，促进国家之间的经贸合作和经济发展。

第三，加大民心相通建设，增进两国民众的友谊，促进企业之间的交流。推进中印第三方市场合作仍需从"民心相通"入手，增强两国之间的互信度。中印之间长期交流较少，缺乏了解，这是两国互信度不足，战略互疑，难以形成合作共识的重要原因。可以借助 NGO、智库等力量，通过文化交流、留学交换项目、美食节活动、公益活动等多种多样的方式促进两国交流，增进相互理解，培养感情，消除疑虑。抓住各类商会、经济会议等机会，加强中印企业之间的交流，寻求合作机遇，在项目合作实践中培养合作共识，扩大合作意愿和合作需求。

第六节　分区域推进第三方市场合作的整体布局

通过上述对五个区域推进第三方市场合作的可行性、可能性、基本状况、挑战以及应对策略的分析，我们可以基本掌握中国与不同区域的发达国家或地区大国推进第三方市场合作的难易程度和推进的可能性。总体而言，中国与欧亚发达国家的第三方市场合作难度较小，风险较低，可以继续加大合作推进力度，完善合作机制建设，推进项目合作。对于一些合作难度偏大的发达国家则需要审慎评估合作风险，不能操之过急，稳步推进相关项目合作。

一　优先侧重与欧亚发达国家的第三方市场合作

优先侧重中国与机制相对成熟的第三方市场合作伙伴在市场培育较为成熟的区域开展第三方市场合作，积累合作经验，完善合作模式。目前，与中国签署第三方市场合作协议的 14 个发达国家中，大部分为欧亚发达国家，可以优先侧重推进与这些发达国家之间的第三方市场合作。原因如下，一是欧亚大陆的发达国家机制建设较为成熟，合作意愿较强，中国与这些国家的合作具有较强的合作驱动力和较小的合作风险。二是中国与这些发达国家的合作主要在市场发育较为成熟的第三方国家，第三方市场的稳定发展为两者之间的合作创造了良好的土壤。三是中国与这些发达国家已具有一定的合作实践基础，并逐渐摸索出一些相对成熟的合作模式，因而继续推动中国与这些发达国家的第三方市场合作符合各参与方的利益。比如中法两国在非洲地区开展核电、航运等领域的合作，又比如中英两国在东非地区的第三方市场合作。

未来可以大力拓展中国与这些国家的第三方市场合作，将两者的合作项目打造成为第三方市场合作的典范和样本，并发挥这些第三方市场合作典范的作用。比如招商局和法国达飞轮船公司的港口建设合作，中远海运和法国达飞轮船公司等的"海洋联盟"航运建设合作，中、日、法等国家投资的俄罗斯 LNG 项目等。

还有一些欧亚发达国家虽然尚未与中国签署合作协议，但实际已与中国开展第三方市场合作实践。由于这些发达国家的机制相对健全，合作空间较大且合作风险较小，所以同样可以优先推进中国与这些发达国家的第三方市场合作。比如，可以继续加强中德、中俄在有共同投资意愿的市场上的合作。中国可以积极与这些国家加强第三方市场合作，积累合作实践经验，共同完善合作机制建设和合作模式，为未来正式签署第三方市场合作协议，正式建立第三方市场合作伙伴关系打下坚实的基础。

二 稳妥推进与新签署第三方市场合作协议发达国家之间的合作

中国与发达国家已签署的第三方市场合作协议中，有 9 个都是在 2018—2019 年签署的。中国与这些新签署第三方市场合作协议的发达国家之间的合作机制建设尚处于发展阶段，宜不断探索并建立适合中国与相应发达国家之间的机制合作方式，形成全方位、宽领域、及时有效的第三方市场合作机制。同时，两者企业间的合作范围、合作领域和目标第三方市场多数尚未成形，具有很大的合作发展空间和合作潜力，可以加强统筹规划，提供更广阔多样的合作平台，促进中外企业的合作对接，探索中外企业间更多形式的项目合作模式，拓展潜在的合作市场。比如，中国和西班牙可以加强合作机制和合作平台建设，发挥两国企业的互补优势，加强在拉美市场的合作。中国企业和意大利企业都有在北非和南欧地区进行投资的意愿，中意两国可以搭建合作平台，拓展两国在北非和南欧地区的第三方市场合作。虽然建立第三方市场合作关系的时间较短，但中日两国已初步推进在东南亚地区开展第三方市场合作的格局，未来宜继续加强并完善中日韩三国在东南亚地区的多领域合作，形成大中小型项目合作的有效对接，并吸纳更多的中小企业参与到合作当中。

因而，宜稳妥推进中国与新签署第三方市场合作协议发达国家的机制化建设，不断扩大中国企业与这些发达国家企业的合作范围，拓展其合作空间，创新摸索更适合各方企业合作的项目合作模式，并培育潜在市场，以形成良好的第三方市场合作氛围。

三 审慎评估与战略分歧较大的发达国家或地区大国之间的合作

部分发达国家或地区大国虽然与中国在第三方市场投资中具有较强的优势互补性，若能实现合作将会是多赢的举措，但是由于中国和这部分国家的战略目标分歧较大，尚未形成良好的合作机制互动，故合作风险和挑战较大，短期内难以达成突破性进展。因而，需审慎评估与这部分发达国家推进第三方市场合作的风险挑战，以及这些发达国家的政策变动可能对目标第三方市场的局势变化所产生的潜在风险。

　　未来可以谨慎而稳步地推进与这些发达国家的企业在第三方市场上的项目合作，不急于求成，以合作成效化解分歧、风险，并扩大第三方市场合作的广度和深度。比如，中澳两国虽然签署了第三方市场合作协议，但由于在合作理念和战略目标上仍存在一些分歧，使得两国的合作机制建设和项目合作均非常有限。故可以做好合作风险评估，稳步推进中澳两国在南太平洋岛国的第三方市场合作，以企业间在某些紧缺领域上的项目合作作为突破口，循环渐进，争取在项目合作的过程中建立互信，更好地实现互利合作。又如，中美两国虽然具有极大的互补优势，企业间的第三方市场合作实践较多，企业间互动也非常紧密，但由于不确定因素较多，宜充分评估与美国企业开展第三方市场合作的风险与机遇，在适当的范围内稳步推进中美企业的项目合作，争取以企业项目合作成效拉动中美第三方市场合作。

本章小结

　　本章主要分五个区域探讨了"一带一路"建设下第三方市场合作的推动路径，并对现有的合作实践进行了案例分析。主要从中国与不同区域发达国家开展第三方市场合作的可行性、合作现状及面临的困境入手，并在此基础上提出一定的推动对策。

　　第一节探讨了中国与欧洲国家之间的第三方市场合作。目前，和中国签署第三方市场合作协议并形成合作机制的国家当中，大部分为欧洲发达国家。欧洲也是发达国家最多的地区。研究如何扩大和深化与欧洲国家之间的第三方市场合作是拓展第三方市场合作的重点。中国与欧洲发达国家之间的合作实践虽已取得初步成效，并在欧洲形成一股与中国开展第三方市场合作的风潮，但中欧第三方市场合作也存在一些问题和困境，未来仍需提高中欧国家之间的信任度，扩大合作透明度，加强中欧企业间的有效沟通以及中欧企业与第三方国家之间的交流合作。同时，可以优化合作机制建设，完善不同领域的合作平台，并发挥现有国际组织在第三方市场合作推进过程中的独特作用，整合多方力量推进中欧企业在亚非欧地区的市场合作。第二节探讨了中国与日本、新加坡等亚洲发达国家之间的第三方市场合作。与中国开展第三方市场合作是亚洲发达国家深化国际合作的战略选择。这三个发达国家在国际投资中各具优势，与中国合作的潜力巨大。中国已与日本、新加坡和韩国建立了第三方市场合作关系，并初步建立了第三方市场合作机制，开展了相关实践。其中，中日两国是第三方市场合作的典范。未来可以继续健全中国与亚洲发达国家的合作机制和合作平台，加强产业链、数字经济、金融等多个领域的深度合作，促进国际市场的联通和繁荣。第三节探讨了中国与澳大利亚在南太平洋岛国的第三方市场合作。中澳虽较早签署了合作协议，但主要以高层对话为主，第三方市场合作实践相对少。实际上，澳大利亚已经在第三方市场合作中受益，中国和新加坡在澳大利益投资的能源网项目极大地缓解了当地的能源紧缺状况。中国和澳大利亚在南太平洋岛国具有较大的利益契合点，加强第三方市场合作有助于促进南太平洋岛国与世界的互联互通，也符合中澳两国的利益。第四节探讨了中国与俄罗斯在中亚地区开展第三方市场合作的可能。中国与俄罗斯日益深化的经贸合作和不断增强的互信度为两国的第三方市场合作打下了坚实的基础。同时，与中国建立第三方市场合作关系，共同推动"一带一路"建设的对接合作符合俄罗斯的政治经济利益，有利于俄罗斯在该地区经济战略的顺利落实，也能有效缓解域外势力的介入和俄罗斯在中亚地区经济影响力的下降等。中俄两国可以建立第三方市场合作机制，共同推动地区产业链和供应链建设，提高地区基础设施水平，扩大第三方市场合作领域，完善自由贸易区和经济产业园区建设，从而促进多方互利发展，实现共同增益。第五节探讨了中国与印度在南亚地区开展第三方市场合作的可能。与印度开展合作有助于减少印度的疑虑，实现互利多赢，对于南亚地区"一带一路"项目的顺利落实也具有重要意义。虽然中印尚未签署第三方市场合作协议，但两国仍具有较强的合作驱动力。与中国开展第三方市场合作，共同完善地区基础设施建设，激活南亚地区的经济活力符合印度实用主义的经济外交政策逻辑，也符合其经济利益。尽管存在一定的难度，但可以以柔和的方式推动合作，把经济走廊建设作为合作契机，加强低政治性领域的合作和民间企业的合作。以上不同区域的发达国家和地区大国与中国都具有不同程度的第三方市场合作潜力，未来可以优化第三方市场合作的整体布局，有侧重和针对性地推进中国与不同区域发达国家之间的合作。那么，"一带一路"建设下的第三方市场合作在推进过程中可能会出现哪些挑战或困境，如何应对，未来发展前景如何，这些将在下一章进行探讨。

第 六 章

"一带一路"建设下第三方市场
合作的挑战、应对及发展前景

从以上探讨中可知，"一带一路"建设下的第三方市场合作具有巨大的发展潜力和合作空间，第三方市场巨大的基础设施需求和全球经济发展需求都为第三方市场合作创造了良好的条件。第三方市场合作的机制化建设和多维度推动路径都有助于促进第三方市场合作的务实有效开展和拓展。在"一带一路"建设下推动第三方市场合作既是机遇，又面临挑战。

第一节 "一带一路"建设下第三方
市场合作面临的挑战

推进"一带一路"建设下的第三方市场合作既要考虑中国与发达国家之间开展合作的潜在挑战，也要充分考虑在第三方市场合作项目推进过程中可能会遇到的各种问题和困境，以更有的放矢地击破挑战和困境，促进合作的顺利进行。未来，"一带一路"建设下的第三方市场合作可能会面临以下挑战。

第一，缺乏足够的第三方市场合作经验。"一带一路"建设下的第三方市场合作推进时间不长，合作机制平台、项目合作模式、项目对接方式等一系列开展第三方市场合作的建设性方案仍需要进一步探讨。与不同地区的发达国家或地区大国开展第三方市场合作的过程中，应该采取哪些具体的合作沟通方式和话语体系，可以侧重使用怎样的针对性合作机制和合作模式都需要不断摸索。在多方参与的合作项目中，根据不同投资要素的投入比重，如何更好地分配利益，使各方企业均保持较高的合作积极性，以及遇到不同等级程度的突发事件或紧急情况应如何应对，这些也需要在合作过程中逐步探索，并总结出一套行之有效的应对方案。合作经验的缺乏意味着合作相关的方案和实践都需要不断摸索，这将是推进过程中的一大挑战。

第二，不同国家的文化差异可能会给第三方市场合作的沟通、有关信息传递和反馈等造成障碍。由于"一带一路"建设下的第三方市场合作所涉及的国家范围较广，不同文明相互交汇，伊斯兰教、基督教、佛教、犹太教等多种宗教并存，部分国家还存在宗教冲突或民族冲突，文化差异较大。而且，参与合作的国家多处于不同的经济发展阶段。这些都可能成为第三方市场合作过程中的潜在挑战。这意味着在推进合作的过程中，不仅要尊重不同文化的差异，还要充分了解和掌握与不同国家开展第三方市场合作应具备的沟通联络技巧和传播技能，提升跨文化沟通能力。

第三，法律风险。法律风险主要来自第三方市场的投资法治建设及管理方面。由于部分第三方市场的投资相关法律体系不健全，投资规范和合作投资的权益保护不完善或出现缺位，这可能会使中国和发达国家在第三方市场所投资的合作项目缺乏法律保护。在遇到法律相关纠纷时，可能会对项目的推进带来一定的风险。此外，还存在外资限制、市场禁入和行贿等可能出现的法律风险。

第四，政治因素。第三方市场国家方面，不同的第三方市场国家国情复杂，选举换届、社会动荡、颜色革命、政权更迭、种群冲突、宗教纷争、地缘政治冲突等因素都可能对中外企业在第三方市场的项目合作造成困难，影响项目的顺利实施。发达国家方面，部分发达国家或地区大国政府可能受到民粹主义、保护主义等多种思潮的影响，对"一带一路"建设下的第三方市场合作存在疑虑，导致和中国的第三方市场合作关系仅停留在部分领域上。

第五，金融风险。一是可能潜在资金链不完善、资金池不足等融资方面的风险。二是保险支撑体系的不健全和金融监管审计体系的不完善都可能会产生一定的金融风险。三是金融危机、经济衰退、经济政策的不确定性等经济潜在问题可能会导致汇率币值不稳、关税壁垒及交易成本增加等风险。

第六，非传统安全风险。非传统安全威胁是每个国家都可能会面临的安全威胁，大部分第三方市场或多或少都存在非传统安全威胁。在合作项目建设和运营的过程中，可能会遇到卫生健康、海盗、石油泄漏、自然灾害、资源枯竭和传染病等一系列潜在的非传统安全风险。比如在拉姆港泊位建设的过程中，存在恐怖主义袭击、索马里海盗偷袭和复杂水文环境的安全威胁。每当遇袭时，中国企业的项目负责人便组织相关人员登"造船神器"天鲸号避险。① 又如疟疾、埃博拉病毒、新冠病毒等传染病防治等。这些都需要在投资第三方市场之前充分了解该市场可能存在的非传统安全问题，并对其影响系数进行评估。

第二节 推进"一带一路"建设下第三方市场合作的应对思考

近几年，与中国签署第三方市场合作的发达国家越来越多，第三方市场合作有效带动越来越多的发达国家加入了"一带一路"倡议，为"一带一路"建设注入了新动力，也为"一带一路"建设带来了新变化。未来，推动第三方市场合作可以从机制化建设角度和"五通"角度入手。

一 机制化建设视角的应对思考

随着第三方市场合作的深入开展，"一带一路"建设的项目将有越来越多的发达国家参与，第三方市场合作将可能成为"一带一路"建设中与发达国家加强合作的落脚点。这意味着开展合作项目时，不能单纯从中国和发展中国家的双边合作思维进行考量和开展合作，也要从多边合

---

① 周骥滢：《与"造岛神器"共同经历恐袭惊魂 见证天鲸号挖泥船"重器"风范》，2020年1月，环球时报（https://mil. huanqiu. com/article/3wbtyppXNJ8）。

作的思路开展"一带一路"建设，形成政府、企业、金融机构等多个层次主体共同开展"一带一路"建设合作的发展格局，为"一带一路"建设迈向新台阶做好更充分的准备。

第一，注重第三方市场合作的机制化建设是完善"一带一路"多边机制的重要举措。目前，国际合作的机制化模式主要有两种，一种是设立常设机构，成员国之间的行为通过各类条款和规定加以规范，其目标和倾向是实现一体化，如欧盟。另一种是以协商一致、自愿为原则，通过声明、承诺等方式来达成合作，约束性较小，没有常设机构，拓展合作的方式是对话和协商，如亚太经合组织。第三方市场合作作为新型合作模式，在机制化建设中不必拘泥于以往的合作机制模式，可以尝试以灵活多样的方式开展机制化合作。一是明确合作目标。目标应具有共通性，不宜多，可从国家共同利益和整体利益出发，完善合作机制的身份构建。二是注重"规"的建设。发达国家在开展国际合作过程中较为强调合作的规则建设、标准制定和框架构建。这是以往中国参与构建国际合作机制时较为薄弱的环节。在和发达国家开展合作时，可提高对规则、标准建设的重视程度，通过共同协商、企业表决等多样化的方式，完善合作的规则建设。这样既可以提高中国参与国际合作时的机制化建设能力，也有助于吸引更多的发达国家参与第三方市场合作。此外，规则和标准制定的完善不仅是第三方市场合作机制化建设的重要环节，其对于"一带一路"的多边化建设也意义重大。以规则和标准对合作加以规范可以减少由于多边化使某些国家被边缘化的问题，也使合作更加有据可循，而不会流于形式。三是继续完善合作平台建设。第三方市场合作虽不设立常设机构，但并不是没有合作机制，而是以更为灵活的方式实现常设机构的职能。该机制平台的灵活性体现在从三个层次推进机制合作平台建设。宏观层面以政府工作组的方式行使政策对接合作职能，中观层面以论坛、对话等方式行使政企对接合作职能，微观层面以企业之间开展的合作对接为主，借助各类现有合作平台和企业间交流平台进行项目的对接合作。同时，该机制平台的灵活性还体现在其适用国家的广泛程度上。合作平台可以不局限于某种类型，也可以在协商一致的前提下，以感兴趣的第三方市场区域为单位，建设中国与多个发达国家之间或中国、发达国家与发展中国家之间的第三方市场合作平台。这样的第三方市场合作多边平台可以按市场区域划分，以一定的规则和标准展开多边合作，定期举行对话交流，促进合作的顺利开展。四是做好企业数据库、项目信息库的建设，为企业提供完善的电子化服务信息平台，使广大企业可以更直接地了解和参与到有关项目的合作中。

第二，强调投资与经济利益分配的合理性，建立一套合理的投资、利益分配和风险分担机制。首先，关于基础设施及各类公共服务建设项目的国际投资合作模式主要有三类，第一类是政府与企业共同投资的项目合作模式，利益共享，风险共担。第二类是工程总承包模式，项目的各个环节全部由总承包方负责，总承包方可以将项目进行分解，由多个分包方进行合作。第三类是企业合作参与基础设施或公共产品建设的模式，由企业承担项目投资、建设等所有任务，并享有该公共产品的运营权，产品的所有权归政府，在特许经营期内，企业具有收取使用费用并获取利润的权力。大部分第三方市场合作的项目都是由这三类国际投资模式或其变体模式形成的，但其利益主体与以往的国际合作相比更多，包括各合作参与国政府、各类企业（包括中国、发达国家、第三方市场国家在内的参与合作的各领域企业）、各类金融机构（参与合作的各国银行、保险公司及亚投行、世界银行等国际金融机构）、各类社会资本等。这种新型合作模式的优势是将中国和发达国家在经济发展水平上的优势和全球产业链中的分工优势相结合，并将政府在公共产品提供上的优势和各类企业在项目效率提高上的优势相结合，以减少各参与国及参与企业的成本，降低合作企业的投资风险，并提高各企业的积极性和效率。这种互补式合作能发挥一定的互相监督作用，有效提高项目的建设质量。但是由于这种合作模式的利益主体组成较为多样，利益分配、运营管理也较为复杂，为避免因权责、利益分配和风险分担关系不明确而导致纠纷，在实践过程中摸索并建立一套合理的投资、利益分配和风险分担机制就显得十分必要。一是可以与合作国家在双边或多边合作平台中共同商定不同投资要素比例与利益分配关系的相关标准和规则，按照一定的标准进行合作投资，避免利益纷争。二是提升合作项目的透明度，对项目招标、项目建设的全部流程建立相对透明的合作对接机制，避免发达国家或地区大国对合作产生不必要的质疑或顾虑。三是建立一套风险共担的机制方案。根据已有经验，可以总结出在不同地区开展第三方市场合作的风险分担预案和应急预案。该预案应覆盖项目合作过程中各个方面的风险。风险共担机制方案可以供在不同地区开展合作的企业参考，以助其制定出针对性强的项目风险共担机制及应急预案。此外，对于第三方市场合作项目仍存在贷款监督力度不足和风险管控能力较弱的问题，可以有针对性地推出相应的解决措施。一是提高合作项目的贷款预算、使用情况等的透明度，由相关机构、企业等对贷款资金进行全程监督，提高贷款的使用效率。二是尽可能全面地考虑合作项目的风险点，并按发生概率进行罗列，对每个风险点进行合理调控，尽可能地减少每一项风险的发生概率。

第三，注重第三方市场合作的能力建设，将能力建设放在重要位置。能力建设应贯穿于第三方市场合作的方方面面，以"五通"作为能力建设的基点，提升政策规划及沟通、设施建设合作、金融合作、贸易及产业链、供应链建设、民心相通建设的综合能力。第三方市场合作对参与者的能力建设要求较高，主要源于三方面，一是合作国家的多元化。合作国家不仅有发达国家，也有发展中国家，如何避免因文化、沟通等因素产生冲突，追求合作的最大公倍数是重要的建设能力需求。这包括沟通能力、策划能力、语言能力等。同时，深化合作需要进一步加强和发达国家之间的民心相通能力建设。这包括如何与发达国家加强良性互动，建立信任关系，形成合作凝聚力，也包括如何与发达国家共同开展对第三方国家的民生工程建设，共同做好在第三方市场的形象管理，以凝聚民心。二是合作领域的多样化。第三方市场合作贯穿于"一带一路"建设的多个领域，包括交通、能源、电力等基础设施及金融、供应链、产业链等。市场合作的基本原则之一是优胜劣汰，在第三方市场合作中保持优势、创造优势是在市场合作中保持优势地位的关键。这就要求第三方市场合作的参与者既要具备硬实力，在设施建设和产业建设中保持难以替代的优势，也要具备软实力，能吸引和引导更多国家参与到合作当中，在合理的获利机制下带动合作关系的长效发展，为合作带来源源不断的再生动力。三是目标导向的明确性。合作的好处是整体增益，降低风险，其不足是多边合作如果衔接得不好也易导致低效。若要在合作过程中做好整体规划、以合作充分释放供应链和产业链的活力，保持项目建设和运营的高效和高收益并存则需要参与者提高市场敏感度和行动能力。

对此，可以通过多种途径来促进第三方市场合作能力建设。一是与发达国家开展各类人才队伍建设合作。第三方市场合作是一个与发达国家加强对话和学习的机会，可以与更多的发达国家建立能力建设培训和实践中心，提高中国企业与外企之间的沟通能力、专业能力和合作能力。二是建立第三方市场合作全过程服务中心，提供在第三方市场的金融合作、商事调解、法律服务、信息共享、市场政策情况、项目风险评估和合作指南等全方位的支持和服务，提升企业在第三方市场合作中的实践能力和合作能力。三是建立合作对接平台和纠纷调解平台。建设合作对接平台有利于提升企业的对外合作能力，实现企业的精准对接，扩大合作领域，并提升企业的抗风险能力等，也有助于减少"吃独食"或不合作等现象。同时，建设纠纷调解平台可以有效减少合作过程中出现的矛盾，提升合作的可持续性。四是提升语言能力建设。一方面要通过网络教学、教材学习等方式提升各领域专业人士的语言能力，促进专业人士与合作方的顺畅沟通。在项目合作对接的过程中，翻译员难免会出现专业领域的翻译失误，进而导致误解。因而，提高项目合作专业人士的语言能力可以更直接有效地进行项目沟通，可以更好地理解对方所表达的意思。另一方面，可以提升翻译员的专业翻译水平和业务水平，培养更多合格的语言人才。五是加强智库学者对第三方市场合作的机制性研究。发挥专家学者的智力作用，对如何与发达国家减少在海外投资中的竞争、提升中外企业在第三方市场上的合作动力等进行深入探索。

第四，淡化项目合作政治性，强调"合作共赢"，在实践中建立信任关系。与发达国家开展第三方市场合作既要能站在道义的制高点，也要讲究务实多赢。第三方市场合作是"产能＋技术＋市场"的新型合作模式，这种合作模式得到了不少发达国家的认可与支持，对推动"一带一路"建设的可持续发展具有重要意义。在对外宣传时淡化政治性，多从国际合作本身出发，可以避免其成为部分发达国家借题发挥的对象，也可以消除部分发达国家的疑虑。同时，国际合作之所以能够形成，很大程度上是因为合作的收益大于不合作或竞争。故不断挖掘合作空间，使合作投资的参与方都能获得实实在在的利益对于第三方市场合作的可持续发展具有重要意义。因而，在合作的过程中，需尽可能防控风险，提升参与方收益，与发达国家打造利益共同体。参与方合作关系越深入，利益融合程度越大，合作的信任关系将越牢固，并可能反作用于合作，成为推动合作发展的动力。

第五，注重产业链合作，完善全球价值链。当前，全球经济发展低迷，全球经济发展不平衡，贫富差距日益悬殊。若想打破世界经济发展的迷局，避免进入死循环，则可以刺激发展中国家的庞大市场活力，提升发展中国家的社会需求，带动全球产业链、供应链的发展，进而促进世界经济的稳健发展。一是注重投资的合理性。既要与发达国家加强在基础设施建设上的合作投资，也要加强在各类产业链、供应链上的合作，合理投资不同产业板块。二是合作建设产业园区，因地制宜地投资目标第三方市场的优势产业和市场需求较大的产业，共同优化全球产业链和供应链，使各参与方都能在市场机制中获益。三是不断提升国内企业的优势和竞争力。在第三方市场合作的过程中，可以汲取发达国家企业在企业管理和运营、产业链布局、技术运用和发展等方面的优点，以带动国内企业的改革创新，提升国内企业在对外投资和合作中的竞争力，使国内企业在价值链中持续保持良好的发展势头，力争向中上游发展。

第六，加强政府间沟通合作，建立非传统安全信息交流机制和联系渠道。在开展第三方市场合作中，中国可以与发达国家、第三方国家形成合力，加强信息交流和互助合作，共同预防和应对非传统安全威胁。宜与相关发达国家充分调研开展项目过程中潜在的非传统安全威胁，按照严重程度进行风险系数定级，提前制定相应的预警及应对方案，以便在遇到紧急情况时，可以迅速做出有效应对。

二　"五通"视角的应对思考

"五通"作为"一带一路"建设的主要内容，其对于推进第三方市场合作发挥着重要作用。可以从政策沟通、设施联通、贸易畅通、资金融通和民心相通五个角度探索推进中国和发达国家在"一带一路"建设下的第三方市场合作。

（一）促进良好"政策沟通"的定位及布局

为推动"一带一路"建设下第三方市场合作的政策沟通工作的顺利开展，可以采取以下有效措施促进政策沟通的顺畅通达。

第一，构建多边政策沟通体系，并施行有针对性的统筹沟通协调。搭建政府互动沟通的合作平台，完善第三方市场合作机制建设。一是加强政府间政策沟通，通过多形式、多层次沟通的方式，挖掘发达国家有关企业、社会组织等在第三方市场的项目合作潜能，拓宽和区域内发达国家、发展中国家的多边合作共识，规划发展蓝图和合作项目。二是加强国内协调沟通，精准定位地方政府在第三方市场合作上的优势，将第三方市场合作纳入地方参与"一带一路"建设的规划，集聚不同省份的企业优势，参与第三方市场合作，激活地方企业的活力。加强国内城市、发达国家城市以及发展中国家城市的友城建设，促进国内市场和国外市场的联通发展。以全方位、多领域、扁平化的多边沟通机制，统筹推进第三方市场合作的建设发展。

第二，注重互信建设，释放准确的合作政策信号。一是要做好第三方市场合作的准确定位，它是"一带一路"建设的多边化合作平台，是平等开放的合作桥梁，任何愿意参与合作的国家都会受到欢迎，并在该合作平台中找到自身的位置。二是突出"一带一路"建设中第三方市场合作的合作属性，与合作国家根据各自的优势，加强有效的市场合作，促进共同发展。健全第三方市场合作机制，减少部分企业在第三方市场合作项目中的"吃独食"现象。三是建立多语言宣传渠道，使不同国家都能充分了解第三方市场合作的价值和内涵。同时，寻找中国和其他第三方市场合作参与国之间的关联性，拉近彼此距离。

第三，压实政策沟通的内容，以务实合作促成沟通成果。提前做好调研工作，明确中国与特定合作国家在第三方市场投资的优势，有步骤、有方向地进行企业合作对接。与合作国家对目标市场的市场需求、项目进程、政策风险等相关信息做好定期沟通，遇到突发情况及时有效地做好应急措施。除了公路、铁路和港口等硬件基础设施建设方面的合作外，中国和发达国家可以试点扩大合作领域，尤其是在通讯、电力、产业合作等技术密集型基础设施建设和产业建设方面加强合作，形成合作默契和战略互信，再将第三方市场合作不断延伸到更多领域，不断拓宽合作空间，以成果促进政策沟通的良性发展。

第四，挖深合作空间，拓宽共同利益。通过政府间交流合作、国际机构合作框架、国际论坛或峰会、国际智库交流等途径，充分了解和交换中国与发达国家之间在第三方市场的利益诉求，发现并挖掘利益汇合点，尽可能达成合作共识，扩大合作空间，从而与更多的发达国家形成第三方市场合作关系。对已经建立第三方市场合作关系的国家继续加强在第三方市场合作平台方面的建设，带动更多企业参与到第三方市场合作当中，充分了解企业的投资需求和合作需求，为中国和发达国家的企业合作提供有效的政策服务。

（二）推进第三方市场合作"设施联通"的措施

基础设施是推进第三方市场合作"五通"建设中的重中之重，也是中外企业开展项目合作的先行领域。积极促进中国和发达国家在基础设施建设领域的合作对于充分整合各参与方在全球基建产业链中的互补优势，提升全球经济的发展质量起到不可或缺的作用。优化基础设施合作布局应继续坚持"政府引导、企业主体、市场运作、国际惯例"的原则，有序开展合作。

第一，建立第三方市场合作的基础设施项目常态工作机制。基础设施建设的覆盖面广，不单是交通设施，也有能源、邮电等，可以与合作国家共同推进基础设施的标准规则的建立工作，提高建设效率，更好地实现国家之间的互联互通。可以为中外企业提供多样化合作平台，拓宽中外企业的信息渠道，使其能够达成更多的第三方市场合作项目，共同发展多式多维的互联互通网络，以提高整体设施的高效化、标准化。

第二，建立第三方市场合作企业资源数据库和合作项目投标信息库，有效整合各类资源。可以全方位收纳对第三方市场合作感兴趣的各类企业、金融机构等，将合作企业按国别、优势领域等进行归档，形成第三方市场合作企业数据库。该数据库可以对企业的规模、投资优势、过往案例、联系方式等进行梳理，并定期对有关企业信息进行更新和添加。

公开数据库信息，使更多国家和企业能及时了解有关情况。还可以建立第三方市场合作项目投标信息库，实现合作项目的电子化信息服务，扩大项目竞投标的透明度。

第三，发展绿色低碳的基础设施建设，加强与合作国家的技术合作。推动绿色低碳建设要以经济、社会、生态协调发展为目标，因地制宜地发展核能、水电、风能等清洁能源。在基础设施建设的过程中，要充分考虑生态系统保护需求和社会发展需求。中外企业可以联合开展绿色设施建设，以提升经济效益和社会效益，更好地推进民心相通。一是可以与发达国家企业加强绿色低碳技术合作，整体提升绿色技术能力水平。二是可以推广中外企业在不同地区的绿色低碳基础设施合作，体现企业社会责任。

第四，增强政治互信，兼顾不同国家的利益诉求，争取实现共同利益的最大公倍数。在第三方市场合作建设的过程中，要充分考虑各参与国政府、企业、非政府组织、民众等的利益诉求，熟悉并遵守第三方市场国家的法律，在不损害当地生态环境的前提下，提升中外企业和第三方市场的整体利益。加强合作还需保障基础设施建设的施工安全、财产安全等，维护各方利益。以第三方市场合作项目作为纽带，实现中国与发达国家、第三方市场国家之间的政治互信、利益增长、情感建立。

第五，建立风险共担机制。基础设施建设过程中可能会遇到各类风险，包括融资风险、法务风险、安全风险等。一是可以用好各类投资基金和融资机构，通过市场机制，灵活整合债券、股权、PPP、BOT等多种投融资方式，满足设施建设的投资需求。二是可以建立良好的服务平台，及时应对可能出现的法律、金融、劳资等风险。也可以与发达国家通过信息共享的方式，建立基础设施投资建设案例库和风险应对案例库。在遇到类似风险的情况下，可以按图索骥地化解风险。三是可以与有关国家共建第三方市场联合反非传统安全问题中心，以减少恐怖主义、传染病、不合格食品等潜在非传统安全问题。

（三）构建互补通畅的贸易投资新格局

1. 国内方面

从国内角度来看，稳健推进国内企业在第三方市场的贸易投资合作既需要做好政府服务工作，为企业营造一个良好的对外贸易和产业链投资合作氛围，减少汇率等因素对贸易产生的影响，也需要促进企业升级，加强企业间产业对接合作的能力，提升国内企业的对外贸易与投资水平。

第一，准确定位，提升企业核心竞争力。中国企业要想在第三方市场合作中处于有利地位，就需要充分了解并掌握发达国家、第三方国家的比较优势的有关信息，深入分析研究，并明确自身的比较优势位置，找到合作的契合点和合作方向。同时，在不同的产业领域合作上，要根据自身的优劣势，寻找互补企业进行合作，发挥互补优势，形成互信合作机制。在合作过程中，要引导企业不断学习调整，提升相关技术水平和管理能力，为企业后续发展和升级奠定基础。在充分了解外国企业的比较优势的前提下，确立自身的差异化优势，发挥自身优势，调动各界力量，整合贸易产业和服务业资源，引导优势产业发展集群式投资，及时填补贸易合作空白，发展合作产业链式共享经济。

第二，建立信息服务体系，完善合作对接机制。一是要做好与第三方国家有关部门及相关项目的信息对接，及时发布第三方国家的发展规划和市场需求，建立多元化信息网络体系，出台针对每个地区更细致的第三方市场合作指南。二是要做好与发达国家政府部门、有关企业的合作信息对接机制。找准对接企业是合作顺利进行的重点，宜积极探索和发达国家的合作空间，实现国内企业和国外企业的信息对接。三是要实现国内有关企业的合作信息畅通。贸易投资企业种类较多，贸易投资信息服务不只针对国有企业，还应将有发展潜力的私营企业拉进来，发挥国有企业和私营企业之间的互补优势。

第三，发挥地方支点城市在与发达国家对接中的作用，借助友城合作等多样化方式推动第三方市场贸易投资合作建设。继续统筹发展"一带一路"支点城市，以支点城市为基础，建立中国和发达国家工业化城市之间的友城建设，加强城市间企业的交流，共享国家之间以及在第三方国家市场方面的经贸合作信息，激发企业之间的合作火花，助推中国和发达国家在第三方市场合作上形成真正意义上的伙伴关系。

2. 国际方面

加强合作首先需有合作的筹码，由上述现状和李嘉图比较优势理论可知，中国、发达国家和第三方国家之间能形成合作的根本原因是存在互补比较优势。这样的比较优势不只发生在服务贸易和海外投资的生产要素和投资要素方面，也发生在商品贸易和产业融合的国际贸易占有率方面。鉴于此，我们可以从全球价值链和地域空间的视角进行划分，深化产业链合作，扩宽中外企业的第三方市场合作空间。

第一，推进第三方市场贸易投资多边磋商机制建设，构建互利共赢的利益共同体。一是搭建中国—发达国家和相应第三方国家之间的多边磋商机制化平台，加强沟通交流，定期对合作进展的情况进行梳理，并探讨下阶段市场合作项目。二是制定第三方市场合作投资相关贸易规则，充分考量利益攸关方的国内外因素，就不同产业和领域做好规则对接，减少并避免产生不必要的争端。三是确立多边投资贸易的纠纷解决机制，用以保障第三方市场合作的顺利进行。

第二，推进以地域空间为基础的差异化合作战略。根据地缘环境、资源禀赋的不同，因地制宜地投资中亚、南亚、中东欧、东南亚、南太平洋岛国、非洲、拉美等地区的优势产业，加强战略性投资。中亚作为中国和欧洲、俄罗斯的桥梁，中国和俄罗斯可在中亚地区大力发展运输行业，并加强油气、资源加工、轻纺等产业合作。南亚具备丰富的劳动力资源，中国和印度可在南亚地区加强劳动密集型产业合作，将其打造成生产基地。东南亚地区地处交通要塞，以自贸区作为支撑，中国、日本和新加坡可在东南亚地区大力发展基础设施和能源合作。中东欧毗邻欧盟市场，有一定的工业化基础，经济发展需求旺盛，中国可与欧洲发达国家携手投资中东欧的钢铁、精工装备、高铁等产业。南太平洋岛国热带物产丰富，旅游业资源丰富，油气资源丰富，但基础设施不足，中国可与澳大利亚、新西兰合作，开发南太平洋岛国的优势产业。非洲物产丰富，劳动力资源丰富，但资源利用效率不高，医疗水平低，中国和德国、法国等在非洲投资上有相当基础的发达国家可开拓资源密集型和劳动力密集型产业，并在民生方面加强合作。

第三，推进以要素禀赋为基础的差异化合作战略。可根据中国和相应发达国家资源禀赋的差异，进行优势整合，形成全产业链的贸易投资网络。比如对资源密集型第三方国家，它们有丰富的资源，但缺乏必要的开发技术和资金，单由某一个国家为其提供相应的要素将会面临较大压力，中国和发达国家可以根据自身优势，强强联手，根据产业的特点、市场需求等因素，合理规划投资布局，优化其产业结构，促进全球产业的健康发展。

（四）构建第三方市场合作金融支撑体系

第三方市场合作的金融体系建设主要可从对内建设和对外布局两方面进行。充分发挥顶层设计和金融机构的上下联动作用，从中外投融资合作、风险控制和创新合作渠道等角度探索第三方市场合作金融生态建设。

1. 对内建设

对内建设的重要目标是建立健全国内有利于第三方市场合作的金融机制。

第一，健全多元化的金融体系，继续发挥政策性金融和开发性金融对第三方市场合作的重要助力作用。推动商业银行建立网络化协同合作，转变投资模式、管理方式，发挥银行在项目贷款、风险管控、资金结算等金融服务上的作用。网络化协同合作旨在通过扁平化的金融合作模式，提高金融合作的能力和资源配置的效率，促进有关信息共享。

第二，发挥市场在金融服务中的重要作用，双管齐下，形成有利于第三方市场合作持续发展的金融生态。由于不同第三方市场的项目需求不同，中国和发达国家的合作内容和形式会根据需求的变化而变化，其对金融服务的需求也呈现多样化趋势。为此，一是要营造良好的金融市场环境，完善金融合作立法，构建良好社会信用体系和对外投融资合作信用体系，提高金融监管和服务能力。二是要健全金融基础设施建设，拓宽金融合作和金融服务的渠道，实现金融机构的多元化和互联互通。三是要运用好金融科技力量，创新合作方式，发挥科技力量在金融融资中的作用。

第三，海纳多元化人才，整合人才优势。金融服务不仅需要考虑投融资管理、风险控制，也应全面考虑广大发展中国家的具体国情，以做好有针对性的第三方市场金融服务。一是可以发挥国内有关智库的"外脑"作用，集中专家智库学者的智慧，为第三方市场金融合作献力。二是可以鼓励有关部门和企业引进涵盖金融、国际政治、外语类等相关多元化的人才，通过学习、交流和培训等方式，扩大人才的接触面，发挥人才在第三方市场投融资方面的能动性，开拓第三方市场投融资创新模式。

2. 对外布局

对外布局的主要方向是提升多部门对外协同联动水平，满足第三方市场经济发展的金融需求。

第一，提高金融开放度，促进金融机构"走出去"。一是进一步提升政策性、开放性金融"走出去"的能力，提高商业性金融创新"走出去"的水平。二是进一步提高不同类型金融的对外协同联动作用，同时加强和发达国家金融机构的合作。可以与有关发达国家设立双边或多边的中小企业投融资基金，加强专项授信额度框架建设，开展第三方市场债券承销等多个金融领域的务实合作。

第二，金融服务应涵盖各类基础设施领域、实体经济领域的投资发展。基础设施和公共服务设施是第三方市场经济发展的必要基础。实体经济是激发第三方市场活力，拉动经济增长，创造经济红利的充分条件。开发多样化的金融服务，发展针对不同产业、不同领域的金融业务和服务，探索中国与各地区发达国家在不同地域的个性化金融服务可以较大限度满足不同地区实体经济投融资的需求。

第三，不断提高在第三方市场金融合作过程中的去风险化能力。一是高度重视汇率风险。由于第三方市场合作项目通常周期较长，汇率变动难以预估，汇率风险是第三方市场投融资中需要充分考虑的问题之一。可以积极探索应对途径，推动人民币国际化，使人民币在第三方市场合作中实现结算、支付功能，或与有关国家在货币交换等方面达成一致。二是加强与发达国家合作，形成与国际金融发展相适应的监管协调体系，共同研究并形成风险国际化的有效分析、防御和应对机制。

第四，建立健全金融机构与中外合作企业的对接机制，通过多渠道对接的方式，实现及时畅通的交流。促进资金融通，归根结底需同广大第三方市场的需求相适应，需同中外企业的合作项目、融资需求相适应。可以精准定位不同第三方市场的金融需求，满足中外企业的融资需求并做好对接平台建设，提高中国与发达国家之间投融资合作的透明度，创新金融服务合作模式，拓宽金融合作渠道。

第五，与第三方国家加强沟通协调，实现第三方市场合作的可持续发展。第三方市场广义上来说，是相对于中国和合作发达国家及新兴国家之外的所有国家市场，这包括所有需要开发或部分基础设施和产业有待更新换代的国际市场。细分来说，第三方市场又可以划分为若干个区域、不同发展阶段、不同文化的市场。应充分提升与不同类型的第三方国家在投融资方面的政策对接与沟通协调，营造稳健的投融资生态环境，增强金融包容性。这是在第三方市场扩大高质量基础建设和宽领域产业发展的重要保障。

（五）推进第三方市场合作"民心相通"的布局

1. 国内视角

（1）加强媒体宣传力度，促进传播

加强媒体宣传力度的目的有二，一是加强企业和民众对"一带一路"建设下第三方市场合作的认识，使其了解开展第三方市场合作的意义，并认同第三方市场合作。二是使企业和民众自觉成为第三方市场合作的传播者和宣传者，共同为第三方市场合作的开展建言献策，推动第三方市场合作的健康发展。目前，不少企业和民众对第三方市场合作的认识和认同不一，按认同程度可分为"积极型支持""观望型支持""中立""漠不关心"和"消极态度"五类。其中，大部分人处于观望支持阶段。据此，政府宜有步骤、有计划地组织宣传活动和交流活动，加强企业和民众对第三方市场合作的正确认识，使其认识到第三方市场合作将为国家经济发展建设和"一带一路"建设带来的巨大机遇和效益。积极引导企业和民众为第三方市场合作的发展提供智力、人力和物力支持，发挥企业和民众的能动性。同时，引导企业和民众成为第三方市场合作的民间传播者，成为促进中国与发达国家、第三方市场国家民心相通的重要力量。

（2）引导中国非政府组织发挥积极作用

非政府组织和社会公益组织作为一股重要的民间力量，在民心相通工作中可以发挥独特而重要的作用。非政府组织和社会公益组织可以有效渗透到第三方市场国家的基层，了解第三方市场国家的民众需求和社会需求。在帮助第三方国家进行社会建设的过程中，可以更好地建立中国与第三方市场国家之间的友好联系，潜移默化地实现民心相通，为第三方市场合作的进一步发展打牢民心基础。

政府可以整合有关非政府组织及社会公益组织资源，有步骤地引导和鼓励中国非政府组织和社会公益组织（NGO）在第三方国家开展涉及医疗、环境、儿童、妇女、老人、培训等多个社会领域的活动。通过参与第三方市场国家的社会建设和公益活动，尤其关注当地妇女、儿童、就业等问题，深耕并拉近中国和第三方国家民众的距离，使民心相通产生内生动力，进而推动第三方市场合作的顺利开展以及项目的落实和推进。

（3）发挥全渠道力量，以交流增进感情

交流是国家之间实现充分理解和认识的直接途径，也是国家之间增进感情的重要手段。通过互动交流，不同国家民众之间可以产生理解、认同，进而培养出深厚的友谊。因而，可以建立健全交流机制，通过教育、旅游、文化交流、友城交流等多个渠道和多种方式促进互联互通。主动邀请第三方市场国家和发达国家民众访华，并逐步推进中国民间团体及民众"走出去"，有意识地塑造中国形象。

第一，扩大教育培训领域的交流活动。教育培训分为企业管理技术交流培训、留学生高等教育学习、就业技能培训等。一是加强高等院校教育交流，可以适当减少政府奖学金金额，并提供更多的奖学金名额，扩大发展中国家来华留学生的数量和规模，让更多的留学生有机会访华并获得学习机会。引导并增加国内高校和第三方国家高校之间的交流合作，增加教师互访、学生交流的学习项目，进一步扩大教育交流规模。二是加强第三方市场国家高素质潜在人才访华交流。因第三方市场国家大部分为发展中国家，组织这些国家具有某些领域特长和优势的人才访华，并参加就业技能培训，可以进一步加强第三方国家人才队伍与中国的友好关系。

第二，建立第三方市场合作人才交流数据库。可以借助技能交流培训、高等教育学习等机会，与第三方市场合作参与国家加强人才联系。按领域划分，建立第三方市场合作参与方的潜在人才数据库，通过邮件等形式,定期发送中国发展、学习活动和会议交流等有关信息,将第三方市场合作人才交流数据库建设成中国与第三方市场合作参与方人才的沟通渠道。第三方市场合作人才数据库可以通过政府官方网站实现资源共享,使有关企业、智库可以获得数据库资源,从而更有效地盘活第三方市场人才数据资源,带动第三方市场合作的蓬勃发展。

第三,做好国民对外交流指南引导工作。随着中国开放程度越来越高,国民和第三方市场合作参与国家民众之间的交流将越来越多。国民与外界的交流是最直接的,其所代表的不仅仅是一个人,也是中国形象的体现。高度重视国民对外交往的行为准则和指南的引导工作是做好民心相通工作的重要措施。对此,宜通过媒体、高校、新媒体平台、党建等多个渠道对国民对外交往行为提出要求,并引导国民在对外交往过程中注意方式方法,以平等尊重为基础,通过发现共同兴趣、共同话题,提升对外交流能力。

第四,完善旅游制度建设和合作机制建设。通过打造"一带一路"品牌特色旅游产品、交流年和旅游节活动,联合简化第三方市场合作国家之间的旅游签证程序,进一步扩大第三方市场合作参与国家之间的旅游规模。尤其是吸引发达国家、发展中国家游客来华旅游,使之进一步了解中国的人文和经济发展情况。发挥旅游交流的特色作用,树立中国的良好形象,增进第三方市场合作国家对中国的好感度和信任度。

第五,发挥智库专家学者的作用,化解"中国威胁论""能源资源威胁论""中国锐实力论"等错误思潮。可发挥智库专家学者专业性强、研究渠道多样、能集中精力专注具体研究的特点,深入研究各类错误思潮出现的原因与特征特点,循因施策,有针对性地打击、化解错误的社会思潮。可以加强国家之间的智库交流,努力提升中国重点智库在国际社会的话语权,用国际社会能普遍理解的方式,有理有据地分析国际不良思潮产生的原因和危害,并进行驳斥。同时,以国际社会能接受和认同的方式,植入中国的发展理念和方案,并从现实主义和自由主义的角度分析中国推动第三方市场合作建设的现实意义。

2. 国际视角

第三方市场合作的国际民心相通工作可分为两个部分,一是与第三方市场国家之间的民心相通工作，二是与发达国家之间的民心相通工作。

（1）与发达国家的民心相通建设

由于发达国家是第三方市场合作的主要参与者，与发达国家培养合作默契，扩大合作空间和合作潜力是第三方市场合作可持续发展的关键因素之一。因而，宜积极加强与发达国家之间的交流互鉴，增进与发达国家之间的友谊和信任感。

中国和发达国家之间的民心相通工作与中国和发展中国家之间的不同，不应侧重于高等教育和人才技能培训，而是应侧重于交流学习，寻找合作空间和创造灵感。这意味着，中国与发达国家民众的交流不仅要以尊重和平等为基础，更要注意了解和把握发达国家民众的兴趣爱好。兴趣爱好是拉近人与人之间距离和好感的有效方法，以"投其所好"的方式增加中国与发达国家民众之间的互动，可以有效拉近民众之间的距离，寻找到共同语言，并在交流中迸发创造灵感或合作灵感，进而扩大第三方市场合作的深度和广度。因此，与发达国家开展民间交流主要措施如下。

第一，有针对性地做好前期调研工作，对目标国家人文和民众喜好及不可触碰的雷区有基本了解，既注重整体性，也注重差异性。对与目标国家可以有效开展的"兴趣化"人文交流领域做好预设判断。具体调研工作可以针对目标国家的几大群体，主要包括：新兴行业从业群体、准就业学生、妇女和小孩等。通过田野调查、大数据分析建模的方式可以比较精准地了解目标国家民众的偏好、个性和兴趣点。

第二，研究推出针对对外交往技巧学习方面的实用性工具书，并对主要涉外人员进行对外交往方面的培训。对外交往是一门具有技巧型的重要学问，不少国人在对外交往中虽表现出了极大的尊重，但由于交往技巧和方法的缺乏，交往常常流于表面，没能与外国友人成为真正的朋友。在实际对外交往中，尊重只是第一步。在尊重的基础之上，可以试问对方感兴趣的事物有哪些，从中找到共同兴趣点，再由一个兴趣点发散到其他领域，使一次交流迸发出更多有意义的思考和内容。第三方市场合作是未来一项长期的发展工程，国人与不同国家民众的交往也将会越来越多，宜将对外交往学习作为一门重要技能，通过新媒体、书籍、在线课程、书籍媒介等多样化方式进行传播。

第三，拓宽和发达国家之间交流学习和企业合作的机会。有目标性地选择各个领域的学生或从业人员赴发达国家进行学习交流。通过学习不同发达国家的优势领域，进一步全方位地提高中国与发达国家之间合作的能力。同时，在交流学习的过程中，增加合作默契，提升合作相处技巧和交往能力。如赴芬兰学习环保节能的建筑设计、别具一格的创新教育等。可以在学习交流的过程中，提升中国与芬兰的合作能力，进而扩大两国的合作空间和潜力，甚至产生外溢效益，将两国在该领域的交流外溢到其他领域，并实现中国与有关发达国家的第三方市场合作。

第四，有创意地增加中国与发达国家之间的文化互动，有意识地塑造中国形象。文化交流是民心相通的重要内容，可以通过文明对话大会这类大型文化活动，邀请世界各国有关人士来华，亲身体验中国文化，中外文化互动交流。2019年5月在北京举办的亚洲文明对话大会就是一个很好的典范。大会不仅邀请了来自世界各国的各界人士参会，组织了"亚洲国家治国理政经验交流""亚洲文明互鉴与人类命运共同体构建""维护亚洲文明多样性""文化旅游与人民交往""亚洲文明传承与发扬的青年责任""亚洲文明全球影响力"六个平行分论坛，还精心设计了18场大型文化活动。这不仅丰富了民众的文化生活，让世界了解中国，也让中国民众了解世界。未来，政府和非政府组织可以继续衍生出更为丰富多样的文化创意活动，通过交流互鉴的方式，促进民心相通相连。

第五，继续促进友城合作，发挥城市友谊关系在"一带一路"建设中的积极作用。友城交流和合作是促进城市共同发展的重要途径，也是第三方市场合作可持续发展的重要路径。深挖国际友城资源，扩大友城合作，可以有效推动城市之间的开放合作和经济联动发展，发挥友好城市在国家间、地区间、城市间合作交流的支点作用和桥梁作用，深化国家之间在教育、多重产业合作、科技、文化、环境保护等领域的合作。

（2）与第三方市场国家的民心相通建设

"一带一路"建设下第三方市场合作的民心相通工作宜继续保持原有"民心相通"工作的发展路径，加强和发展中国家之间的民间交流和互联互通。

第一，扩大第三方国家对中国的认识和了解渠道。一是丰富文化传播渠道，不拘一格地丰富中国文化传播。不仅可以增加精品电影、电视剧、经典文学作品等的海外传播，也可以增加中国更接地气的草根文化、优质网络小说等的传播。从李子柒发布的唯美乡村美食视频在 YouTube 网站上订阅人数超过 780 万（超过美国第一大媒体的订阅人数）的情况中，可以得到一些启示：一是衣食住行是每个国家的人都会关心的重点，以相对唯美的方式展示中国乡村文化和中国传统饮食文化是吸引外国民众有意愿了解中国，甚至向往中国生活的有效途径。针对不同国家的受众，我们可以鼓励多种类型的饮食短视频、文化活动短视频、民间建筑短视频等的制作，比如"竹鼠兄弟""烤面筋兄弟"等。这些都可以很大程度吸引不同国家民众，使这些国家的民众能更深入地走进中国生活，亲近中国文化。二是部分中国草根文化和网络小说在对外交流中也许能取得意想不到的效果，也同样具有宣传作用，使神秘而高大上的中华文明以亲民的方式展现在外国民众面前。比如琅琊榜、庆余年这些畅销多年的网络小说，在改编成电视剧后，同样受到了大众的喜爱。这些改编成电视剧的小说不仅展现了中国的传统文化，如唐诗、宋词的魅力，也体现了中国文化传承的理念、精益求精的治学态度和阔达兼济天下的胸怀。这些文化理念的传播有助于第三方市场合作参与国家更好地理解中国文化的精髓，深悟"一带一路"倡议的内涵，进而体会中国倡导人类命运共同体的内在动力。

第二，投其所好地开展对外文化宣传活动。不同的第三方市场合作参与国家对中国感兴趣的领域不同。比如英国对中国的中医文化非常感兴趣，对针灸、拔罐、中医美容等有较大兴趣，又如埃塞俄比亚的妇女对中国的编织和绳结技术颇有兴趣。在开展对外文化交流活动的过程中，宜顺着不同国家感兴趣的文化产品进行拓展，吸引更多民众认识中国文化。

第三，充分考虑第三方国家及其市场的民生需求。做和说相结合，充分了解第三方市场国家的民生需求，在考虑中国相应产业和投资需要与第三方市场国家对接的前提下，为第三方国家的民生发展做实事。同时，不仅要做好事，也要将其发扬光大，优化宣传手段，让接受国和其他国家的民众了解，形成互帮互助的良好氛围，潜移默化地使其增加对中国的好感，并认识到中国是真诚的合作伙伴。

第三节 第三方市场合作的未来发展前景

当前，第三方市场合作已得到不少欧洲、亚洲发达国家的积极响应，越来越多的发达国家同中国签署了第三方市场合作协议，中国与发达国家之间的第三方市场合作关系逐渐建立。中国和发达国家之间已初步建立起一套第三方市场合作工作机制，搭建起多层次合作对接平台，第三方市场合作的机制化建设取得了良好成效。同时，随着中外企业第三方市场项目合作的深入发展，合作实践取得了阶段性成果。这些合作成果得到了第三方国家的充分肯定，也得到了中国和发达国家的充分认可。尤其中国和法国、日本之间的第三方市场合作为中国和其他发达国家的第三方市场合作发挥了很好的示范作用。这些为第三方市场合作的可持续发展打下了坚实的基础。"一带一路"建设下的第三方市场合作未来将有巨大的发展潜力和前景。

一 推动"一带一路"建设的可持续发展

第三方市场合作对推动"一带一路"建设的可持续发展，扩大"一带一路"建设合作伙伴关系网络发挥着重要作用。第三方市场合作本身是一种新型合作模式，其很好地将发达国家和地区大国融入"一带一路"建设当中，为"一带一路"建设打开了新局面。发达国家对第三方市场合作的参与可以在一定程度上消减一些发达国家或新兴大国对"一带一路"倡议的担忧、误解和质疑，并吸引更多的国家参与到合作当中。尽管部分与中国开展第三方市场合作的国家尚未加入"一带一路"倡议，但其与中国开展的项目合作符合促进互联互通，实现互利共赢的倡议主旨，从广义的"一带一路"倡议来看，该合作也是"一带一路"建设中不可或缺的一部分。

第三方市场合作有利于推动"一带一路"建设的多边化进程，是"一带一路"多边化建设的重要载体。目前，其多边化主要体现在项目合作的多边化上。主要包括三种多边合作模式，一是中国、发达国家和目标第三方市场国家的多边合作，二是中国和多个发达国家的多边合作，三是中国、多个发达国家和目标第三方市场国家的多边合作。项目合作的多边化主要成因是不同国家所具有的互补优势和项目本身的工程量大、耗资大、涉及范围广等。其表现为项目建设多由三个或三个以上企业参与建设，由多个融资机构进行联合融资等。项目合作的多边性将有助于推动"一带一路"建设的多边化，进而提高"一带一路"建设的影响力，并促进其可持续发展。

二 拓展"一带一路"建设的合作伙伴

第三方市场合作加深了发达国家对"一带一路"倡议的理解和认可，带动了越来越多的发达国家与中国开展第三方市场合作，并加入"一带一路"合作倡议。第三方市场合作务实有效地彰显了"一带一路"建设的合作理念，将共商、共建、共享的理念切实融入合作实践当中，为"一带一路"建设注入了更多动力和活力，使更多"一带一路"共建国家能够在第三方市场合作中真正实现互利共赢。

第三方市场合作是进一步扩大中国与发达经济体合作的重要落脚点。中外企业围绕产业链、供应链、价值链所展开的广泛而深入的项目合作，不仅有助于中国与发达国家形成利益共同体和价值共同体，也有利于进一步扩宽"一带一路"建设的发展空间，从而为更多的第三方市场提供优质产能，激活第三方市场的经济活力。从这个意义上来看，第三方市场合作将是中国和发达国家共同开拓国际市场的重要途径。

目前，中国和发达国家已在东南亚、中亚、拉美等多个地区的第三方市场开展第三方市场合作。在第三方市场开展的多个合作项目，不仅使中国和发达国家实现了互利，也有效促进了第三方国家经济水平的提高，创造了大量的就业机会，带动了地区产业链的建设，极大地拉动了第三方市场的发展。随着经济社会的不断发展，第三方市场在交通、能源、电力等基础设施及各类产业等的需求将越来越大，第三方市场合作项目的需求也将日益增多，中国与发达国家之间的合作空间也将会不断扩大。同时，随着第三方市场的继续发展，其需求可能会随之变化。中外企业可以不断挖掘第三方国家的市场需求，根据需求的变化不断调整合作方向，深化合作关系和合作水平。

三 推动世界经济稳健发展

第三方市场合作的持续发展将可能带动全球投资合作机制的重大变革。第三方市场合作在一定程度上可以弥补全球投资合作机制的缺失，在投资合作机制的形成过程中，推进合作规则和标准等的合理制定，推动全球投资合作机制的建立和发展，进而有效推进全球治理体系中的经济治理变革。第三方市场合作是投资国之间化竞争为合作的重大突破，是利益共享、风险共担的新型合作实践，也是全球投资合作的一大创新。该合作模式摒弃了以往各国在全球投资中的过度竞争，创造性地将中国的产能优势和发达国家的技术优势结合起来，形成投资合力，共同推动第三方市场的发展，实现互利多赢。中国和发达国家在第三方市场上的合作互动将有助于国际投资合作规则和机制的形成。未来，日益完善的合作机制将有利于更好地整合各类投资资源，助推国际投融资的创新发展，减少国际投融资壁垒，使合作成为国际投资的新趋势。

第三方市场合作对于促进世界经济稳健发展是多赢的。第三方市场合作的顺利发展有利于推动发达国家和中国的对外投资结构调整，使国际投资的市场格局更合理，投资领域更宽广，并使发达国家和中国都能在投资合作的过程中获得更大收益。第三方市场合作也有助于带动发展中国家的经济发展，激活第三方市场的经济活力，提高发展中国家民众的生活水平。未来，第三方市场合作将在全球减贫消贫中发挥积极作用，带动"一带一路"共建国家的经济发展，使越来越多参与"一带一路"建设的国家受惠，进而使世界经济发展更稳健更可持续。

第三方市场合作将有力地推动人类命运共同体的构建和发展。人类命运紧密相连是一个客观存在的事实。当前全球经济发展出现结构性低迷，几乎没有哪个国家能真正独善其身。若全球经济发展持续不平衡，那么全球经济将可能难以走出结构性迷局。在这样的情况下，促进世界经济发展不是某一个国家能实现的,而是需要各个国家在共商共建共享的原则下,共同促进发展的。应运而生的第三方市场合作若能有效推进,其将不仅能推动世界经济稳健发展,也可能外溢到其他领域,推动人类社会的共同进步和共同发展。

未来,第三方市场合作将继续推动"一带一路"建设的可持续发展,为"一带一路"建设带来更多新动力和新势能,使"一带一路"建设成为推动全球经济发展的重要国际合作平台。

本章小结

"一带一路"建设下的第三方市场合作既是机遇,也存在一定的困境与挑战。一是缺乏足够的合作经验,由于该合作模式推进时间不长,合作机制与平台尚不健全,具体沟通对接、合作模式和各类情况应对方案等都需要不断摸索。二是第三方市场合作所涉及的国家范围较广,可能存在较大的文化差异。三是投资相关法律体系的不完善可能会使合作项目缺乏法律保护。四是政治因素的不稳定可能会影响项目的顺利推进。五是投融资资金链、保险支撑、监管审计、经济政策等多种金融因素的不确定性都可能会为合作项目的推进带来金融风险。六是非传统安全问题可能会影响合作项目的顺利推进。

尽管存在一定的困境和挑战,大部分困境与挑战都是可以采取有效措施,妥善应对的。对此,本章从机制化建设角度和"五通"的视角入手进行应对思考。从机制化建设角度而言,推进第三方市场合作不能单纯从双边合作的思维进行考量,也要拓宽多边合作思路,形成多层次合作推进格局。一是以灵活多样的方式推进机制化合作,明确合作目标,注重"规"的建设,完善多层次合作平台建设,做好企业数据库、项目信息库等电子化信息服务平台建设,使合作平台扁平化、数字化、灵活化。二是建立一套合理的投资、利益分配和风险分担机制,健全各类风险应急预案,提升项目合作透明度。三是注重合作能力建设,建立能力建设中心,提升第三方市场合作人才队伍的沟通能力和合作能力,采取网络教学等多种方式提升合作参与者的语言沟通能力。建立合作服务平台，为项目合作提供金融合作、商事调解、法律服务、信息共享、市场政策情况、项目风险评估和合作指南等全方位的支持和服务，提升合作积极性并减少纠纷。加强智库专家学者对第三方市场合作的机制性研究，为第三方市场合作提供智力支持。四是淡化项目合作的政治性，在合作过程中注重建立信任关系，强调互利共赢。五是加强产业链合作，优化全球价值链，激发第三方市场活力。六是加强非传统安全威胁的信息交流和合作，共同预防和应对潜在的非传统安全威胁。

在"一带一路"建设下拓展第三方市场合作应遵循"五通"的合作理念。未来可以从"五通"入手，探索中国和发达国家之间的第三方市场合作。一是通过加强政策沟通，促进中国和发达国家对第三方市场合作的统筹规划，共同发挥政府在引导企业合作和融资合作方面的巨大作用，为第三方市场的项目合作提供不可或缺的政府支持。二是以基础设施的互联互通作为第三方市场合作的重要支点，加强中国与发达国家在基础设施领域的项目合作。通过发挥双方在产能和技术上的互补优势，提高基础设施建设的效率，促进物流及各类设施网络的联通，进而带动产业合作，将第三方市场融入全球价值链，实现全球经济的整体发展。三是推动贸易畅通，减少国家间的贸易壁垒，营造第三方市场良好的投资环境和商贸环境。加强中国和发达国家在第三方市场的服务贸易和产业贸易合作，推进全球产业链的优化升级有助于促进全球经济的稳健发展，实现各参与方的互利多赢，提升第三方市场合作的作用和价值，从而进一步带动第三方市场合作的发展。四是建立和健全融资机制和渠道建设，为第三方市场的项目合作提供充足的资金保障。发展中国家的基础设施投资缺口巨大，资金需求大。拓宽第三方市场合作的融资渠道，提供完善的融资服务，扩大第三方市场合作的资金池将有利于推动合作的持续发展，为合作提供资金支持。五是推动民心相通建设，丰富民间交流形式，大力促进文化、智库、留学、企业交流等民间交流，增进中国和发达国家、第三方国家之间的友谊，为第三方市场合作创造良好的国际合作环境，进而提升第三方市场的合作潜力和合作空间。

第三方市场合作发展潜力巨大，前景良好。拓展第三方市场合作有利于促进"一带一路"建设的可持续发展，扩大"一带一路"建设合作伙伴关系网络，并推动"一带一路"建设的多边化进程，为"一带一路"建设带来新动力。同时，从长期来看，拓展第三方市场合作对于促进世界经济稳健发展和全球投资合作机制的发展具有重要意义，对人类命运共同体的构建和发展具有推动作用。

第 七 章

结　语

本章将对本书的主要观点进行回顾。拓展第三方市场合作在 2019 年已写入中国《政府工作报告》。那么，如何推动"一带一路"建设下的第三方市场合作，使其成为"一带一路"建设向多边化发展的重要途径？本书首先从第三方市场合作的缘起、各参与者的身份及利益界定、形成因素和形成机理等进行研究，从而对第三方市场合作的形成背景勾勒出完整的轮廓。在充分认识第三方市场合作的本质基础之上，对如何推进第三方市场合作进行深入探讨。

第一节　本书主要观点

本书主要探讨如何推进"一带一路"建设下的第三方市场合作，其核心论点如下。推动"一带一路"建设下的第三方市场合作具有充分的合作动力和合作需求，是新时代发展的必然趋势。推动第三方市场合作能够助力"一带一路"建设的多边合作和可持续发展。在推动"一带一路"建设下的第三方市场合作的过程中，应充分重视机制化建设，以灵活多样和多层次的合作机制促进合作的发展。可以从"五通"推动路径和分区域推动路径两个维度拓展第三方市场合作。目前，"一带一路"建设下的第三方市场合作在推进过程中仍存在一定的困境和挑战，但大部分挑战可以通过灵活而精细的机制化建设和有的放矢的互动逐步解决或缓解。从长期发展来看，第三方市场合作发展前景良好。

第三方市场合作是在特定的历史发展背景下形成的，这个特定背景包括国际市场无政府状态、经济全球化相互渗透和全球价值链发生根本变化。中国和发达国家在国际投资市场中减少竞争而加强合作的根本原因是，合作关系可以使所有参与者的利益实现最大化。合作能促进利益最大化的主要机理可以分为三点，一是供求关系，由于第三方市场具有巨大的基础设施建设需求和产业链发展需求，而发达国家企业或中国企业各具优势且单一供给能力有限，这使得合作而非竞争能够更充分地发挥不同国家的供给优势，实现各方面利益的优化。二是全球价值链的结构性变化，该结构性变化使得经贸发展与基础设施、物流链的关系越来越密切，完善第三方市场的基础设施建设对于促进全球价值链优化、各参与国的经济以及世界经济的可持续发展都具有重要战略性意义。从这个视角来看，中国与发达国家之间形成合作是系统演化和自然选择的过程。三是比较优势原理，由于中国和发达国家在自由流动的投资要素中各具比较优势，中国在产能方面的优势和发达国家在技术方面的优势正好可以形成互利共赢的关系。因而，中国和发达国家形成基础设施建设合作和产业链合作是符合市场规律的多赢行为。由此可见，"一带一路"建设下的第三方市场合作具有强大的生命力。

推动"一带一路"建设下的第三方市场合作应把合作机制建设放在关键位置。第三方市场合作机制可以从宏观、中观和微观三个层次进行构建，以政府间的宏观合作平台作为推动第三方市场合作的重要保障，以对接企业间合作的中观合作平台作为对接第三方市场合作项目的关键力量，以提升项目合作各方面能力建设的微观合作平台作为落实第三方市场合作项目的重要力量。第三方市场合作可以遵循包容开放、高效性和共同性的参与原则，发挥多层次合作平台之间的联动性，以充分调动中国和发达国家企业参与第三方市场合作的积极性。

目前，第三方市场合作基本呈现出五个特征：市场合作的多边性、合作方的优势互补性、合作模式的灵活性、市场需求的多元性、合作利益的多赢性。其中，项目合作模式的灵活性使中外企业间的第三方市场合作充满活力。根据第三方市场的需求，目前已摸索出五种项目合作模式，未来将可能根据不同第三方市场大中小型项目的多种合作的需求，探索出更多的项目合作模式。

在"一带一路"建设下拓展第三方市场合作既是国内需求，也是国际社会变化所产生的需求。一方面，欢迎发达国家参与"一带一路"建设，对于促进"一带一路"建设的多边机制建设和可持续发展具有重要意义。另一方面，拓展第三方市场合作可以填补有关投资规则和机制的缺失，满足国际投资合作需求。这样的需求主要源于三个重要因素，一是参与第三方市场合作可以以较小的成本撬动更大的利益，实现互利共赢；二是越来越多的发达国家对"一带一路"建设和基础设施建设发生认知的转变，使其产生加入第三方市场合作的意愿；三是中国和发达国家以非排他性、合作的方式共同投资发展中国家市场不仅可以在一定程度上替代国际援助的作用，还能实现更优的效果——降低成本、减少投资风险并实现共同增益，同时有效促进发展中国家的经济发展，激活市场活力，实现减贫消贫。

拓展第三方市场合作可以从两个维度推进。一是"五通"的维度，将"一带一路"建设中的"五通"作为第三方市场合作的推动路径，融入中国和发达国家、第三方市场国家之间的合作当中。二是分区域的维度，探索中国与不同地区的发达国家和地区大国推进第三方市场合作的可能及路径。

"一带一路"建设下的第三方市场合作在推进过程中仍存在经验不足、文化差异、法律风险、政治因素、金融风险和非传统安全风险等困境和挑战。对此，可以拓宽多边合作思路，形成多层次合作推进格局。完善宏观、中观和微观合作平台建设，注重"规"的构建，做好企业数据库、项目信息库等电子化信息服务平台建设，使合作平台扁平化、数字化、灵活化。建立一套合理的投资、利益分配和风险分担机制，提升项目合作透明度。推进合作能力建设，完善人才队伍的沟通能力、合作能力和语言能力。建立合作服务平台，为项目合作提供金融合作、商事调解、法律服务、信息共享、市场政策情况、项目风险评估和合作指南等全方位的支持和服务。淡化项目合作政治性，在合作过程中注重建立信任关系。加强产业链合作，优化全球价值链，激发第三方市场活力。加强非传统安全方面的信息交流与合作，健全应急预案。

第二节 研究的贡献及局限

一 研究的贡献

本书对新型合作模式的机制平台建设、参与原则、特征、项目合作模式等方面进行了深入探究，并探讨了拓展第三方市场合作的推动路径、推进面临的挑战及应对、发展前景等。本书的贡献主要体现在理论和现实两方面。

理论方面，本书对"一带一路"建设下第三方市场合作的参与者身份和利益进行了界定，从多个角度解释了第三方市场合作关系在理论方面的形成机理。从全球价值链的体系演化和基础设施对价值链优化作用的探讨中得出，在第三方市场中合作而非竞争更有利于实现各方利益的最大化，第三方市场合作是结构演化的结果。从国际政治经济发展变化的角度，总结李嘉图比较优势理论和赫-俄理论的有关规律得出，比较优势发生了从制成品到生产要素、半成品、投资要素的转变，同时国家政策对比较优势的充分发挥起到了重要的影响作用。对于第三方市场合作而言，互补优势主要指在全球范围内自由流动的投资要素禀赋。从供求关系来看，由于需求巨大，而供给方所占有的相对优势投资要素不同，这为供给方发挥互补优势，实现互利合作提供了动力。这不仅为"一带一路"建设下的第三方市场合作提供了一定的理论依据，也对国际合作理论的发展提出了一些见解。

现实方面，本书首先对第三方市场合作的缘起进行梳理，总结其历史实践及教训，为"一带一路"建设下的第三方市场合作提供了宝贵经验。又从中国和发达国家两个角度探讨了拓展"一带一路"建设下的第三方市场合作的现实动因。本书对"一带一路"建设下第三方市场合作的多层次合作机制构建、参与原则、合作特性、合作模式、推动路径以及推进过程中的困境挑战和应对思考等多个方面的探讨和系统研究，或许能为未来拓展"一带一路"建设下第三方市场合作的实践发挥绵薄之力，并为之后的相关研究起到铺垫作用。

二 研究的局限

本书主要存在两个局限。一是案例有限。由于"一带一路"建设下的第三方市场合作实践时间不长，第三方市场合作项目的案例相对有限且部分项目仍在建设当中，加之自身获取相关案例具体情况的能力制约，使得在第二章对项目合作模式的相关案例探讨和第四章对中国和不同区域发达国家及地区大国的第三方市场合作现状分析与对中法、中日开展第三方市场合作的案例分析中，所采用的案例相对有限。

二是所搜集的文献有限。国内学界对"一带一路"建设下第三方市场合作的研究时间不长，主要集中在中国和日本、欧洲国家的国别类第三方市场合作，因而所能参考的文献相对有限。此外，尽管日语、法语等外文资料搜索能力有限，但笔者仍已尽最大努力进行搜索，最大限度地掌握国内外现有的相关外文资料。

第三节 研究展望

一 理论架构仍可进一步发展

第三方市场合作可以被认为是在第三方市场中，原本存在竞争关系的国家之间所开展的合作。目前国际社会对于这类竞争者之间的国际合作相关理论研究较为有限，现有国际合作理论和国际经济理论中难以找到完全适用于解释这类合作的理论。对此，笔者对现有理论进行了深入研究，并在此基础上进行理论性思考，得出了关于第三方市场合作的初步理论性设想。但笔者认为，未来进一步完善这类合作的理论思想和理论架构，将对国际政治经济学的发展和国际合作理论的发展具有重要的理论意义。

同时，进一步完善理论性研究也能为"一带一路"建设下的第三方市场合作提供一定的理论依据，并为该新型合作模式在国际社会的进一步发展作出更为有力的解释和预测。加强第三方市场合作的理论性研究对将来的合作也能发挥一定的指导作用。

二 应用前景十分广阔

该研究具有较强的现实意义和前瞻性。随着"一带一路"建设进入深耕期以及其第三方市场合作进入机遇期，对"一带一路"建设下的第三方市场合作进行深入研究将有十分广阔的应用前景。未来可以从三个角度继续拓展应用相关研究：一是中国与不同发达国家之间如何更有效推进国际合作的相关研究，这对于更好地共建"一带一路"，推进"一带一路"建设多边化和可持续发展，实现互利共赢具有重要价值。二是继续深化第三方市场合作与全球经济治理、减贫消贫和缓解经济发展不平衡之间关系的相关研究，这有利于为相关全球问题的解决提供研究支撑。三是继续加强第三方市场合作与促进全球经济稳健发展及全球价值链的优化发展之间关系的相关研究，这有助于推动更务实有效的第三方市场合作，使合作能发挥出更大的国际政治经济效应。这些都是未来在"一带一路"建设下第三方市场合作相关研究中可供进一步展开研究的视角。当然，相关研究还可以从更多中观、微观的视角展开，使该研究能在企业间合作和合作能力建设等方面发挥更大价值，从而进一步提升其未来的应用前景。

三 政商学互动促进成果转化

"一带一路"建设下的第三方市场合作相关研究作为一个应用性较强的研究，不应仅仅停留在学术领域。未来可以加强政商学界互动，强化交流和信息共享，促进相关研究成果的有效转化，带动该领域在政商学界的共同发展。促进研究成果转化可以为政府扩展第三方市场合作提供多角度思路，也可以为中外企业在第三方市场开展的项目合作提供有益的参考，而这又可以反过来推动相关研究的不断发展。因而，未来该研究可以继续强化其务实性、针对性、应用性和前瞻性，提升研究成果的转化率，使其与政商发展紧密联系在一起。

参考文献

一　中文资料

（一）著作

蔡昉、［英］彼得·诺兰：《"一带一路"手册》，中国社会科学出版社2018年版。

陈水胜：《冷战后欧盟对非洲政策调整研究》，浙江人民出版社2016年版。

陈巍：《德国企业文化概论》，浙江大学出版社2017年版。

段文奇、张旭：《中非商贸投资协同服务平台》，中国商务出版社2018年版。

冯绍雷：《让梦想照进现实"一带一路"的愿景与行动》，上海人民出版社2016年版。

郭业洲主编：《当代世界研究报告（2015—2016）》，党建读物出版社2016年版。

郭业洲主编：《"一带一路"民心相通报告》，人民出版社2018年版。

国务院发展研究中心世界发展研究所：《世界发展状况2018》，中国发展出版社2018年版。

国务院发展研究中心世界发展研究所：《世界发展状况2019》，中国发展出版社2019年版。

国家信息中心"一带一路"大数据中心：《"一带一路"大数据报告（2017）》，商务印书馆2017年版。

徐绍史主编：《"一带一路"与国际产能合作 企业生存之道》，机械工业出版社 2017 年版。

国务院发展研究中心国际合作局：《"一带一路"国际合作机制研究》，中
国发展出版社 2019 年版。

姜建清：《中东欧经济研究报告 2017——发展概况、愿景及风险》，中国
金融出版社 2018 年版。

卢进勇、杜奇华：《国际经济合作》，对外经济贸易大学出版社 2014
年版。

卢进勇、杨国亮、杨立强等：《中外跨国公司发展史（下卷）》，对外经济
贸易大学出版社 2016 年版。

刘鸣等：《"丝绸之路经济带"与相关区域合作机制研究》，上海社会科学
院出版社 2018 年版。

李芳芳、朱健：《"一带一路"工业文明：产能合作》，电子工业出版社
2018 年版。

刘卫东等：《共建绿色丝绸之路——资源环境基础与社会经济背景》，商
务印书馆 2019 年版。

刘卫东：《"一带一路"：引领包容性全球化》，商务印书馆 2017 年版。

刘伟、张辉：《全球治理 国际竞争与合作》，北京大学出版社 2017 年版。

李俊：《全球服务贸易发展指数报告（2018）》，社会科学文献出版社
2018 年版。

皮尔逊、巴亚斯、杨毅、钟飞腾：《国际政治经济学：全球体系中的冲突
与合作》，北京大学出版社 2006 年版。

王灵桂、李永强：《"一带一路"：多边推进与务实建设》，社会科学文献
出版社 2018 年版。

王灵桂、赵江林：《亚太地区发展与合作：中外联合研究报告（No. 4）》，
社会科学文献出版社 2017 年版。

王灵桂：《海丝列国志》，社会科学文献出版社 2016 年版。

王灵桂、赵江林：《人类命运共同体构建之路：中外联合研究报告
（NO. 6）（上下）》，社会科学文献出版社 2019 年版。

王灵桂：《全球战略观察报告：国外智库看"一带一路"（1）》，中国社
会科学出版社 2016 年版。

王灵桂:《全球战略观察报告:国外智库看"一带一路"(2)》,中国社
会科学出版社 2016 年版。

王灵桂:《中国:"一带一路"将带来包容性全球化》,社会科学文献出版
社 2017 年版。

王灵桂:《中国:引领包容性世界经济增长潮流》,社会科学文献出版社
2017 年版。

王灵桂:《中国:在新一轮全球化中的使命与担当》,社会科学文献出版
社 2017 年版。

王灵桂:《"一带一路":顺应经济全球化潮流的最广泛国际合作平台》,
社会科学文献出版社 2018 年版。

王灵桂:《"一带一路":理论构建与实现路径》,中国社会科学出版社
2017 年版。

王杰:《国际机制论》,新华出版社 2002 年版。

王勇:《国际贸易政治经济学》,中国市场出版社 2008 年版。

王淑芳:《中国—东盟地缘经济竞合演化研究》,中国经济出版社 2017
年版。

王义桅:《世界是通的:"一带一路"的逻辑》,商务印书馆 2016 年版。

王洪涛、潘慧、罗胜:《中国对"一带一路"沿线国家经贸发展格局演变
与战略选择研究》,四川大学出版社 2017 年版。

王振主编:《探寻国际合作新机遇 首届"一带一路"上海论坛论集》,上
海社会科学院出版社 2018 年版。

徐静波:《日本的底力》,华文出版社 2019 年版。

阎学通:《中国国家利益分析》,天津人民出版社 1997 年版。

姚勤华、胡晓鹏等:《"21 世纪海上丝绸之路"与区域合作新机制》,上
海社会科学院出版社 2018 年版。

"一带一路"课题组:《建设"一带一路"的战略机遇与安全环境评估》,
中央文献出版社 2016 年版。

张幼文、黄仁伟:《中国国际地位报告 2017》,人民出版社 2017 年版。

张树军主编:《十八大以来全面深化改革纪事(2012—2017)》,河北人民
出版社 2017 年版。

左凤荣、梁亚滨、赵柯:《新时代的大国战略》,新华出版社2018年版。

中国世界贸易组织研究会:《中国世界贸易组织年鉴2016》,中国商务出版社2017年版。

　　(二) 译著

[美] 阿迪亚特·马图、罗伯特 M. 斯特恩、贾尼斯·赞尼尼:《服务经济译丛:国际服务贸易手册》,陈宪译,格致出版社2012年版。

[美] 保罗·萨缪尔森、威廉·诺德豪斯:《经济学 (第18版)》,萧琛译,人民邮电出版社2008年版。

[美] 本杰明·J. 科恩:《国际政治经济学:学科思想史》,杨毅、钟飞腾译,上海人民出版社2010年版。

[美] 多米尼克·萨尔瓦多:《国际经济学 (第8版)》,朱宝宪、吴洪、俞露译,清华大学出版社2004年版。

[美] 罗伯特·基欧汉、约瑟夫·奈:《权力与相互依赖 (第3版)》,门洪华译,北京大学出版社2002年版。

[美] 罗伯特·基欧汉:《霸权之后:世界政治经济中的合作与纷争》,苏长和、信强、何曜译,上海世纪出版集团2012年版。

[美] 罗伯特·吉尔平:《国际关系政治经济学》,杨宇光等译,经济科学出版社1989年版。

[美] 罗伯特·S. 平狄克、丹尼尔·L. 鲁宾费尔德:《微观经济学 (第7版)》,中国人民大学出版社2009年版。

[美] 罗伯特·阿克塞尔罗德:《合作的进化 (修订版)》,吴坚忠译,上海人民出版社2017年版。

[美] 曼昆:《经济学原理·微观经济学分册 (第6版)》,梁小民、梁砾译,北京大学出版社2012年版。

[美] 迈克尔·波特:《国家竞争优势》,李明轩等译,华夏出版社2002年版。

[美] 亚历山大·温特:《国际政治的社会理论》,秦亚青译,上海人民出版社2008年版。

[美] 詹姆斯·格伯:《国际经济学 (第4版)》,汪小雯、黄春媛、聂巧平译,机械工业出版社2009年版。

[美] 詹姆斯·多尔蒂、小罗伯特·普法尔茨格拉夫：《争论中的国际关系理论（第五版）》，阎学通、陈寒溪等译，世界知识出版社 2013年版。

（三）期刊文章

安晓明：《中国开展国际产能合作面临的风险及其应对》，《中州学刊》2017 年第 3 期。

陈希：《"一带一路"建设中第三方市场合作的法律风险及其应对》，《中州学刊》2019 年第 5 期。

耿楠：《多边开发金融体系新成员：创新与合作——新开发银行与亚投行机制研究》，《金融》2016 年第 1 期。

管传靖：《全球价值链扩展与多边贸易体制的变革》，《外交评论》2018年第 6 期。

高燕：《第三方市场合作是共建"一带一路"的新模式》，《人民中国》2019 年第 6 期。

胡晓炼：《加强第三方市场合作实现优势互补与互利共赢》，《研究探索》2019 年第 4 期。

李长修、张振：《以新发展理念为引领推进中国经济平稳健康可持续发展》，《中国经贸导刊》2017 年第 10 期。

楼春豪：《"亚非增长走廊"倡议：内涵、动因与前景》，《国际问题研究》2018 年第 1 期。

刘志中：《"一带一路"背景下全球贸易治理体系重构》，《东北亚论坛》2018 年第 5 期。

牛新春：《中美关系的依赖性与脆弱性》，《现代国际关系》2009 年第9 期。

裴长洪：《中国企业对外投资与"一带一路"建设机遇》，《财政监督》2017 年第 3 期。

秦亚青：《国际政治的社会建构——温特及其建构主义国际政治理论》，《欧洲》2001 年第 6 期。

秦亚青：《关系本位与过程建构：将中国理念植入国际关系理论》，《中国社会科学》2009 年第 5 期。

齐力：《一带一路服务贸易未来增长点在哪里?》，《中国对外贸易》2018
　　年第 6 期。

宋伟：《中国的周边外交：多边主义还是双边主义》，《上海交通大学学报
　　（哲学社会科学版）》2015 年第 4 期。

申琳、马丹：《中国出口产品的比较优势分析及国际比较》，《北方经济》
　　2007 年第 2 期。

孙伊然：《亚投行、"一带一路"与中国的国际秩序观》，《外交评论》
　　2016 年第 1 期。

史泽华：《"一带一路"：新范式何以超越旧思维》，《红旗文稿》2019 年
　　第 1 期。

沈铭辉、张中元：《"一带一路"融资机制的实践探索与创新》，《新视
　　野》2018 年第 5 期。

沈铭辉、张中元：《"一带一路"机制化建设与包容性国际经济治理的构
　　建》，《新视野》2019 年第 3 期。

宋瑞琛：《美国对"一带一路"倡议的认知及中国的策略选择——基于对
　　美国布鲁金斯学会和外交关系委员会学者观点的分析》，《国际展望》
　　2017 年第 6 期。

吴浩：《第三方市场合作："一带一路"的新动能》，《学术大视野》2019
　　年第 1 期。

王国刚：《"一带一路"：建设以多边机制为基础的国际金融规则》，《国
　　际金融研究》2019 年第 1 期。

项义军、周宜昕：《新时代推进我国国际产能合作建设：新模式、新机制
　　和新路径》，《商业研究》2018 年第 10 期。

叶辅靖、李大伟、杨长湧：《推动形成全面开放新格局》，《国民经济管
　　理》2018 年第 6 期。

郑东超：《中国开展第三方市场合作的意义、实践及前景》，《当代世界》
　　2019 年第 11 期。

周贝贝：《第三方市场合作为"一带一路"注入新动能》，《新产经》
　　2019 年第 5 期。

赵爱玲：《第三方市场合作让"一带一路"朋友圈不断扩大》，《中国对

外贸易》2019 年第 5 期。

朱翠萍：《印度的地缘政治想象对中印关系的影响》，《印度洋经济体研究》2016 年第 4 期。

邹志强：《"一带一路"背景下中国与土耳其的国际产能合作》，《西北民族大学学报（哲学社会科学版）》2017 年第 6 期。

《最不发达国家报告 2019 概述——外部发展融资的现状和未来—旧的依赖与新的挑战》，联合国，2019 年。

中欧：

刘馨蔚：《中欧正在开启第三方市场合作模式》，《中国对外贸易》2020 年第 2 期。

李锋：《"一带一路"与"容克计划"对接研究》，《全球化》2018 年第 2 期。

郑春荣：《中欧第三方市场合作面临的机遇与挑战》，《中国与世界》2020 年第 3 期。

中法：

韩冰、应强：《中法第三方市场合作须突破"微观"瓶颈》，《经济参考报》2015 年 11 月 6 日。

李慰：《发挥互补优势 推进中法第三方市场合作》，《中国经贸导刊》2016 年第 4 期。

毛雨：《中法打造第三方市场合作标杆》，《中国社会科学报》2015 年 7 月 16 日。

许华江：《中法企业第三方市场合作分析——以喀麦隆克里比深水港项目为例》，《国际工程与劳务》2019 年第 10 期。

张菲、李洪涛：《第三方市场合作："一带一路"倡议下的国际合作新模式——基于中法两国第三方市场合作的分析》，《国际经济合作》2020 年第 3 期。

张瑛：《经济外交视角下的中法非三方合作——基于〈中法关于第三方市场合作的联合声明〉》，硕士学位论文，2019 年。

张梅：《推进中法在第三方市场投资与合作》，《中国投资》2015 年第 10 期。

中国与西班牙:

程弋洋、何明星:《第三方市场合作:中国图书在西班牙语世界的翻译出版模式研究》,《出版发行研究》2020年第2期。

邹运、于新宇:《从西班牙对外贸易投资看中西第三方市场合作》,《国际工程与劳务》2018年第11期。

中德:

郑春荣:《"一带一路"倡议视域下的中德关系:潜力与挑战》,《同济大学学报(社会科学版)》2016年第1期。

中意:

周馥隆:《中意加强第三方市场合作 中联重科携手CIFA打造务实合作典范》,《今日工程机械》2019年第4期。

中英:

齐力:《"一带一路"框架下携手开发第三方市场中英合作或进一步扩大》,《中国对外贸易》2018年第2期。

孙盛囡、高健:《英国脱欧与中英关系的发展趋势》,《当代世界》2018年第4期。

中日:

程永明:《"一带一路"框架下中日合作领域及方式》,《东北亚学刊》2018年第5期。

陈志恒、孙彤彤:《中日第三方市场合作的挑战与对策》,《理论探讨》2020年第1期。

崔健、刘伟岩:《"一带一路"框架下中日与第三方市场贸易关系的比较分析》,《现代日本经济》2018年第5期。

宫笠俐:《中日第三方市场合作:机遇、挑战与应对方略》,《现代日本经济》2019年第5期。

姜跃春:《世界经济新变局与中日合作新空间》,《日本问题研究》2019年第1期。

卢国学:《稳步推进中日第三方市场合作不断深入》,《中国发展观察》2019年第12期。

卢昊:《日本对"一带一路"倡议的政策:变化、特征与动因分析》,

《日本学刊》2018 年第 5 期。

李红梅：《"一带一路"框架下的中日两国物流合作探究》，《日本经济蓝皮书》2019 年版。

任晓菲：《推动中日第三方市场合作向东北亚腹地延伸》，《东北亚经济研究》2019 年第 4 期。

孙丽、张慧芳：《"一带一路"框架下中日第三方市场合作的可行性与模式选择》，《日本问题研究》2019 年第 2 期。

孙忆：《竞争者的合作：中日加强经济外交合作的原因与可能》，《日本学刊》2019 年第 4 期。

宋志勇、刘艺卓：《第三方市场合作：中日经贸合作的新平台》，《日本经济蓝皮书》2019 年版。

王竞超：《中日第三方市场合作：日本的考量与阻力》，《国际问题研究》2019 年第 3 期。

王星宇：《日本对外经济援助政策新动向与中日"一带一路"合作》，《当代世界》2018 年第 7 期。

王厚双、张霄翔：《"一带一路"框架下中日加强在东盟第三方市场合作的对策思考》，《日本问题研究》2019 年第 2 期。

王嘉珮：《中日第三方市场合作的机遇与前景》，《经济》2018 年第 12 期。

吴怀中：《日本谋求"战略自主"：举措、动因与制约》，《国际问题研究》2018 年第 6 期。

吴崇伯、胡依林：《"一带一路"倡议下中日推进第三方市场合作的思考》，《广西财经学院学报》2019 年第 4 期。

徐梅：《从"一带一路"看中日第三方市场合作的机遇与前景》，《东北亚论坛》2019 年第 3 期。

徐国玲：《基于"一带一路"建设的中日第三方市场合作的机遇、挑战及策略》，《对外经贸实务》2020 年第 1 期。

杨旭：《"一带一路"框架下中日第三方市场合作研究》，硕士学位论文，外交学院，2019 年。

尹刚：《中日在东盟第三方市场合作的前景分析》，《国际经济合作》2018

年第 12 期。

张季风：《日本对参与"一带一路"建设的认知变化、原因及走向》，《东北亚学刊》2018 年第 5 期。

张晓磊：《安倍对华政策两面性的新表现》，《东北亚学刊》2018 年第 5 期。

张利华、胡芳欣：《日本对"一带一路"倡议态度转变及其机遇》，《学术前沿》2019 年第 2 期。

张琳：《中日开展第三方市场合作的五大亮点》，《世界知识》2018 年第 11 期。

赵天鹏：《从"普遍竞争"到"第三方市场合作"：中日湄公河次区域合作新动向》，《国际论坛》2020 年第 1 期。

中韩：

金旭、董向荣：《推进中韩第三方市场合作》，《世界知识》2018 年第 8 期。

季晓勇、华楠：《中韩企业第三方市场合作探析》，《国际工程与劳务》2019 年第 8 期。

中印：

刘晓伟：《"一带一路"倡议下次区域合作机制化限度研究——以"孟中印缅经济走廊"为例》，《南亚研究》2019 年第 1 期。

林斐婷：《基于五通指数测算下中印"一带一路"合作前景分析》，《邢台学院学报》2019 年第 6 期。

中俄：

雷小钞、张卓、张忠慧：《中俄共同建设"一带一路"与双边经贸合作发展问题研究》，《贸易经济》2019 年第 7 期。

赵亮：《丝绸之路经济带与欧亚经济联盟的对接——基于复合相互依赖理论视角》，《国际贸易》2017 年第 4 期。

两岸关系：

李月：《新形势下两岸合作开发第三方市场的机遇与模式———一个共同"走出去"战略的分析框架》，《亚太经济》2010 年第 3 期。

（四）互联网资料

《2019 年 1—7 月我对"一带一路"沿线国家投资合作情况》，2019 年 9
月，"走出去"公共服务平台（http：//fec. mofcom. gov. cn/article/fw-
ydyl/tjsj/201909/20190902896380. shtml）。

《第三方市场合作指南和案例》，2019 年 9 月，国家发展和改革委员会官
网（https：//www. ndrc. gov. cn/xxgk/zcfb/tz/201909/W02019090551452
3737249. pdf）。

《第三方市场合作 1 + 1 + 1 > 3》，2018 年 1 月，国务院新闻办公室官网
（http：//www. scio. gov. cn/31773/35507/35510/35524/Document/1615175/
1615175. htm）。

《第十二届中日节能环保综合论坛共签署 24 个合作项目》，2018 年 11
月，新华网（http：//www. xinhuanet. com/fortune/2018 – 11/25/c _
1210001607. htm）。

《峰会聚焦中国，正星科技 &AAQIUS 签署战略合作协议》，2017 年 5 月，
中国财经新闻网（http：//www. prcfe. com/finance/2017/0519/162047.
html）。

《发展改革委组织召开泰国东部经济走廊中日第三方市场合作国际研讨
会》，2018 年 5 月，国家发展改革委官网（https：//www. ndrc. gov. cn/
fzggw/jgsj/wzs/sjjdt/201805/t20180531_1037742. html）。

《韩国推"新南方政策"争取东盟支持半岛对话》，2019 年 11 月，澎湃
新闻，https：//news. sina. com. cn/w/2019 – 11 – 28/doc –
iihnzahi3794949. shtml？cre = tianyi&r = 0&tj = none&tr = 12）。

金仁淑：《中日与东盟区域经济合作战略的经济效应》，2018 年 6 月，人
民网（http：//world. people. com. cn/n1/2018/0615/c1002 – 30062466.
html）。

《拉法基豪瑞助推合作伙伴"一带一路"全球发展》，2018 年 2 月，数字
水泥网（http：//www. dcement. cn/article/201802/161111. html）。

《李克强与朴槿惠举行会谈"参鸡汤"上榜中韩协议》，2015 年 11 月，
中央政府门户网（http：//www. gov. cn/xinwen/2015 – 11/01/content_
2957710. htm）。

《两条"走廊"与泰国4.0战略》，2018年11月，新华网（http：//
www. xinhuanet. com/globe/2018 - 11/22/c_137601323. htm）。

《签署多项协议 中日经济合作将迈上新高度》，2015年5月，中国财经
网，转引自经济参考报（http：//finance. china. com. cn/news/
20180511/4633827. shtml）。

《JETRO世界贸易投资报告2017年版》，2017年8月，日本贸易振兴机构
官网（https：//www. jetro. go. jp/world/gtir/2017. html#shiryo）。

任珂、张远：《默克尔点赞中国在非发展援助，称德国要学习经验方法》，
2019年2月，中国科技新闻网，转引自新华社（https：//
www. zghy. org. cn/item/117523612109332480）。

《首届中日第三方市场合作论坛上，李克强和安倍都说了什么?》，2018年
10月，中国政府网（http：//www. gov. cn/guowuyuan/2018 - 10/27/
content_5335045. htm）。

《施耐德电气与中国银行、中国电建签署战略合作协议》，2019年3月，
中国新闻网（http：//www. chinanews. com/business/2019/03 - 27/
8791815. shtml）。

"The Road less Travelled：European Involvement in China's Belt and Road Ini-
tiative"，2020年1月，中国欧盟商会（https：//www. europeanchamber.
com. cn/en/publications - archive/762）。

《我委与法国财政总署签署〈关于设立中法第三方市场合作指导委员会的
谅解备忘录〉》，2016年11月，国家发改委官网（http：//
www. ndrc. gov. cn/gzdt/201611/t20161115_826633. html）。

《我国央企赴法签署多项核电大单》，2015年7月，中国核能网（ht-
tp：//np. chinapower. com. cn/201507/02/0046502. html）。

《习近平同法国总统马克龙会谈》，2019年3月，央视网（http：//
news. cnr. cn/native/gd/20190326/t20190326_524555971. shtml）。

《意义重大! 中日时隔五年重启这一机制》，2018年10月，中国日报网，
转引自央视新闻（http：//cnews. chinadaily. com. cn/2018 - 10/26/con-
tent_37144569. htm）。

《亚洲基建每年缺口1.4万亿美元 亚投行欢迎各类社会资本参与》，2018

年 6 月，第一财经网（https：//www. yicai. com/news/5434661. html）。

《"一带一路"巴黎论坛首届会议成功举行》，2017 年 11 月，外交部官网
（https：//www. fmprc. gov. cn/web/gjhdq_676201/gj_676203/oz_678770/
1206_679134/1206x2_679154/t1515568. shtml）。

《"一带一路"巴黎论坛第二届会议举行》，2019 年 1 月，中国新闻网
（http：//www. chinanews. com/gj/2019/01 – 11/8725957. shtml）。

《政府工作报告提"一带一路"：第三方市场合作成今年工作重点》，2019
年 3 月，一带一路网（https：//www. yidaiyilu. gov. cn/xwzx/gnxw/
81620. htm）。

《中华人民共和国与俄罗斯联邦关于丝绸之路经济带建设和欧亚经济联盟
建设对接合作的联合声明》，2015 年 5 月，新华网（http：//
www. xinhuanet. com/world/2015 – 05/09/c_127780866. htm）。

《中日双方签署有关经贸合作协议》，2018 年 5 月，人民网（http：//ja-
pan. people. com. cn/n1/2018/0510/c35421 – 29976004. html）。

《中非关系为何"非"比寻常？盘点中国央企在非重点基建项目》，2018
年 9 月，国资委官网（http：//www. sasac. gov. cn/n2588020/n2877938/
n2879597/n2879599/c9535101/content. html）。

《中核集团和法国电力集团签署谅解备忘录》，2019 年 6 月，中国电力企
业联合会网（http：//www. cec. org. cn/zdlhuiyuandongtai/fadian/2019 –
06 – 28/192170. html）。

《中广核联合法国企业进军非洲清洁能源领域》，2015 年 12 月，中国贸促
会官网（http：//www. ccpit. org/Contents/Channel _ 3421/2015/1209/
511159/content_511159. htm）。

《中英法三方签署欣克利角核电项目最终协议》，2016 年 9 月，新华网
（http：//www. china. org. cn/chinese/2016 – 09/30/content _ 39406559.
htm）。

《中国信保：第三方市场合作未来发展前景广阔》，2019 年 3 月，中国一
带一路网（https：//www. yidaiyilu. gov. cn/xwzx/gnxw/84045. htm）。

郑东超：《第三方市场合作：1 + 1 + 1 > 3（望海楼）》，2019 年 4 月，《人
民日报海外版》第 1 版（http：//opinion. people. com. cn/GB/n1/2019/

0406/c1003 - 31015415. html）。

赵磊:《"一带一路": 要理性面对负面评价》, 2018 年 8 月, 人民画报（ht-
tp: //www. rmhb. com. cn/zt/ydyl/201808/t20180831_800139866. html）。

《中国石化试水加氢站 在广东建成国内首座油氢合建站》, 2019 年 7 月,
澎湃新闻（https: //finance. sina. com. cn/roll/2019 - 07 - 01/doc -
ihytcitk8878388. shtml）。

二 外文资料

（一）著作（含编著）

A. J. R. Groom and Dominic Powell, *Contemporary International Relations: A Guide to Theory*, London: Pinter Publishers, 1994.

Blainey and Geoffrey, *The Causes of War*, Basingstoke: Macmillan Press, 1988.

Dambisa Moyo, *Dead Aid: Why Aid Is Not Working and How There Is A Better Way for Africa*, New York: Farrar, Straus and Giroux, 2009.

Ernst B. Hass, *Beyond the Nation - State*, Stanford CA: Stanford University Press, 1964.

Edward D. Mansfield, *Power, Trade and War*, Princeton, NJ: Princeton University Press, 1994.

George T. Crane & Abla M. Amawi, *The Theoretic Evolution of International Political Economy*, New York: Oxford University Press, 1991.

Immanuel Wallerstein, *The Modern World System* 1: *Capitalist Agriculture and the Origins of the European World Economy in the Sixteenth Century*, New York: Academic Press, 1974.

Joan E. Spero and Jeffrey A. Hart, *The Politics of International Economic Relations (fifth edition)*, New York: St. Martin's Press, 1997.

Kindlcberger and Charles P, *Foreign Trade and the National Economy*, New Haven: Yale University Press, 1962.

Robert Gilpin, *U. S. Power and the Multinational Corporation: The Political Economy of Foreign Direct Investment*, New York: Basic Books, 1975.

Stephen C. Neff, *Friends but No Allies: Economic Liberalism and the Law of*

Nations, New York: Columbia University Press, 1990.

William Kinkade Domke, *War and The Changing Global System*, New Haven: Yale University Press, 1988.

（二）期刊文章、学位论文

Albert Park and Gaurav Nayyar and Patrick Low, "Supply Chain Perspectives and Issues", *World Trade Organization*, 2013.

Bruno S. Frey and Friedrich Schneider Frey, "Competing Models of International Lending Activity", *Journal of Development Economics*, Vol. 20, Issue 2, March 1986.

Candice Branchoux and Lin Fang and Yusuke Tateno, "Estimating Infrastructure Financing Needs in the Asia – Pacific Least Developed Countries, Landlocked Developing Countries, and Small Island Developing States", *Economies*, Vol. 6, No. 3, August 2018.

David A. Lake, "Open Economy Politics: A Critical Review", *The Review of International Organizations*, Vol. 4, No. 3, September 2009.

David Dollar and Alberto Alesina, "Who Gives Foreign Aid to Whom and why?", *Journal of Economic Growth*, Vol. 5, February 2000.

Dorussen Han, "Balance of Power Revisited: A Multi – Country Model of Trade and Conflict", *Journal of Peace Research*, Vol. 36, No. 4, July 1999.

Duncan Snidal, "CoodinationVersus Prisoners' Dilemma: Implications for International Cooperation and Regimes", *The American Political Science Review*, Vol. 79, December 1985.

Dierk Herzer and Stephan Klasen, "Aid and Trade – A Dinor'S Perspective", *Journal of Development Studies*, Vol. 45, No. 7, Issue 1, August 2009.

Geoffrey Garnett, "International Cooperation and Institutional Choice: The European Community's Internal Market", *International Organization*, 1992.

G. D. A. MacDougall, "British and American Exports: A Study Suggested by the Theory of Comparative Costs", *Economic Journal*, 1951.

Erik Gartzke and Quan Li and Charles Boehmer, "Investing in the Peace: Economic Interdependence and International Conflict", *International Organiza-*

tion, Vol. 55, No. 2, July 2003.

Havard Hegre, "Development and the Liberal Peace: What Does it Take to be a Trading State?", *Journal of Peace Research*, Vol. 37, No. 1, January 2000.

Jeffrey M. Chwieroth, "Testing and Measuring the Role of Ideas: The Case of Neoliberalism in the International Monetary Fund", *International Studies Quarterly*, Vol. 51, No. 1, 2007.

James D. Fearon, "Bargaining, Enforcement, and International Cooperation", *International Organization*, Vol. 52, No. 2, March 1998.

Joong Shik Kang and Alessandro Prati and Alessandro Rebucci, "Aid, Exports, and Growth: A Time – Series Perspective on the Dutch Disease Hypothsis", *Review of Economics and Institutions*, March 2013.

Julian Donaubauer and Birgit Meyer and Peter Nunnenkamp, "Aid, Infrastructure, and FDI: Assessing the Transmission Channel with a New Index of Infrastructure," *World Development*, Vol. 78, No. 2, 2016.

John R. Oneal and Frances H. Oneal and Zeev Maoz and Bruce Russett, "The Liberal Peace: Interdependence, Democracy, and International Conflict, 1950 – 1985", *Journal of Peace Research*, Vol. 33, No. 1, February 1996.

John R. Oneal and Bruce Russett, "Assessing the Liberal Peace with Alternative Specifications: Trade Still Reduces Conflict", *Journal of Peace Research*, Vol. 36, No. 4, July 1999.

Min He and Zequn Huang and Ningning Zhang, "An Empirical Research on Agricultural Trade between China and 'The Belt and Road' Countries: Competitiveness and Complementarity", *Scientific Research Publishing*, Vol. 7, No. 14, December 2016.

Solomon William Polachek, "Conflict and Trade", *Journal of Conflict Resolution*, Vol. 24, No. 1, March 1980.

Solomon W. Polachek, "Why Democracies Cooperate More and Fight Less: The Relationship Between International Trade and Cooperation", *Review of International Economics*, Vol. 5, No. 87, December 2002.

Rafael Reuveny and Heejoon Kang, "International Trade, Political Conflict/

Cooperation, and Granger Causality", *American Journal of Political Science*, Vol. 40, August 1996.

Bruce Russett and John R. Oneal, and David R. Davis, "The Third Leg of the Kantian Tripod for Peace: International Organizations and Militarized Disputes, 1950 – 1985", *International Organization*, Vol. 52, No. 3, August 1998.

Sergi Lanau, "IMF Working Paper: The Growth Return of Infrastructure in Latin America", *International Monetary Fund*, February 2017.

Sang – Kee Kim and Young – Han Kim, "Is Tied Aid Bad for the Recipient Countries?", *Economic Modelling*, Vol. 53, February 2016.

World Economic Forum, "The Shifting Geography of Global Value Chains: Implications for Developing Countries and Trade Policy", *Global Agenda Council on the Global Trade System*, July 2012.

William Easterly and David Dollar, "The Search for the Key: Aid, Investment and Policies in Africa", *Journal of African Economic*, Vol. 8, Issue 4, December 1999.

Yang – Ching Chang, "Economic Interdependence and International Interactions——Impact of Third – Party Trade on Political Cooperation and Conflict", *Cooperation and Conflict: Journal of the Nordic International Studies Association*, Vol. 40, No. 2, June 2005.

Yuan – Ching Chang, "Economic Interdependence and Third – Party International Interactions: A 30 – Country Third – Party Bloc Case Study", *Japanese Journal of Political Science*, Vol. 9, No. 1, April 2008.

Arnab Acharya and Ana Teresa Fuzzo de Lima and Mick Moore, "Proliferation and Fragmentation: Transactions Costs and the Value of Aid", *Journal of Development Studies*, Vol. 42, Issue 1, January 2006.

Arnaud Rnaud Schaumasse, "Franceet Chine Sur le Continent Africain: de L'inevitable Rivalite A la Necessaire Cooperation?", *Outre – Terre*, No. 30, April 2011.

Chavagneux Christian, "La Diplomatie Economique: Plus Seulement Une Affaire D' Etats", *Pouvoirs*, No. 88, January 1999.

Chatham House, "A New Way to Engage? French Policy in Africa from Sarkozy to Hollande", *Realise par Paul Melly et Vincent Darracq*, No. 25, May 2013.

Décision D' exécution de la Commission, "Relative au Programme D' Action Annuel 2019 Pour la CoopÉRation Avec Les Pays Tiers au Titre de L' Instrument de Partenariat, À Financer Sur de Budget GÉNÉRal de l' Union EuropÉEnne", *Commission Europé*enne, Octombrie 2018.

Fiches, "Les Marches de Partenariat", *Espace Marchés Publics*, No. 20, July 2016.

Jean – Louis Carrere, "La Diplomatie Economique, 《Nouvelle Frontere》 de la Politique Francaise", *Geoeconomie*, January 2014.

Jean – Pierre Cabestan, "France – China Cooperation in Africa: The Emergence and the Limits of A New Initiative", *Conference sur les relations Afrique – Chine: Equilibre, croissance et un avenir durable organisee par Yale Afrique – China Conference de l'Universite Yale, Lagos, Nigeria*, 2016.

Ling Gao,「一带一路の実施と物流の日本への影響」,『東アジア評論』, 長崎県立大学東アジア研究所, 第8号, 2016。

春日尚雄,「メコン地域開発によるインフラ整備とASEAN連結性の強化」,『海外事情』, 2013年12月号。

東郷和彦,「一带一路構想と日本外交」, 京都産業大学世界問題研究所紀要, 2018年, (30): 53 – 67。

福井孝敏, 「一带一路とアジア・日本」, 環日本海経済ジャーナル, 2018年, (98): 8 – 11。

崛口宗尚,「エネルギープラントの建設およびデジタル技術適用における日中協力」, JC ECONOMIC JOURNAL, 2018年1月号。

酒井浩二,「2018年2月アジアビジネスアンケート調査結果」,『みずほリポート』, みずほ総合研究所, 2018年5月2日。

末廣昭,「東部経済回廊EECと中国との戦略的連携」,『タイ国情報』, 第52巻第3号。

貿易経済協力局総務課通商課,「日中第三国市場協力フォーラム」,『経済産業公報』, 開催に合わせて日中の政府関係機関企業経経済団体の間で協力覚書が締結されました，，2018 年 11 月 2 日第 19036 号。

平川均，「東京アジア統合の新たな展望」，『アジア研究』，2018 年，(4)：80 – 97.

青木まき，「メコン広域開発協力をめぐる国際関係の重層的展開」，『アジア経済』，2015 年 6 月。

「2018 年度わが国製造業企業の海外事業展開に関する調査報告」，日本国際協力銀行業務企画室調査課，2018 年 20 – 24.

杉田定大，「日中第三国市場協力」，JC ECONOMIC JOURNAL，2018 年 8 月号。

徐一睿，「ユーラシア地域輸送インフラと日中協力」，JC ECONOMIC JOURNAL，2018 年 7 月号。

小山雅久，「日中企業の第三国での恊業ビジネスモデルの分析」，JC ECONOMIC JOURNAL，2018 年 7 月号。

遊川和郎，「一帯一路の政治経済学的考察」，『アジア研究』，2018 年，(4)：98 – 112.

于瑛琪，「日中間ビジネス展開が好機を迎える～安倍首相訪中による成果に期待」，『MUFGバンク（中国）経済週報』第 413 期，2018 年 11 月 15 日。

伊藤季代子、藏田大輔，「中国一帯一路構想と日本第三国市場恊力」，JC ECONOMIC JOURNAL，2018 年 7 月号。

佐野淳也，「新常態下で積極化する中国の対外経済戦略：一帯一路を中心に」，『JRIレビュー』，2016 年第 33 号。

真家陽一，「日中が第三国で協力へビジネス展開拡大狙う」，『エコノミスト』，2018 年 2 月 13 日。

邵永裕，「一帯一路による中国対外直接投資の新展開と中外企業提携拡大の展望」，JC ECONOMIC JOURNAL，2018 年 7 月号。

（三）互联网资料

《インフラシステム輸出戦略》（基礎設施系統輸出战略），2013 年 5 月（https：//www. kantei. go. jp/jp/singi/keikyou/dai4/kettei. pdf）。

日本経済団体連合会：《戦略的なインフラシステムの海外展開に向け

て》，2019 年 3 月，（http：//www. keidanren. or. jp/policy/2019/024_ gaiyo. pdf）。

《日中民間ビジネスの第三国展開推進に関する委員会の開催（結果）》，2018 年 9 月，日本外务省（https：//www. mofa. go. jp/mofaj/press/release/press4_006466. html）。

《第 3 回日中企業家及び元政府高官対話（日中 CEO 等サミット）歓迎レセプション》，2017 年 12 月，日本首相官邸网站（https：//www. kantei. go. jp/jp/98_abe/actions/201712/04taiwa_kangei. html）。

「TICAD VI 開会に当たって　安倍晋三日本国総理大臣基調演説」，2016 年 8 月，（https：//www. mofa. go. jp/mofaj/afr/af2/page4_002268. html）。

「タイ東部経済回廊（EEC）進出の日本企業を5，000 社と予測　中小企業の投資が活発」，2019 年 1 月 25 日，　（https：//www. digima－news. com/20190125_42995）。

「日中の『一帯一路』協力プロジェクト、第 1 弾はタイの鉄道建設か―中国メディア」，2018 年 7 月，　（https：//www. recordchina. co. jp/b627457－s0－c20－d0135. html）。

「日・メコン協力ための新東京戦略 2015」（https：//www. mofa. go. jp/mofaj/files/000088537. pdf）。

日本外务省亚种大洋洲局：《目で見るASEAN ― ASEAN 経済統計基礎資料―》（https：//www. mofa. go. jp/mofaj/files/000127169. pdf）。

日系企業．『「一帯一路」協議会』，2017 年 6 月，日本経済新聞（https：//www. nikkei. com/article/DGKKASGM21H7L_21062017FF2000/）。

経済界．『「一帯一路」商機探る』，2017 年 11 月，日本経済新聞（https：//www. nikkei. com/article/DGKKZO23831700S7A121C1EE8000/？n_cid＝SPTMG002）。

「インフラシステム輸出戦略（平成 30 年改訂版）」，2018 年 6 月，日本首相官邸官网（https：//www. kantei. go. jp/jp/singi/keikyou/dai37/siryou2. pdf#search＝＝'インフラシステム輸出戦略'）。

「首相、一帯一路に協力姿勢　公正き条件」，2017 年 6 月，日本経済新聞（https：//www. nikkei. com/article/DGXLASFS05H5I_V00C17A6000000/）。

"EU – China – A strategic outlook" (https：//www. voltairenet. org/article205724. html).

"Global Infrastructure Outlook", Oxford Economic (https：//outlook. gihub. org).

"Growth in the Americas：Initiative to facilitate economic prosperity", December 2019, U. S. Embassy in Chile Web (https：//cl. usembassy. gov/growth – in – the – americas – initiative – to – facilitate – economic – prosperity/).

Lalit K Jha, "Need India to be a net security provider in Indo – Pacific：Trump admin", (http：//www. rediff. com/news/report/defence – ties – with – india – vital – trump – admin – to – congress/20170907. htm).

McKibbin, Warwick, Lu, Yingying, Stoeckel, Andrew, "Global fiscal adjustment and trade rebalancing", April 2012, World Bank (http：// elibrary. worldbank. org/doi/abs/10. 1596/1813 – 9450 – 6044).

"Need India to be a net security provider in Indo – Pacific：Trump admin", September 2017, (http：//www. rediff. com/news/report/defence – ties – with – india – vital – trump – admin – to – congress/20170907. htm).

Rex W. Tillerson, Remarks on "Defining Our Relationship with India for the Next Century", October 2017, Center for Strategic & International Studies Washington DC, (https：//china. usembassy – china. org. cn/remarks – defining – relationship – india – next – century/).

"Studie：China in Afrika – Perspektiven, Strategien und Kooperationspotenziale für deutsche Unternehmen", October 2018, Germany Trade & Invest, (https：//www. gtai. de/gtai – de/trade/wirtschaftsumfeld/studie/suedafrika/ studie – china – in – afrika – perspektiven – strategien – und – 46476).

"S. 2736 (115th)：Asia Reassurance Initiative Act of 2018" (https：// www. govtrack. us/congress/bills/115/s2736/text).

"S. 2463 — 115th Congress" (https：//www. congress. gov/bill/115th – congress/senate – bill/2463/text).

"L'Afrique est notre avenir", October 2013, Senat francais (https：// www. senat. fr/rap/r13 – 104/r13 – 1040. html).

附　　录

附录 1　发展中国家 2016—2040 年
基础设施缺口

（1）中亚国家

国家 （单位：十亿美元）		Road	Rail	Airports	Ports	Telecoms	Electricity	Water	Total
哈萨克斯坦	趋势	26.0	36.0	4.0	8.0	34.0	75.0	26.0	209.0
	需求	105	36	4	8	38	75	26	292
	缺口	79	0	0	0	4	0	0	83
吉尔吉斯斯坦	趋势	2.0	0.8	0.2	0.5	1.0	4.5	1.0	10.0
	需求	3.5	1	0.25	0.7	2	4	1	12.45
	缺口	1.5	0.2	0.05	0.2	1	0.5	0	3.45
塔吉克斯坦	趋势	2.0	0.7	0.2	0.4	1.0	4.0	0.9	9.2
	需求	3	1	0.2	1	1.5	3	1	10.7
	缺口	1	0.3	0	0.6	0.5	−1	0.1	1.5
乌兹别克斯坦	趋势	12.0	4.0	1.0	2.5	6.5	23.5	5.0	54.5
	需求	20	5	1	4	8	26	6	70
	缺口	8	1	0	1.5	1.5	2.5	1	15.5
土库曼斯坦	趋势	12.0	4.0	1.0	2.0	7.0	23.0	4.5	53.5
	需求	20	5	1	4	8	25	6	69
	缺口	8	1	0	2	1	2	1.5	15.5

（2）南亚国家

国家 （单位：十亿美元）		Road	Rail	Airports	Ports	Telecoms	Electricity	Water	Total
尼泊尔	趋势	8.0	2.5	0.5	1.5	4.5	15.0	3.5	35.5
	需求	14	3	0.8	2.5	5	18	4	47.3
	缺口	6	0.5	0.3	1	0.5	3	0.5	11.8
不丹	趋势	1.0	0.2	0.1	0.2	0.4	1.5	0.3	3.7
	需求	1.5	0.3	0.08	0.3	0.6	1.5	0.5	4.78
	缺口	0.5	0.1	0.02	0.1	0.2	0	0.2	0.92
印度	趋势	510.0	385.0	18.0	5.0	529.0	2222.0	256.0	3925.0
	需求	589	385	18	5	696	2385	373	4451
	缺口	79	0	0	0	167	163	117	526
巴基斯坦	趋势	137.0	5.0	6.0	3.0	116.0	50.0	39.0	356.0
	需求	180	5	9	8	153	59	64	478
	缺口	43	0	3	5	37	9	25	122
孟加拉国	趋势	139.0	16.0	7.0	3.0	60.0	150.0	42.0	417.0
	需求	139	26	8	3	101	250	82	609
	缺口	0	10	1	0	41	100	40	192
斯里兰卡	趋势	27.0	9.0	2.1	5.0	14.0	50.0	10.0	117.1
	需求	40	10	3	8	18	56	14	149
	缺口	13	1	0.9	3	4	6	4	31.9
马尔代夫	趋势	2.0	0.5	0.1	0.4	1.0	3.0	0.5	7.5
	需求	2.5	0.5	0.15	0.5	1	3	0.8	8.45
	缺口	0.5	0	0.05	0.1	0	0	0.3	0.95

（3）东南亚国家

国家 （单位：十亿美元）		Road	Rail	Airports	Ports	Telecoms	Electricity	Water	Total
越南	趋势	79.0	15.0	4.0	0	99	256.0	50.0	503.0
	需求	134	21	5	9	99	265	72	605
	缺口	55	6	1	9	0	9	22	102

续表

国家 （单位：十亿美元）		Road	Rail	Airports	Ports	Telecoms	Electricity	Water	Total
老挝	趋势	5.0	1.8	1.0	1.0	3.0	10.0	3.0	24.8
	需求	6	2	0.5	2	3	11	2.5	27
	缺口	1	0.2	-0.5	1	0	1	-0.5	2.2
柬埔寨	趋势	16.0	1.0	0.0	3.0	19.0	18.0	5.0	62.0
	需求	27	3	1	1	26	25	5	88
	缺口	11	2	1	-2	7	7	0	26
泰国	趋势	71.0	7.0	3.0	1.0	39.0	230.0	43.0	394.0
	需求	149	14	3	12	44	230	43	495
	缺口	78	7	0	11	5	0	0	101
缅甸	趋势	34.0	5.0	4.0	1.0	42.0	7.0	18.0	111.0
	需求	104	8	4	4	51	8	46	225
	缺口	70	3	0	3	9	1	28	114
马来西亚	趋势	104.0	28.0	2.0	5.0	27.0	179.0	39.0	383.0
	需求	174	28	2	11	27	179	39	460
	缺口	70	0	0	6	0	0	0	76
新加坡	趋势	22.0	4.0	5.0	3.0	3.0	36.0	20.0	93.0
	需求	22	4	5	3	3	36	20	93
	缺口	0	0	0	0	0	0	0	0
印度尼西亚	趋势	752.0	9.0	23.0	11.0	96.0	607.0	144.0	1642.0
	需求	752	9	25	11	99	607	209	1712
	缺口	0	0	2	0	3	0	65	70
文莱	趋势	4.0	2.0	0.5	0.8	2.0	7.5	2.0	18.8
	需求	6	1.5	0.4	1	3	8	2	21.9
	缺口	2	-0.5	-0.1	0.2	1	0.5	0	3.1
菲律宾	趋势	105.0	6.0	3.0	6.0	82.0	187.0	40.0	429.0
	需求	136	8	5	6	82	187	73	497
	缺口	31	2	2	0	0	0	33	68
东帝汶	趋势	1.0	0.3	1.0	0.2	0.5	1.5	0.4	4.8
	需求	1.5	0.3	0.1	0.3	0.6	1.5	0.5	4.8
	缺口	0.5	0	0.9	0.1	0.1	0	0.1	1.7

（4）非洲

国家（单位：十亿美元）		Road	Rail	Airports	Ports	Telecoms	Electricity	Water	Total
南非	趋势	57.0	14.0	4.0	4.0	51.0	128.0	32.0	290.0
	需求	148	16	7	8	55	175	34	443
	缺口	91	2	3	4	4	47	2	153
安哥拉	趋势	44.0	4.0	5.0	3.0	11.0	53.0	147.0	267.0
	需求	99	11	5	4	25	73	147	364
	缺口	55	7	0	1	14	20	0	97
尼日利亚	趋势	164.0	20.0	16.0	80.0	89.0	205.0	82.0	656.0
	需求	248	40	19	86	137	267	82	879
	缺口	84	20	3	6	48	62	0	223
埃及	趋势	35.0	15.0	5.0	4.0	100.0	251.0	33.0	443.0
	需求	212	15	5	9	100	251	82	674
	缺口	177	0	0	5	0	0	49	231
埃塞俄比亚	趋势	88.0	5.0	1.0	0.0	40.0	173.0	139.0	446.0
	需求	88	8	1	0	115	186	203	601
	缺口	0	3	0	0	75	13	64	155
坦桑尼亚	趋势	7.0	3.0	3.0	0.0	54.0	53.0	86.0	206.0
	需求	40	6	3	0	85	63	124	321
	缺口	33	3	0	0	31	10	38	115
摩洛哥	趋势	37.0	7.0	2.0	1.0	33.0	112.0	18.0	210.0
	需求	71	7	3	3	33	112	18	247
	缺口	34	0	1	2	0	0	0	37
肯尼亚	趋势	49.0	5.0	1.0	1.0	73.0	40.0	15.0	184.0
	需求	49	7	2	3	98	41	23	223
	缺口	0	2	1	2	25	1	8	39
塞内加尔	趋势	13.0	2.0	1.0	0.0	23.0	15.0	8.0	62.0
	需求	23	3	1	1	27	18	8	81
	缺口	10	1	0	1	4	3	0	19

（5）中东欧国家

国家 （单位：十亿美元）		Road	Rail	Airports	Ports	Telecoms	Electricity	Water	Total
阿尔巴尼亚	趋势	5.0	1.5	0.5	1.0	2.5	8.5	2.0	21.0
	需求	7	1.6	0.5	1	3	9	2	24.1
	缺口	2	0.1	0	0	0.5	0.5	0	3.1
波斯尼亚和 黑塞哥维那	趋势	6.0	2.0	0.7	1.3	3.0	11.0	2.6	26.6
	需求	9.5	2	0.6	1.7	4	12	3	32.8
	缺口	3.5	0	-0.1	0.4	1	1	0.4	6.2
保加利亚共和国	趋势	19.0	6.0	2.0	4.0	10.0	35.0	8.0	84.0
	需求	30	7	2	5.5	13	38	9.5	105
	缺口	11	1	0	1.5	3	3	1.5	21
克罗地亚共和国	趋势	22.0	3.0	1.0	1.0	11.0	20.0	6.0	64.0
	需求	22	6	2	4	12	23	6	75
	缺口	0	3	1	3	1	3	0	11
捷克共和国	趋势	71.0	23.0	6.0	12.0	38.0	133.0	31.0	314.0
	需求	115	27	7	20	49	149	37	404
	缺口	44	4	1	8	11	16	6	90
立陶宛	趋势	15.0	5.0	2.0	3.0	8.0	28.0	7.0	68.0
	需求	25	5.8	1.5	4	11	32	8	87.3
	缺口	10	0.8	0.5	1	3	4	1	20.3
拉脱维亚	趋势	10.0	3.0	1.5	2.0	5.0	18.0	4.5	44.0
	需求	16	3.8	1	3	7	20	5	55.8
	缺口	6	0.8	-0.5	1	2	2	0.5	11.8
爱沙尼亚	趋势	9.0	3.0	1.0	1.5	4.0	16.5	3.8	38.8
	需求	14	3	1	2.5	6	18	5	49.5
	缺口	5	0	0	1	2	1.5	1.2	10.7
马其顿	趋势	4.0	1.0	0.5	0.8	2.0	7.0	1.6	16.9
	需求	6	1.4	0.4	1	2.5	7	2	20.3
	缺口	2	0.4	-0.1	0.2	0.5	0	0.4	3.4
黑山	趋势	2.0	0.5	0.2	0.3	0.8	3.0	0.7	7.5
	需求	2.5	0.5	0.2	0.4	1	3	1	8.6
	缺口	0.5	0	0	0.1	0.2	0	0.3	1.1

续表

国家 （单位：十亿美元）		Road	Rail	Airports	Ports	Telecoms	Electricity	Water	Total
罗马尼亚	趋势	110.0	6.0	1.0	1.0	34.0	57.0	18.0	227.0
	需求	110	10	1	2	34	62	18	237
	缺口	0	4	0	1	0	5	0	10
波兰共和国	趋势	141.0	22.0	4.0	1.0	100.0	183.0	99.0	550.0
	需求	142	54	10	5	118	213	99	641
	缺口	1	32	6	4	18	30	0	91
塞尔维亚共和国	趋势	14.0	4.0	0.5	2.8	7.0	26.0	6.0	60.3
	需求	23	5	1.5	4	9	28	7.5	78
	缺口	9	1	1	1.2	2	2	1.5	17.7
斯洛伐克共和国	趋势	31.0	10.0	3.0	3.0	17.0	58.5	14.0	136.5
	需求	50	12	3	9	21	65	17	177
	缺口	19	2	0	6	4	6.5	3	40.5
斯洛文尼亚共和国	趋势	16.0	5.0	1.0	2.0	8.0	30.0	7.0	69.0
	需求	26	6	2	5	11	33	9	92
	缺口	10	1	1	3	3	3	2	23

（6）拉美国家

国家 （单位：十亿美元）		Road	Rail	Airports	Ports	Telecoms	Electricity	Water	Total
加拿大	趋势	375.0	34.0	55.0	13.0	64.0	476.0	186.0	1203.0
	需求	375	41	59	13	70	478	188	1224
	缺口	0	7	4	0	6	2	2	21
智利	趋势	92.0	19.0	3.0	7.0	35.0	49.0	6.0	211.0
	需求	92	53	4	10	44	55	6	264
	缺口	0	34	1	3	9	6	0	53
乌拉圭	趋势	8.0	1.0	1.0	1.0	8.0	25.0	6.0	50.0
	需求	8	5	1	2	10	28	6	60
	缺口	0	4	0	1	2	3	0	10

续表

国家 （单位：十亿美元）		Road	Rail	Airports	Ports	Telecoms	Electricity	Water	Total
巴西	趋势	345.0	106.0	30.0	56.0	284.0	507.0	196.0	1524.0
	需求	1197	207	61	127	301	616	203	2712
	缺口	852	101	31	71	17	109	7	1188
墨西哥	趋势	142.0	24.0	12.0	26.0	136.0	142.0	41.0	523.0
	需求	607	37	16	29	155	181	42	1067
	缺口	465	13	4	3	19	39	1	544
阿根廷	趋势	196.0	15.0	7.0	17.0	88.0	93.0	38.0	454.0
	需求	497	30	8	17	88	132	39	811
	缺口	301	15	1	0	0	39	1	357
秘鲁	趋势	150.0	30.0	7.0	13.0	39.0	53.0	36.0	328.0
	需求	154	58	11	22	52	64	37	398
	缺口	4	28	4	9	13	11	1	70
哥伦比亚	趋势	95.0	0.0	4.0	9.0	42.0	58.0	29.0	237.0
	需求	171	1	7	15	47	68	30	339
	缺口	76	1	3	6	5	10	1	102
厄瓜多尔	趋势	40.0	4.0	2.0	2.0	9.0	17.0	6.0	80.0
	需求	79	8	3	3	11	23	7	134
	缺口	39	4	1	1	2	6	1	54
巴拉圭	趋势	23.0	1.0	1.0	0.0	6.0	26.0	1.0	58.0
	需求	23	2	4	0	7	39	1	76
	缺口	0	1	3	0	1	13	0	18

附录2 首届中日第三方市场合作论坛
签署的合作清单（52 项）

	日方	中方	文件名
1	瑞穗金融集团	中国国家开发银行	《业务合作协定》（含第三方市场合作）
2	瑞穗金融集团	中国工商银行	《有关中日企业开发第三方市场的金融合作协定》

	日方	中方	文件名
3	瑞穗金融集团	中国中信集团有限公司 中国出口信用保险公司	《第三方市场三方合作协定》
4	瑞穗金融集团	中国石油化工集团	《中国石油化工集团和瑞穗金融集团有关强化合作关系的备忘录》
5	三井住友银行三井住友银行（中国）	中国国家开发银行	《有关业务合作协议—加强第三方合作》
6	三井住友银行	中国出口信用保险公司	《有关在第三方主要市场合作的框架协议》
7	三井住友银行	中国进出口银行	《有关在中日及第三方市场合作的协议》
8	三菱 UFJ 银行	中国银行	《中国银行与三菱 UFJ 银行业务合作协定》
9	野村证券 大和证券 三菱 UFJ 金融集团 三井住友金融集团 瑞穗金融集团	中国投资	《有关战略合作的备忘录》
10	损保控股（SOMPO 控股）	中国再保险	《战略合作协议》（中日第三方合作）
11	三井住友海上火灾保险	中国太平洋保险	《关于为"走出去"中国项目提供风险预防、风险管理的全面合作协议》
12	国际协力银行	中国国家开发银行	《国家开发银行和国际协力银行有关第三方市场合作的备忘录》
13	日本贸易保险	中国出口信用保险公司	《促进中日投资贸易及推进中日第三方共同项目的合作协议》
14	日本贸易振兴机构（JETRO）	中国国际贸易促进委员会	《中国国际贸易促进委员会和日本贸易振兴机构有关在第三方市场业务合作的备忘录》

续表

	日方	中方	文件名
15	伊藤忠商事	中国中信集团	《中日共同投资欧洲再生能源和下一代电力交易》
16	住友商事	西王集团	《第三方食品领域合作研究意向书》
17	住友商事	中国国际海运集装箱集团	《有关中国及第三方制造物流业自动化、智能化的战略合作意向书》
18	住友商事	北京首都创业集团	《有关在社会基础建设领域结成全球战略伙伴的战略合作意向书》
19	丸红	上海复星医药	《有关在第三方市场开展医药医疗为中心的保健领域全面战略合作》
20	丸红	中国光伏行业协会	《第三方市场太阳能发电领域的合作》
21	丸红	中石化炼化集团	《第三方市场战略全面合作协议》
22	三井物产（PHC 控股）	华润集团（华润健康集团）	《战略合作备忘录》
23	三井物产	协鑫（集团）控股有限公司	《关于在中日及第三国共同投资开发的协议》
24	三菱商事	中国建材集团	《三菱商事与中国建材有关面向第三方开展基础设施建设和开发绿色能源综合利用项目的战略合作协议》
25	蝶理	新疆众和	《有关铝电解电容器用电极箔战略合作的备忘录》
26	横滨都市技术协力推进机构	江苏嘉睿城建设管理有限公司 泰国安美德	《有关在泰国安美德工业区推进智能城市化的中日泰三方备忘录》
27	JFE 工程	杭州锅炉集团	《合作意向书》

续表

	日方	中方	文件名
28	JFE 工程	上海环信工程	《合作意向书》
29	千代田化工建设	中国环球工程有限公司	《第三方石油、石化和人工智能等领域中日建设企业的合作》
30	日挥	中国出口信用保险公司	《第三方市场合作协议》
31	东芝	中国电力建设集团	《有关扩大国际商机的战略合作协议》
32	日立制作所	中国东方电气集团	《有关第三方电力市场的协议》
33	日立制作所 日立租赁（中国）	新中水（南京）再生资源投资有限公司	《第三方节能、环境和垃圾发电等项目的协议》
34	JERA 东京电力燃料	中国华电集团清洁能源有限公司	《有关第三方能源基础设施合作的备忘录》
35	电源开发	华润电力	《有关构筑战略伙伴关系的框架协定》
36	JXTG 能源	中国石油化工集团	《中国石油化工集团和 JXTG 能源株式会社备忘录》
37	鸟取县	吉林省	《有关在第三方市场合作论坛上推进吉林·鸟取 ADAS·EV 项目的合作备忘录》（电动汽车高级驾驶辅助系统）
38	日本通运	中国外运	《有关在第三方市场合作的备忘录》
39	CHAdeMO 协议会（日本电动汽车快速充电器协会）	中国电力企业联合会	《中国电力企业联合会和日本电动汽车快速充电器协会合作备忘录》
40	松下（Panasonic）	百度网络科技	《有关下一代车内空间的战略合作基本共识》
41	富士通	上海市信息投资股份有限公司	《战略合作协议—有关保健领域包括第三方市场的合作备忘录》
42	富士胶片	浙江海正药业 国家应急防控药物工程技术研究中心 中日友好医院	《有关应对流感的联合研究备忘录》

	日方	中方	文件名
43	ViewSend ICT	中国中医科学院广安门医院 博视远程医疗科技	《有关东方医学和日本先进医疗结合治疗重大疾病和复健的战略合作备忘录》
44	日中医疗介护技术交流协会、Medical Excellence JAPAN	中国非公立医疗机构协会	《中日医疗技术合作及对第三方医疗支援的战略合作备忘录》
45	Medical Excellence JAPAN	博鳌乐城开发控股有限公司	《中日医疗合作推进海南岛博鳌癌症治疗设施建设和第三方医疗事业合作的备忘录》
46	Carchs 控股	新华锦集团	《战略合作意向书》
47	京都大学创新资本株式会社	广州民营投资股份有限公司	《有关中日及第三方企业孵化事业战略合作的备忘录》
48	太平洋咨询株式会社	中国国际工程咨询有限公司	《面向第三方基础设施建设合作的协议》
49	吉本兴业	华人文化	《包括第三方的有关中日共同培养高级娱乐人才的战略合作备忘录》
50	日中经济协会	中国国际贸易促进委员会	《中国国际贸易促进委员会和日中经济协会有关中日第三方市场合作的合作备忘录》
51	日中经济协会	中国机电产品进出口商会	《中国机电产品进出口商会和日中经济协会合作备忘录》
52	日本国际贸易促进协会	中国机电产品进出口商会	《中国机电产品进出口商会和日本国际贸易促进协会第三方市场合作备忘录》

后　记

本书的完成意味着博士生涯接近了尾声，但这并不意味着结束，而是研究生涯的崭新开始。本书的顺利撰写，本人受助良多，感激涕流。

首先，由衷地感谢导师王灵桂研究员的谆谆教诲和悉心指导。感恩导师收下资质平平的我作为第一个博士生，徒儿战战兢兢，唯恐做得不好，让老师失望。能以吾导为师可谓人生之大幸，导师学识渊博、治学严谨，日出而作，日落不息，其敏锐的洞察力和思辨力、认真细致的学研态度和踏实稳重的为人处事等都深深感染了我，也是我今后学习成长的标杆。博士期间，跟着导师学两手写作，学做人处事，学读书长智，历历在目，难以言表心中无限感激。导师如父亲般的教诲使我如坐春风，每一受教，庶几得之，反躬自问，常恐失之，学研之路道阻且长，我当恪守师训，为人为学，行道行事。论文撰写期间，导师多次提点和修改，给予我宝贵的意见和建议，给予我鼓励和关怀，成为我重要的精神支柱，使论文得以顺利完成。

拙笔的完成还承蒙诸位老师、同窗和友人的不吝赐教。中国社科院的赵江林老师、沈铭辉老师、赵芮老师和田丰老师，中国现代国际关系研究院的牛新春老师，外交学院国际经济学院的樊莹老师，商务部国际贸易合作经济研究院的袁波老师、对外经贸大学的庄芮老师、军事科学院的郭智慧老师和闫文虎老师等都给我的论文写作提供了大量宝贵意见和指导，为论文写作提供了莫大帮助。此外，需感谢朴光姬老师、董向荣老师、张宇燕老师、薛力老师、袁正清老师、高程老师、钟飞腾老师等中国社科院国际片院所的各位老师及邱伟立老师等研究生院的各位老师和国家全球战略智库的各位专家学者，在我读博期间，各位老师的传道、授业和解惑，提升了我的专业知识和研究方法。同时，也需感谢中山大学的魏志江老师、北京语言大学的贾烈英老师、复旦大学的石源华老师、浙江大学的余潇枫老师、印度金德尔国际大学的黄迎虹老师、印度德里大学中国研究所的 Sreemati Chakrabarti 老师、韩国釜山大学的张东杓老师、日本大学的郑勋变老师等在读博期间对我的指教和帮助。

　　今年适逢新冠疫情，写作过程可谓毕生难忘。因春节后无法返校，原定的论文后期收尾和修改计划只能在家完成，奈何离家垂直直线距离不到 10 米的新楼盘施工地也正加紧复工，打桩等施工噪音长期超 100 分贝，不分昼夜，以致寝难安，朝难睡，更难以在家写作，只能抱着电脑和移动 Wi－Fi 寻找各种能开放的场所进行论文的后期收尾和修改工作，曾吹着海风在沙滩上撰写，也曾顶着阳光在无人的草地上撰写，曾在咖啡厅角落里撰写，也曾坐一小时公交到外婆家撰写。这样撰写环境的变化是我始料未及的，虽艰难但也磨练了我的专注力、意志力和忍耐力，也让我深刻认识到了能享有学校的图书馆资源和教室资源，在一个安静且学习氛围浓厚的地方进行研究是多么宝贵且值得珍惜的。这段疫情经历也将是我博士生涯中一段难得的经历。

　　博士生涯中，常怀感恩之心，需感谢、想感谢的人众多，感谢关心和包容我的父母，感激各位一同学习共同进步的同窗好友，感谢给我鼓励敦促我学习的师兄师姐，感谢亚洲文明对话大会筹办期间教我公文写作之要、晓我为人处事之理的领导们，还要感谢很多相识相知的朋友，在此恕不累述。对各位的助益，我将铭记于心，不忘初心。

庞加欣
2020 年于北京